Das Kochbuch für Baby und Kleinkind

Nikki Duffy

Das Kochbuch für Baby und Kleinkind

Rezepte aus dem River Cottage

Mit einem Vorwort von
Hugh Fearnley-Whittingstall

Fotografiert von Georgia Glynn Smith

AT Verlag

DIE GRUNDLAGEN

DIE REZEPTE

VORWORT

von Hugh Fearnley-Whittingstall

SEIT MEHR als zwanzig Jahren treibt mich ein unstillbares Interesse an unserer Nahrung um: woher sie kommt, wie sie erzeugt wird, wie man sie zubereitet. Für eine köstliche Mahlzeit auf meinem Teller kann ich mich ebenso begeistern wie jeder andere Mitmensch, der gerne gut isst – aber ich interessiere mich für die ganze Geschichte rund um unsere Ernährung, und zwar von Anfang an.

Mit der Geburt unseres Sohnes Oscar vor sechzehn Jahren bekam diese Leidenschaft einen neuen Schwerpunkt. Als Oscar sich mit fünf Monaten für feste Nahrung zu interessieren begann, war mir bewusst, dass es hier um mehr als nur um Nahrungsaufnahme ging: Es war der Anfang eines lebenslangen Abenteuers durch die Welt der Ernährung. Natürlich haben auch wir mit Baby-Reis und dem leicht befremdlichen Baby-Zwieback herumdilettiert, haben aber dennoch keine Notwendigkeit gesehen, auf Gläschen mit Fertignahrung zurückzugreifen. Oscar wurde Anfang März geboren und unternahm seine ersten Streifzüge in die Welt der festen Nahrung Ende Juli, Anfang August, also zu einer Zeit, in der sich über unserem River-Cottage-Gemüsegarten das Erntefüllhorn ergießt. Es war ein Leichtes, das Gemüse, das wir ohnehin auf unseren Tellern hatten, zu zerkleinern und Oscar auf einem kleinen Löffel oder einem Stückchen Brot anzubieten.

Mit dem Abstillen wechselte Oscar nahtlos zu gestampften Karotten und zerdrückter Roter Bete, zerkleinertem Spinat, zerquetschten Zucchini und pürierten Erbsen. Wenig später, im Herbst und Winter, folgte Wurzelgemüse in all seinen Variationen, ganz zu schweigen von den köstlichen Kompotten aus unseren eigenen Äpfeln, Birnen und Zwetschgen. Oft boten wir ihm einfach unser Essen an, von frischem Fisch über Fleischeintöpfe bis hin zu Currys, vorausgesetzt, Oscar konnte es mit seinem noch zahnlosen Mund bewältigen (mit dem Zahnen ließ er sich nämlich reichlich Zeit). Es war herrlich zu sehen, wie er alles, was wir selbst angebaut und geerntet hatten, mit Appetit verspeiste und die gemeinsamen Mahlzeiten sichtlich genoss.

Schon früh versuchten wir, Oscars Interesse an Nahrungsmitteln auf ein breites Fundament zu stellen. Wenn wir Tomaten, Zucchini oder Karotten ernteten, nahmen wir Oscar im Tragetuch mit hinaus in den Garten. Zurück in der Küche, schaute er uns von seinem Hochstuhl aus beim Hantieren und Kochen, beim

Kartoffelschälen, beim Schnipseln, Rühren und Abschmecken zu. Wir verbringen viel Zeit in der Küche – wo sonst hätte Oscar also sein sollen? Und dabei hofften wir, dass er – wie alle unsere Kinder – die Küche von Anfang an als einen spannenden, aufregenden Ort begreifen würde. Hier ist Leben, hier ist Action. Es ist ein Klischee zu sagen, die Küche sei das Herz eines Hauses – doch es ist ein Klischee, das ich nur allzu gerne wiederhole. Die Küche ist auch eine Spielwiese, ein Experimentierfeld, ein Labor, eine Schaltzentrale. Hier passiert wahrhaft Gutes.

Natürlich gibt es auch andere Momente. Es ist frustrierend zu sehen, wie ein Kind mit dem liebevoll aus selbst gezogenem Gemüse zubereiteten Brei Haare, Kleider, Wände und Boden verziert. Ebenso schwindet die Selbstzufriedenheit, wenn der Nachwuchs die vor einer Woche noch so beliebten Karottensticks und Brokkoliröschen plötzlich lautstark ablehnt. Natürlich sollte man auch dann total entspannt bleiben – wenn das Ganze nur nicht so frustrierend und stressig wäre.

Und an diesem Punkt setzt dieses Buch an: Es ermutigt, vermittelt Wissen, Erfahrung und viele Rezepte für jeden Tag. Bei der Recherche für dieses Buch hat die Autorin Nikki Duffy mit vielen Eltern gesprochen. Und so reflektieren die Tipps und Rezepte eine Vielzahl von Erfahrungen – von erfreulichen, packenden und lustigen bis hin zu absolut rätselhaften, unergründlichen und völlig entnervenden.

Ich lernte Nikki kennen, als sie mich beauftragte, einen Artikel für die Zeitschrift zu schreiben, bei der sie damals arbeitete. Ihr enormes Interesse an Nahrungsmitteln und deren Herkunft, ihr profundes Wissen und ihr feiner Humor beeindruckten mich. Schließlich konnte ich sie zur Mitarbeit bei River Cottage überzeugen. Damals hatte sie gerade ihre Tochter Tara bekommen; später folgte Edie. Und erst kürzlich haben Marie und ich unsere Familie mit der kleinen Louisa erweitert. Babys und Kinder waren für uns also immer ein großes Thema – und nicht zuletzt ihre spannenden, faszinierenden und nicht selten auch verblüffenden Annäherungen ans Thema Essen.

Nikkis Ansatz basiert, wie es sein sollte, auf der natürlichen Begeisterung und Neugier eines Babys für Nahrung – aber sie weiß auch, dass es nicht immer so einfach ist, wie es sich anhört. Und deshalb ist ihre pragmatische Mischung aus Bewusstsein, an List grenzendem Einfallsreichtum und optimistischer Beharrlichkeit ebenso inspirierend wie konkret hilfreich. Ermutigt von Nikkis großartigem Kapitel über Abstillen und Beikost haben wir bei Louisa mit großem Erfolg einen (im wörtichen Sinn) sehr viel zupackenderen Ansatz verfolgt. Basierend auf dem babygeführten Abstillen (ein Ansatz, den Nikki klar vertritt), haben wir gelernt, ein bestimmtes Maß an Chaos auszuhalten – und durften im Gegenzug voller Freude beobachten, wie Louisa von Anfang an selbst aß, und zwar mit einem erstaunlichen Maß an Kompetenz und Urteilsvermögen. Louisa kann mit Löffel und Brei umgehen (besonders liebt sie ungesüßtes Apfelmus), aber einmal pro Tag reicht ihr das.

Ich habe etliche Bücher über Baby- und Kleinkinderernährung gelesen, die vor taktischen und ernährungswissenschaftlichen Ratschlägen strotzen, doch Nikki vermittelt einige ganz essenzielle Botschaften: dass die Mahlzeiten eine wichtige Familienzeit sind; dass Teilen und Offenheit rund ums Essen (also jene Faktoren, die die Familienmahlzeiten so schön machen) von heute auf morgen eingeführt werden können; dass es keine Notwendigkeit gibt, dem Baby etwas zu füttern, das man nicht auch selbst gerne isst oder dem Rest der Familie serviert – wenn auch in etwas grobstückigerer Konsistenz.

Dieses Buch hat nichts Einschüchterndes oder Belehrendes. Es bietet vielmehr eine Menge auf Erfahrung basierender Informationen und Tipps. Sowohl Nikki als auch ich glauben, dass es bei guter Ernährung – egal, in welchem Alter – nicht darum geht, verbissen dies und das zu vermeiden, sondern darum, möglichst viele gute Nahrungsmittel zu probieren und zu genießen. Ich bin sicher, dass Nikkis wunderbare Rezepte von Porridge über Smoothies bis hin zu Suppen, Burger, Risottos, Pfannengerichten und Aufläufen bei Ihnen ebenso schnell zu Lieblingsgerichten werden wie bei uns. Kochen Sie nur genug davon! Und geben Sie den Kleinsten zuerst davon!

Hugh Fearnley-Whittingstall
Februar 2011

EINLEITUNG

ALS ELTERN gibt es wohl kaum schönere, befriedigendere Augenblicke, als das eigene Kind beim genussvollen Verspeisen einer selbst zubereiteten Mahlzeit zu beobachten. Und die Freude ist noch größer, wenn man weiß, dass diese Mahlzeit aus nahrhaften, gesunden Nahrungsmitteln mit viel Liebe und Sorgfalt zubereitet wurde. Diese Freude und das beruhigende Wissen, die geliebten Menschen gut zu versorgen, stehen im Mittelpunkt dieses Buches. Es geht dabei um mehr als die richtige Nährstoffzusammensetzung, um mehr als die perfekte Präsentation, um mehr, als den Nachwuchs dazu zu bringen, das zu essen, was man für richtig hält. Ich denke, dass es bei diesem Thema darum geht, in den Kindern die Liebe zu gutem, gesundem Essen und die Freude an gemeinsamen Mahlzeiten zu wecken.

Das ist natürlich nicht immer einfach. Ist man nicht gerade mit einem ausgesprochen fügsamen Sprössling gesegnet (sofern man dies überhaupt als Segen betrachtet), wird es mit großer Wahrscheinlichkeit früher oder später in Bezug auf das Essen zu Konflikten kommen. Und falls nicht, schlagen Sie sich möglicherweise mit Ihren eigenen Fragen in Sachen Ernährung herum: Wie viel von diesem und jenem, welche Zubereitungsmethoden, woher kommen die Nahrungsmittel?

Die Ernährung von Kleinkindern kann zuweilen schwierig, frustrierend und mit Ängsten besetzt sein. Und niemand kann einem diese Sorge abnehmen: Wie bei so vielen anderen Themen rund um Elternschaft muss man auch diesen Aspekt selbst durchmachen – denn ganz gleich wie oft man hört, dass alles gut wird, glaubt man selbst nicht, dass es gut wird – bis es schließlich gut ist. Mein Ziel ist, Ihnen den Stress ein bisschen erträglicher zu machen. Denn es gibt Lektionen, die ich für mich gelernt habe, und Lektionen, die andere Eltern, mit denen ich gesprochen habe, gelernt haben. Und es ist gut und hilfreich, von diesen Lektionen zumindest zu wissen.

Wenn Sie diesem Buch nur eine einzige Botschaft entnehmen, dann hoffentlich diese: Entspannen Sie sich! Jede und jeder von uns hat seine eigenen Erfahrungen mit der Ernährung seiner Kinder gemacht. Doch fast alle Eltern, mit denen ich gesprochen habe, meinten auf meine Frage hin, sie würden sich beim nächsten Mal viel weniger Sorgen machen und dem Thema Ernährung mit mehr Gelassenheit begegnen. Die Eltern, die die gemeinsamen Mahlzeiten mit ihrem Kind am meisten genießen, sind auch jene, die vom ersten festen Bissen ihres Kindes an am entspanntesten mit dem Thema Ernährung umgehen.

Das bedeutet nicht, dass man keinen Gedanken an die Qualität der Nahrungsmittel verschwenden müsste. Natürlich sollen die Mahlzeiten schmackhaft und gesund sein – aber ich glaube, das ist nicht allzu schwer. Man muss kein Ernährungswissenschaftler sein, um ein sicheres Gespür dafür zu entwickeln, was für unsere Kinder gut und was nicht gut ist. Dafür reichen ein gewisses Grundlagenwissen und der gesunde Menschenverstand aus. Und hier sind wir auch schon beim nächsten wichtigen Thema, nämlich dass wir als Eltern uns selbst vertrauen müssen.

In Sachen Erziehung werden Eltern heutzutage nicht selten verunsichert. Mediziner, Erziehungsexperten und sogar wohlmeinende Freunde und Verwandte bombardieren uns mit Tipps und Ratschlägen, die uns an unserer eigenen Intuition zweifeln lassen. Natürlich sind Forschung und Informationsfülle gut und richtig, aber unterschätzen Sie angesichts dessen nicht die Bedeutung Ihres eigenen Empfindens, wenn es um Ernährungsentscheidungen in Bezug auf Ihr Kind geht. Und unterschätzen Sie ebenso wenig die Gefühle Ihres Kindes: Jedes Kind hat seine eigenen Bedürfnisse, seinen eigenen Appetit und seine eigenen Vorlieben – ebenso wie seinen angeborenen starken Instinkt, welche Nahrungsmengen es braucht. Ich möchte Ihnen in diesem Buch Forschungsergebnisse und Informationen, aber keine starren Regeln und Vorschriften vermitteln.

Ich bin weder Forscherin noch Ärztin noch Ernährungswissenschaftlerin. Ich bin Mutter, Köchin und Autorin. Beim Zusammenstellen dieses Buches habe ich viel recherchiert, zahlreiche fundierte Quellen zu Rate gezogen und mich ausführlich mit Frances Robson besprochen, einer ausgewiesenen Spezialistin für Kinderernährung. Dennoch kann ich von mir nur behaupten, Spezialistin für meine eigenen Kinder zu sein. Und Sie sind die Spezialistin für Ihre.

Wenn Sie dies akzeptieren, und wenn Sie die Entscheidung treffen, einfach nur das Beste in Ihrer Macht Stehende zu tun, dann sind Sie meiner Meinung nach auf dem richtigen Kurs. Mahlzeiten mit dem Nachwuchs zählen für Eltern wahrscheinlich zu den größten Herausforderungen – aber sie können auch ein Quell von großer Freude, Spaß und Befriedigung sein. Wenn eine Mahlzeit wirklich ein gemeinsames Erlebnis ist, das man im Familienkreis genießt und das sowohl das Essen als auch die Unterhaltung und sogar das Abräumen umfasst, dann ist dies eine emotional wie körperlich bereichernde Erfahrung.

Und genau darum und um nichts anderes geht es für mich.

DIE GRUNDLAGEN

Die Zutaten

Die besten Nahrungsmittel für Ihr Kind

ES IST EIN KLISCHEE, aber wahr: Wir alle wollen das Beste für unsere Kinder. Sicher wollen Sie – ebenso wie ich und wohl fast alle Eltern dieser Welt – Ihrer Familie qualitativ hochwertigste Ernährung bieten. Doch bei Qualität geht es nicht nur um Frische und Geschmack der Zutaten, sondern auch darum, wie die Lebensmittel produziert wurden, woher sie kommen und welche Bilanz sie in Sachen Umwelt und Nachhaltigkeit aufweisen. Und deshalb möchte ich – bevor ich überhaupt auf Baby- und Kinderernährung zu sprechen komme – auf die richtige Wahl wirklich guter, hochwertiger Lebensmittel eingehen.

Dies ist ein River-Cottage-Buch, und deshalb sind Sie sicher nicht erstaunt, dass ich einmal mehr eine Lanze für regionales, saisonales Obst und Gemüse sowie Milchprodukte und Fleisch aus Bio-Produktion bzw. Freilandhaltung breche. Genauso wenig wird es Sie überraschen, dass ich Ihnen empfehle, das Essen für Ihre Familie so weit wie möglich eigenhändig aus Rohzutaten zuzubereiten. Diese Punkte liegen mir besonders am Herzen – und dafür gibt es viele schlagende Argumente.

Natürlich weiß ich, dass man als frischgebackene Eltern eines Kindes, das gerade das Abenteuer Essen entdeckt, nichts weniger braucht als weiteres Neuland. Niemand erwartet von Ihnen, dass Sie sklavisch nichts anderes als Regionales, Saisonales oder Selbstgekochtes auf den Tisch bringen, während Sie die neue Ernährungssituation Ihres Kindes noch ausloten. Ich jedenfalls wäre die Letzte, die dies täte. Wie ich auch lassen Sie sich wahrscheinlich bis zu einem gewissen Punkt von der Überlegung leiten, was gut und richtig für Ihr Kind ist, was es mag und was Sie ohne große Umstände kaufen und zubereiten können.

Dennoch sollten Sie diese Zeit als wunderbare Gelegenheit sehen, gute Lebensmittel, insbesondere regionale Produkte, zu entdecken und in einer möglichst wenig verarbeiteten, weitgehend naturbelassenen Form zu probieren.

Kurz gesagt: Nutzen Sie die Chance und genießen Sie es, Ihrem Kind das Beste zu geben.

»Als mein erster Sohn geboren wurde, konnte ich kaum Wasser kochen, und das Baby bekam größtenteils Fertignahrung. Doch nach der Geburt meines zweiten Sohnes brachte ich mir selbst das Kochen bei. Ich habe alles eigenhändig aus Biozutaten zubereitet. Der Unterschied in den Essgewohnheiten meiner beiden Kinder ist erstaunlich und sicher durch diese frühen Erfahrungen stark beeinflusst.«
Sonrisa, Mutter von Aaron, 13, und George, 10

»Seitdem ich Kinder habe, koche ich anders. Zum einen koche ich mehr als früher – manchmal habe ich das Gefühl, dass ich ständig plane, einkaufe oder koche! Heute kaufe ich Obst, Gemüse und Fleisch soweit wie möglich in Bioqualität. Um Fertignahrung mache ich einen großen Bogen, denn ich möchte die Kontrolle haben.«
Becky, Mutter von Isabel, 3, und Jasmin, 7 Monate

»Wir achten darauf, dass abends immer einer von uns beiden Zeit zum Kochen hat. Oder wir kochen an einem Sonntagnachmittag vor, beispielsweise Suppe oder Brot. Natürlich kostet das Zeit, ist aber auch entspannend – und wir alle essen viel gesünder. Man kann Arbeit sparen, indem man auf Vorrat kocht und einfriert. Außerdem stellen wir einen wöchentlichen Speiseplan auf.«
Mark, Vater von Nell, 3

Warum selbst kochen?

Wirft man im Supermarkt einen Blick in die Regale mit Baby-Fertignahrung, findet man eine ganz erstaunliche Auswahl an hübsch etikettierten, köstlich klingenden Baby-Fertigmahlzeiten. Man muss nichts mehr zubereiten – nur den Deckel oder die Packung öffnen.

Viele dieser Fertiggerichte sind Bioprodukte, enthalten wenig Zucker, kein Kochsalz, keine Konservierungsstoffe und sind ernährungsphysiologisch ausgewogen. Manche sind genauso wenig industriell verarbeitet wie ein Becher Naturjoghurt oder ein Glas Erdnussbutter – und unglaublich praktisch sind sie sowieso. Warum also nicht? Sicher ist es nicht grundsätzlich falsch, seinem Kind ab und an qualitativ hochwertige Fertignahrung aus dem Gläschen oder der Packung anzubieten. Ich denke aber, dass es besser ist, so oft wie möglich selbst zu kochen. Aus folgenden Gründen:

- Selbstgekochtes schmeckt besser. Zwar habe ich mich nicht durch das gesamte Angebot an Baby-Fertignahrung gegessen, aber einige Gläschen habe ich schon probiert. Im besten Fall fand ich sie fade und matschig – im schlimmsten Fall fast schon eklig. Fertiges püriertes und pasteurisiertes »Hühnchen-Frikassee« ist Welten entfernt von selbst gekochtem Hühnchen und Gemüse, das man von Hand fein hackt oder im Mixer zerkleinert.

- Bei Selbstgekochtem haben Sie die Kontrolle. Sie selbst sind die Qualitätskontrolle: Sie entscheiden über Frische und Aroma der Zutaten; Sie entscheiden, was Sie im Essen haben wollen und was nicht.

- Selbstgekochtes ist preisgünstiger, weil Sie nur für die Rohzutaten zahlen – nicht für den Herstellungsprozess, die Verpackung und das Marketing.

- Wenn man selbst kocht, kann man seinem Kind problemlos regionale, saisonale Zutaten anbieten. Viele Baby-Fertigmahlzeiten stammen aus internationaler Produktion und haben lange Transportwege hinter sich.

- Der Nährstoffgehalt unserer Nahrung wird von vielen Faktoren beeinflusst; doch kocht man selbst mit frischen Zutaten, ist der Nährstoffgehalt tendenziell höher als bei industriell hergestellten Nahrungsmitteln, die verpackt angeboten werden.

- Industriell hergestelltes Risotto oder Fruchtmus schmeckt Gläschen für Gläschen immer identisch. Bereitet man dieselben Gerichte selbst zu, wird der Geschmack immer ein wenig variieren. Und diese wenn auch noch so winzigen Geschmacksabweichungen helfen dem Kind, ein geschmacklich abwechslungsreiches, vielfältiges Nahrungsangebot und somit eine ausgewogene Ernährung zu schätzen.

- Wenn Sie für eine ganze Familie kochen, wird Ihr Baby oder Kleinkind im Familienkreis dasselbe wie alle anderen essen – zwei Faktoren, die sehr wichtig für die Entwicklung gesunder Essgewohnheiten sind.

- Wenn Ihr Kind Sie von klein auf bei der Zubereitung frischer Zutaten beobachtet, lernt es dies als etwas Normales, Gutes kennen. Selbst wenn das Kind noch zu klein ist, um beim Kochen zu helfen, wird es allein durch das Zuschauen viel lernen.

- Industriell hergestellte Babynahrung erfordert mehr Verpackung und verursacht somit mehr Müll.

- Kochen ist eine schöne, kreative, therapeutische Beschäftigung. Nach einem anstrengenden, vielleicht frustrierenden Tag mit den Kindern, mit Haushalt und Job (oder wie auch immer Ihr individueller Lebensstil und Tagesablauf aussieht) kann das Kochen für die Familie den Fokus positiv verschieben, für Spaß und Befriedigung sorgen. Ich weiß, dass es mit kleinen Kindern oft nicht leicht ist, die Zeit zum Kochen zu finden. Aber ich weiß auch, dass Kochen eine unglaubliche Befriedigung verschaffen kann.

Lebensmittel einkaufen

Das Kochen mit regionalen, saisonalen Produkten ist besonders wichtig, wenn man kleine Kinder hat – nicht nur, weil diese Zutaten in der Regel besser schmecken, sondern weil sie auch oft gesünder sind. Im Umland produzierte Nahrungsmittel werden geerntet, wenn sie reif und voller Aroma sind. Sie kommen frisch in den Verkauf, weil sie keine langen Wege zurücklegen müssen. Und je frischer Obst und Gemüse, desto höher der Nährstoffgehalt. Der Vitamingehalt von Obst und Gemüse nimmt nach der Ente rapide ab (siehe Seite 24). Am Ende des Kapitels finden Sie eine Übersicht über heimisches Obst und Gemüse und einige Anregungen für die Weiterverarbeitung.

Wo einkaufen?

Lebensmittel aus der Region findet man im lokalen Einzelhandel und inzwischen auch in vielen Supermärkten. Kleine unabhängige Metzger, Fisch- und Gemüsehändler, Hofmärkte, Biokisten und Bauernmärkte bieten oft hervorragende regionale und saisonale Ware an. Diese Händler können oft ganz genau Auskunft darüber geben, woher die Produkte kommen und wie sie hergestellt wurden – das ist besonders toll, wenn Ihre Kinder beim Einkauf dabei sind. Man muss nicht auf dem Land leben, um Regionales zu kaufen. In vielen Stadtteilen gibt es Bauernmärkte, und Biokisten werden auch in den Stadtzentren ausgeliefert.

Regionales Einkaufen ist ein relativ neuer Trend – viele von uns kaufen ihre Lebensmittel nach wie vor in Supermärkten. Das ist praktisch, und die Auswahl ist groß und bietet manchmal auch mehr als der örtliche Hofmarkt, zum Beispiel Fisch aus nachhaltigem Fang oder laktosefreie Milch. Auch wenn ich sehr dafür bin, den örtlichen Einzelhandel zu unterstützen, bin ich sicher nicht gegen Supermärkte. Es lohnt sich aber, sie geschickt zu nutzen, anstatt sich von ihnen nutzen zu lassen.

Sich Lebensmittel liefern zu lassen ist eine weitere Möglichkeit für Familien, deren Zeit knapp ist – insbesondere wenn man kleine Kinder hat, die nicht gerne einkaufen gehen. Die Kehrseite der Medaille sind allerdings längere Lieferwege, Kosten und Verpackung. Letzteres kann große Ausmaße annehmen, vor allem bei Tiefkühlprodukten. Nutzen Sie also Internet und Lieferservice vor allem für Lebensmittel, die Sie nicht in Ihrer Nähe bekommen. Oder dann, wenn die Windpocken bei Ihnen Einzug gehalten haben. Aber nutzen Sie sie nicht zulasten kleiner örtlicher Händler.

Bioprodukte

Ob Bioprodukte tatsächlich einen höheren Nährstoffgehalt besitzen, ist nach wie vor umstritten. Doch für mich geht es bei Weitem nicht nur um die Frage, ob eine Karotte ein bisschen mehr oder weniger Vitamin C enthält. Vieles deutet darauf hin, dass Bioprodukte in vielerlei anderer Hinsicht gesund sind. So weisen beispielsweise Eier von Legehennen in Biohaltung seltener Salmonellen auf als andere. Zudem haben Untersuchungen gezeigt, dass Zusatzstoffe in konventionell produzierten Lebensmitteln bei Kindern das Risiko der Hyperaktivität erhöhen können (mehr dazu später).

Es ist auch eine Tatsache, dass viele konventionell produzierte Lebensmittel, vor allem Obst und Gemüse, Rückstände von Pestiziden enthalten. Manchmal kann Waschen oder Schälen helfen, aber nicht immer. Es gibt kaum aussagekräftige Studien über die Langzeiteffekte der Aufnahme von Pestiziden noch über die als schädlich zu betrachtenden Mengen, aber einige dieser Pestizide stehen im Verdacht, krebserregend zu sein, andere wiederum könnten sich auf den Hormonhaushalt auswirken. Und man sollte sich klar machen, dass, wie auch immer sich Pestizide auswirken, Kinder noch verletzlicher sind als Erwachsene. Kinder sind empfindlicher, weil sie im Verhältnis zu ihrem Körpergewicht größere Mengen zu sich nehmen als Erwachsene. Außerdem steht zu befürchten, dass ihre noch nicht voll ausgebildeten Körpersysteme weniger gut mit Toxinen und ihrer Eliminierung klarkommen.

Mit dem Bio-Siegel versehenes Obst und Gemüse wird ohne Kunstdünger und mit weitaus weniger Pestiziden als konventionelle Ware produziert. Auch bei der Tierhaltung gelten viel strengere Regeln; so dürfen Biolandwirte Antibiotika nicht routinemäßig einsetzen. Viele von ihnen achten bei ihrer Arbeit auf einen respektvollen, nachhaltigen Umgang mit der Natur. Aus diesen Gründen entscheiden sich zahlreiche Eltern für Bioprodukte – nicht als Garantie für immerwährende Gesundheit, sondern weil sie die Chemiemenge in ihrer Nahrung reduzieren und umweltverträglicher leben wollen.

Ich gebe in meinen Rezepten bewusst keine Biozutaten an, weil ich diese Entscheidung jedem einzelnen überlassen möchte. Aber ich verarbeite selbst viel Bioprodukte.

Fleisch, Eier und Milchprodukte kaufen

Gesunder Menschenverstand ist beim Kauf tierischer Produkte wichtig – sei es wenn es um das Tier selbst (also Fleisch) geht oder auch um Eier, Milch, Joghurt, Käse usw. Sie kennen wahrscheinlich viele der ethischen Argumente, die für Produkte aus artgerechter Tierhaltung sprechen. Hinzu kommt, dass Fleisch, Milch und Eier von Gras fressenden Freilandtieren aus artgerechter, ökologischer Haltung mehr gute Fettsäuren und Antioxidantien aufweisen als die Produkte von Tieren aus Massenhaltung. Wenn ich mich für Produkte aus artgerechter Haltung entscheide, tue ich dies also nicht allein aus ethischen Gründen, sondern auch wegen des Nährstoffgehalts der Lebensmittel. Ich kaufe Fleisch, Milchprodukte und Eier wo immer möglich in Bioqualität, und möglichst auch regional.

Falls Sie keine Bioprodukte bekommen, sollten Sie zumindest nach solchen aus artgerechter Haltung Ausschau halten:

- Hühner und Eier aus heimischer Freilandhaltung anstelle der Massentierhaltung

- Schweinefleisch aus Freilandhaltung anstelle der Massentierhaltung

- Kalbfleisch mit heimischem Herkunftszertifikat, da bei uns die Vorschriften in Sachen Tierhaltung oft strenger sind als in anderen Ländern

- Rind- und Lammfleisch von kleinen regionalen Erzeugern, die für Freiland-haltung und Grasfütterung garantieren

- Wild wie Rotwild oder Kaninchen aus freier Wildbahn

Fisch kaufen

Fisch ist ein tolles Nahrungsmittel für Kinder, das es sich lohnt, ihnen schmackhaft zu machen. Er liefert viel Eiweiß und andere Nährstoffe wie Eisen und die so wichtigen Omega-3-Fettsäuren. Andererseits ist Fisch eine der am gnadenlosesten ausgebeuteten Ressourcen, weshalb der Fischkauf zum Minenfeld werden kann. Die Kaufempfehlungen für Fischsorten ändern sich rasch, und es sind in erster Linie die Fanggründe, die darüber entscheiden, wie »ethisch« der Verzehr ist. So ist Kabeljau in der Nordsee stark überfischt; stammt er jedoch aus der nordöst-lichen Arktis, trägt er das MSC-Siegel und kann guten Gewissens gekauft werden. Es gibt viele Organisationen und Handelsunternehmen, die sich für Fisch aus zertifiziertem, nachhaltigem Fang einsetzen und diesen leicht erkennbar deklarieren. Webseiten wie beispielsweise www.msc.org (Marine Stewardship Council) oder der Fischführer auf www.wwf.de bzw. www.wwf.ch geben Aufschluss über empfehlenswerte Arten und Herkunftsgebiete. Kaufen Sie möglichst nur Fisch mit dem MSC-Siegel. Und versuchen Sie herauszufinden, wie der Fisch gefangen wurde. Je selektiver die Fangmethode, desto besser. Der Fischfang mit Schleppnetzen ist nicht selektiv und kann zudem den Meeresboden schädigen. Leinenfang ist empfehlenswerter, da er den Meeresboden nicht schädigt; beson-ders selektiv ist der Leinenfang von Hand. Schlepp- oder Handleine sowie Angelrute sind die nachhaltigsten Thunfisch-Fangmethoden. Gut ist von kleinen Tagesbooten gefangener Fisch, da es sich da um kleine Fänge und nicht um Massenfischfang handelt. Wenn Sie sich für Fisch aus Aquakultur entscheiden, sollte dieser aus biologischer Aufzucht stammen, da diese die Umwelt weniger schädigt und dabei weniger Antibiotika und Chemikalien zum Einsatz kommen.

Aktuell geltende Richtlinien für die in den Rezepten verwendeten Fischsorten:

- Ist von weißem Fleisch in Stücken die Rede, eignen sich Seelachs, Dorsch, Knurrhahn, Wolfs-, Zacken- und Seebarsch. Wer gerne Kabeljau mag, kauft MSC-zertifizierten Fang aus Alaska oder Leinenfang aus der nordöstlichen Arktis. Rotbarsch aus nachhaltigem Fang stammt ebenfalls aus der nordöstlichen Arktis, vorzugsweise aus Leinenfang.

- Bei fetthaltigem Fisch steht Makrele aus Leinenfang an erster Stelle, idealerweise mit MSC-Siegel. Wildlachs ist in vielen Fanggegenden stark überfischt; bevorzugen Sie deshalb MSC-zertifizierten Pazifik-Wildlachs (aus Alaska) oder Atlantiklachs aus Bio-Aquakultur.

- Bei Garnelen wählen Sie am besten Kaltwassergarnelen aus nördlichen Regionen (Eismeergarnelen). Da es keine gesicherten Informationen über die Bestände gibt, verwende ich Garnelen eher selten. Auf Warmwasser- oder Riesengarnelen wie King Prawns oder Tiger Prawns verzichte ich vollständig, denn die wilden werden per Schleppnetz gefischt und die Garnelen aus Farmbeständen werden unter oft schlimmen Umständen gezüchtet.

Frisches Obst und Gemüse kaufen

Ganz gleich, ob im Supermarkt oder im Hofladen, beim Einkauf frischer Produkte sind immer Qualitätsentscheidungen gefragt. Beim Kauf von Obst und Gemüse muss man hinschauen, riechen und manchmal die Ware durch leichten Druck prüfen. Seltsame Formen, Furchen und raue Stellen sind nicht das Problem – kaufen Sie jedoch keine beschädigten, welken, un- oder überreifen Früchte und nichts, das nicht gut riecht; schrumpelige Äpfel, vergilbter Brokkoli und schlappe Karotten sind nicht gut, auch dann nicht, wenn sie aus der Region stammen. Es macht keinen Spaß, so etwas zu essen – abgesehen davon, dass sie weniger Nährstoffe enthalten. Wer wählerisch ist, bekommt vielleicht nicht immer das, was er sucht, aber in vielen Rezepten lassen sich Obst und Gemüse leicht durch andere Sorten austauschen. Und wenn Sie etwas Frisches zu einem günstigen Preis finden, kaufen Sie ruhig viel davon! Wenn Sie saisonale Produkte in großen Mengen verarbeiten und einfrieren, sparen Sie Zeit, Geld und haben immer etwas Leckeres zur Hand.

Nährstoffe erhalten

Bestimmte Nährstoffe werden durch Lagerung und Kochen stark beeinträchtigt. Bei Vitamin C ist das bekannt, aber letztlich sind alle wasserlöslichen Vitamine wie auch B_6, B_{12}, Biotin, Folsäure, Niacin, Pantothensäure, Riboflavin und Thiamin sehr empfindlich. Sie kommen insbesondere in Obst, Gemüse und Körnern vor. Diese Vitamine verflüchtigen sich bei der Lagerung und wenn sie Luft und Licht (etwa beim Schneiden) ausgesetzt sind. Auch in Wasser und/oder beim Kochen werden sie zerstört.

Die meisten Vitamine liefern Obst und Gemüse, wenn man sie sehr frisch und am besten roh verzehrt. Ist dies nicht möglich, sollte man auf eine vitaminschonende Zubereitung achten. Tiefkühlprodukte sind ebenfalls eine gute Wahl: Da Obst und Gemüse meist direkt nach der Ernte schockgefroren werden, bleiben die Vitamine erhalten. Bereiten Sie Frischprodukte möglichst unmittelbar vor dem Kochen vor, statt sie zerkleinert auf dem Schneidebrett oder in Wasser liegen zu lassen. Verarbeiten Sie Obst und Gemüse mit der Schale (natürlich nicht unbedingt für ganz kleine Babys). Bevorzugen Sie Dämpfen statt Kochen; beim Kochen werden viele Vitamine ins Kochwasser ausgespült. Falls Sie Gemüse in Wasser garen, verwenden Sie den Sud für Suppen, Brühen oder Saucen weiter.

Auch gegart enthalten Obst und Gemüse noch viele wichtige Vitamine und Nährstoffe. Zahlreiche Nährstoffe werden beim Garen oder durch die Lagerung nicht oder nur minimal beeinträchtigt, darunter die fettlöslichen Vitamine A, D, E und K, Kalzium und Eisen. Einige Nährstoffe sind durch das Garen für den Körper sogar besser verwertbar, zum Beispiel die in Tomaten und Karotten enthaltenen Antioxidantien.

Frisches Obst und Gemüse lagern und zubereiten

Auch wenn bei der Lagerung von Obst und Gemüse einige Nährstoffe verloren gehen, bleiben doch immer noch viele erhalten, vor allem wenn man die Produkte im Kühlschrank oder an einem kühlen, trockenen Ort wie der Vorratskammer aufbewahrt. Dies gilt für Wurzelgemüse, Äpfel und Kürbisse. Andere wie Beeren, Mais, Birnen und Spargel verderben jedoch relativ schnell und sollten deshalb rasch verzehrt oder in geeigneter Weise konserviert werden. Es ist besser, frisch ausgelöste Erbsen einzufrieren oder Tomaten zu Suppe zu verarbeiten, statt die wertvolle Ernte im Rohzustand verderben zu lassen.

Machen Sie das Beste aus den Früchten der Natur! Die folgende Tabelle gibt Ihnen einen Überblick über Ernte, Lagerung und Verarbeitung von heimischem Obst und Gemüse. Vergessen Sie nicht, die Früchte vor dem Verzehr gründlich zu waschen.

Produkt	Saison	Lagerung	Verarbeitung	Rezepte
Äpfel	August–März Während der Saison verschiedene Sorten wählen.	An einem kühlen, trockenen Ort ohne direkte Sonne mehrere Wochen	Apfelmus (S. 105), portionsweise einfrieren. Gerieben/gehackt in Salaten, Kuchen oder Burgern verarbeiten.	Seite 108, 112, 113, 114, 142, 172, 175, 195, 200, 203, 219, 220, 234
Aprikosen	Juli–August	An einem kühlen Ort oder im Kühlschrank einige Tage	Aprikosenmus, portionsweise einfrieren (S. 105) oder unter Joghurt rühren.	
Birnen	August–Januar Halten Sie nach verschiedenen Sorten Ausschau und wechseln Sie ab.	Bis 1 Woche (je nachdem, wie hart sie beim Kauf sind; Birnen werden immer unterreif gepflückt). Jeden Tag prüfen, um den idealen Zeitpunkt des Verzehrs zu erwischen.	Dämpfen und pürieren (S. 105). Backen, dünsten oder rösten. Zusammen mit Äpfeln in Kuchen und Aufläufen oder mit späten Him- und Blaubeeren in Obstsalat. Gut auch zu geschmortem Fleisch.	Seite 112, 172, 196
Blaubeeren, Heidelbeeren	Juli–September	1–2 Tage an einem kühlen Ort, 3–4 Tage im Kühlschrank	Einlagig einfrieren, dann in Behälter füllen. Unter Obstsalat oder Joghurt heben, in Pfannkuchen, Muffins oder Smoothies verarbeiten.	Seite 113, 146, 192
Blumenkohl	Ganzjährig	Einige Tage im Kühlschrank		Seite 108, 119, 177, 207
Bohnen (Stangen-, Busch-)	Juli–September	2–3 Tage im Kühlschrank	Gar kochen und aus der Hand essen. Klein schneiden, blanchieren, einfrieren und später mit Knoblauch, Kräutern und Rahm garen. Oder in Tomatensauce kochen (S. 212); portionsweise einfrieren.	Seite 204, 210
Brennnessel Nur die ganz jungen Blattspitzen pflücken.	März–April	In einer Plastiktüte im Kühlschrank bis zu 24 Stunden	Mit Gummihandschuhen anfassen. Gründlich waschen, Stängel abknipsen. Dann wie Spinat garen (gegart brennen sie nicht mehr).	Seite 126
Brokkoli	Juli–September	Einige Tage im Kühlschrank	Dämpfen, pürieren (S. 102) und portionsweise einfrieren. Gedämpfte Röschen sind ideales Fingerfood für Babys. In Pasta, Frittata, Tartes und Salaten. Gut mit Dips.	Seite 108, 122, 124, 132, 161, 162, 204

Produkt	Saison	Lagerung	Verarbeitung	Rezepte
Brombeeren	Juli–September	1–2 Tage an einem kühlen Ort, 3–4 Tage im Kühlschrank	Einlagig einfrieren, dann in Behälter füllen. Für Muffins, Aufläufe und Kuchen. Pürieren, durchs Sieb streichen und unter Apfelmus heben.	Seite 113, 142, 192
Dicke Bohnen 1 kg Bohnen in Hülsen ergeben ausgelöst etwa 300 g.	Juni–August	1–2 Tage im Kühlschrank; sie verlieren jedoch an Süße.	Auslösen, blanchieren, häuten und einfrieren. In Pasta, Risotto, Frittata, Suppen usw. verarbeiten. Garen und mit etwas Knoblauch und Butter zerdrücken oder zu Hummus (S. 245) verarbeiten.	Seite 245
Erbsen 1 kg Erbsen in Hülsen ergeben ausgelöst etwa 400 g.	Juni–August	1–2 Tage im Kühlschrank, sie verlieren jedoch an Süße.	Roh oder in Salaten (Achtung: Babys können sich verschlucken!). Als Suppe oder Püree/Brei (S. 105), in Frittata, Currys oder Risotto. Oder kurz blanchieren und einfrieren. Leere Hülsen für Gemüsebrühe verwenden.	Seite 108, 124, 161, 180, 204
Erdbeeren	Mai–August	Verlieren im Kühlschrank an Aroma; besser 1–2 Tage an einem kühlen Ort lagern	Lassen sich im Ganzen nicht gut einfrieren; besser pürieren und zu Frozen Joghurt verarbeiten oder mit anderem Obstmus kombinieren und mit Joghurt servieren	Seite 113, 148, 192
Fenchel	Juli–Oktober	Einige Tage im Kühlschrank	Roh in Salaten oder zum Dippen. Gebraten, in Gratins oder als Suppe. Mit Knoblauch dünsten, etwas Crème fraîche dazu und zu Pasta servieren.	Seite 177, 186, 188
Gurke	Juli–Oktober	Einige Tage im Kühlschrank	Mit Joghurt und Knoblauch püriert als kalte Sommersuppe. In Salaten. Als Stängel perfektes Fingerfood.	Seite 186
Himbeeren (ebenso Tay- und Loganbeeren)	Juli–Oktober	2–3 Tage im Kühlschrank	Einlagig einfrieren, dann in Behälter füllen. In Muffins, Aufläufen und Smoothies verarbeiten.	Seite 113, 144, 170, 192
Johannisbeeren, Weiße, Rote, Schwarze	Juli–August	Bis zu 2 Tage im Kühlschrank	Einlagig einfrieren, dann in Behälter füllen. Pürieren, süßen und unter Rahm oder Joghurt heben. Rote und Weiße Johannisbeeren roh essen (Achtung: Babys können sich daran verschlucken!). In süßen oder pikanten Salaten.	

Produkt	Saison	Lagerung	Verarbeitung	Rezepte
Karotten	Ganzjährig Kleine, süße Frühsorten ab Mai	1 Woche an einem kühlen Ort, 2–3 Wochen im Kühlschrank	Gerieben unter Salate, in Kuchen oder Muffins verarbeiten. Für Suppen und Brühen (S. 236–238), Wokgerichte, Eintöpfe und Püree (Brei).	Seite 107, 108, 175, 179, 191, 203, 209, 210, 214, 218
Kartoffeln	Ernte August–Oktober, ganzjährig erhältlich	In Papier- oder Stoffbeutel lagern; etwa 1–2 Wochen an einem dunklen, kühlen Ort	Geschält und in großen Stücken geröstet ideal als erstes Fingerfood. Vorgegarte Kartoffeln einfrieren; auftauen lassen und dann rösten.	Seite 182, 191, 201, 209, 219
Kartoffeln, neue/Früh-	Mai–Juli	In Papier- oder Stoffbeutel lagern; bis 1 Woche an einem dunklen, kühlen Ort	Braten oder weich kochen und mit Butter oder Öl und etwas Knoblauch pürieren. Perfekt für Frittata. Interessant auch gegart und dünn aufgeschnitten auf Pizza.	Seite 124, 164
Kirschen	Juli–August	Einige Tage an einem kühlen Ort	Entsteint, evtl. halbiert in Aufläufen und Kuchen. Als Kompott. Für Kinder immer entsteinen!	Seite 192
Knollensellerie	September–März	Bis zu 2 Wochen an einem kühlem Ort oder im Kühlschrank	Mit Kartoffeln kombiniert in Gratins oder Pürees (Brei). Zusammen mit Wurzelgemüse gebraten oder geschmort.	Seite 107, 111, 201
Kohl, Frühkohl, Grünkohl	Je nach Sorte rund ums Jahr	Einige Tage im Kühlschrank	Harte Stängel/Strunk entfernen, Kohl fein schneiden. Mit Pasta garen, abgießen, gedünstete Zwiebeln und geriebenen Käse unterheben. Unter Bratkartoffeln und Kartoffelpüree mischen. In Gemüsebrei (S. 111). Fein gehackt zu Eierspeisen.	Seite 111, 120, 180, 203
Kopfsalat	Mai–Oktober	1–2 Tage im Kühlschrank	Als Salat, aber auch gegart sehr fein, z. B. in Suppen, Risotto, Pasta, Wokgerichten oder sogar in Pürees (Brei).	Seite 109, 123, 161
Kürbis	September–Februar	Einige Wochen an einem kühlen Ort	In Spalten geschnitten rösten und in Salate geben oder als Fingerfood reichen (Schale entfernen). Gewürfelt in Risotto. Pürieren (S. 107) oder zu Suppe verarbeiten.	Seite 109, 176, 177, 182, 195, 204, 208

Produkt	Saison	Lagerung	Verarbeitung	Rezepte
Lauch	September–April	Einige Tage im Kühlschrank oder an einem kühlen Ort	Aufschneiden, gründlich waschen, in etwas Butter oder Öl andünsten und einfrieren. Gut mit fein geschnittenem Kohl, in Suppen und für Gemüsebrühe (S. 236–238). Verleiht Pürees Süße.	Seite 111, 134, 201, 208, 210
Mangold	August–November	Einige Tage im Kühlschrank (wird schnell welk)	Stängel und Blätter trennen, zuerst die klein geschnittenen Stängel anbraten, dann das geschnittene Grün zugeben. In Tartes, auf Pizza, in Frittata und Pastasaucen.	Seite 126
Paprika (Peperoni)	August–November	Bis etwa 1 Woche im Kühlschrank	Roh als Fingerfood. Oder rösten, häuten und dann pürieren oder zerkleinern. In Suppen, Saucen oder Salaten.	Seite 153, 177, 186, 203
Pastinaken	September–März	Bis 1 Woche an einem kühlen Ort; bis 2 Wochen im Kühlschrank	In großen Stücken geröstet, als Püree/Brei (S. 107) oder als Suppe. Hauchdünn geschnitten im Ofen als Chips backen.	Seite 108, 177, 209
Quitten	September–November	1–2 Wochen an einem kühlen Ort, mehrere Wochen im Kühlschrank	Schälen, entsteinen und zerkleinert mit etwas Wasser zu Püree kochen. Muss gesüßt werden; dazu Apfel- oder Pflaumenmus unterheben oder mit etwas Zucker oder Honig süßen.	
Radieschen und Rettich	April–September	1–2 Tage im Kühlschrank	Nur ganz frisch wirklich gut. Dann am besten roh, im Ganzen, gerieben oder fein geschnitten, z. B. auch in Salaten.	
Rhabarber	Januar–April (im Gewächshaus/unter Folie vorgetrieben) April–September (Freiland)	Einige Tage im Kühlschrank	Stangen roh einfrieren oder dämpfen und pürieren. Muss gesüßt werden, dazu Apfel- oder Pflaumenmus unterheben oder mit etwas Zucker oder Honig süßen.	Seite 113, 142, 170
Rosenkohl	Oktober–März	Bis zu 1 Woche im Kühlschrank	Fein schneiden und rührbraten oder ganze Röschen wie Blumenkohl mit Käsesauce überbacken. Gute Alternative zu Kohl oder Frühkohl.	Seite 111 Seite 207

Produkt	Saison	Lagerung	Verarbeitung	Rezepte
Rote Bete (Rande)	Juli–Dezember	Bis 1 Woche an einem kühlen Ort, bis 2 Wochen im Kühlschrank	Rösten und schälen (S. 109); dann aufgeschnitten, gehackt, gerieben oder püriert in Salaten, Suppen, Dips, Risottos, Eintöpfen oder Kuchen verarbeiten. Für Babys in dicke Stängel schneiden. Blätter wie Mangold verarbeiten (S. 126).	Seite 109, 177, 203
Schwarzwurzel	Oktober–November	Einige Tage im Kühlschrank oder an einem kühlen Ort	Schälen und braten. Oder mit anderem Wurzelgemüse in Aufläufen oder Suppen verarbeiten.	Seite 107
Spargel	Mai–Juni	1–2 Tage im Kühlschrank, dabei jedoch Aromaverlust	Blanchieren, dann rösten, grillen oder in der Grillpfanne braten. Mit Ei oder als Suppe. Gegarte Stangen dem Baby in die Hand geben.	Seite 124
Spinat	Ganzjährig, je nach Sorte	Einige Tage im Kühlschrank	In sehr wenig Wasser blanchieren, abgießen, ausdrücken und hacken. In Pasta, Gemüsekuchen, Currys, Frittata und auf Pizza.	Seite 108, 126, 151, 180, 210
Sprossenbrokkoli – (alte wiederentdeckte Form mit langem Stiel und violetten Knospen)	März–Mai	1–2 Tage im Kühlschrank	Gründlich putzen. Dämpfen, pürieren (S. 105) und portionsweise einfrieren. Gut zu Pasta und zum Dippen. Oder gegart mit etwas Käsesauce überbacken (S. 207).	Seite 122, 132, 161, 162, 204
Stachelbeeren	Juni–Juli	Einige Tage im Kühlschrank	Einlagig einfrieren, dann in Behälter füllen. Roh mit etwas Zucker in wenig Wasser dämpfen. Zusammen mit Erdbeeren oder Äpfeln gedünstet, muss man nicht zuckern. Manche Sorten eignen sich besser zum Rohverzehr.	Seite 170
Stauden-/Stangensellerie	September–Januar	Bis zu 2 Wochen im Kühlschrank	Unverzichtbar für Brühe (S. 236–238). Fein geschnitten mit geriebenem Käse als Gratin. In Brühe garen. Das Grün in Salaten verwenden.	Seite 119, 139, 141, 175, 177, 179, 191, 214, 218, 238

Produkt	Saison	Lagerung	Verarbeitung	Rezepte
Steckrüben, Kohlrüben, Bodenkohlrabi	Oktober–Februar	1 Woche an einem kühlen Ort; mehrere Wochen im Kühlschrank	Schälen, garen und mit Butter und schwarzem Pfeffer zerquetschen. Für Babys ungewürzt pürieren. Gut in Gemüsesuppen oder mit anderem Wurzelgemüse geröstet bzw. geschmort. Junge Rüben rösten oder in Brühe garen; gerieben oder fein geschnitten auch roh essbar.	Seite 107
Tomaten	Juni–Oktober	Verlieren im Kühlschrank ihr Aroma; einige Tage an einem kühlen Ort lagern	Mit Knoblauch und Kräutern rösten, dann durch ein Sieb streichen. Dieses konzentrierte Püree als Grundlage für Suppen und Saucen verwenden. Kirschtomaten sind ideales Fingerfood für Kleinkinder.	Seite 162, 165, 177, 188, 191, 204, 212
Topinambur	November–März	Bis zu 2 Wochen im Kühlschrank oder an einem kühlen Ort	Schälen, dann kochen oder anbraten. Gut mit anderem zerdrücktem oder gebratenem Wurzelgemüse. Fein geschnitten oder gerieben auch roh essbar.	
Zucchini	Juli–Oktober	Einige Tage im Kühlschrank	Fein geschnitten in etwas Butter oder Öl dünsten, bis man sie zerdrücken kann. Unter Pastasauce oder Risotto heben. Als Pastasauce zum Einfrieren.	Seite 152, 154, 161, 162
Zuckermais	August–September	1–2 Tage im Kühlschrank, verliert jedoch an Süße	Kerne vom Kolben schneiden, 1 Minute blanchieren, einlagig einfrieren, später in Behälter füllen. In Suppen oder als Sahnemais (S. 158)	Seite 158, 182
Zwetschgen und Pflaumen	August–November	Bis etwa 1 Woche im Kühlschrank	Zu Mus kochen (S. 106) und mit Joghurt, Eis, Milchreis genießen oder in Schmorgerichte oder Currys rühren. Alternativ Früchte halbieren, entsteinen und mit etwas Butter und Vanille dünsten. Für kleine Kinder immer entsteinen!	Seite 142, 170, 192

Was man vermeiden sollte

Sie sollen zwar nicht zum Lebensmittel-Detektiv werden, der jedes Gericht, jede Mahlzeit, jeden Snack und Bissen auf seine möglichen Gesundheitsrisiken untersucht,
doch einige Dinge sollten Sie möglichst reduzieren, andere ganz vermeiden.

E-Nummern

Die E-Nummern bezeichnen von der EU zugelassene Lebensmittelzusatzstoffe; das
Deklarationssystem umfasst aktuell mehr als Substanzen. Manche scheinen eher
harmlos zu sein, zum Beispiel aus Früchten gewonnenes Pektin (E440) oder aus Meeres-
algen extrahiertes Agar-Agar (E406). Manche dieser Stoffe sind sehr hilfreich,
etwa Backtreibmittel wie Backpulver. Und hinter manchen von ihnen verbergen sich
sogar Nährstoffe: So wird Vitamin C (E300) weithin als Antioxidans eingesetzt.
Andere dieser Zusatzstoffe sind jedoch umstritten, so etwa der Süßstoff Aspartam
(E951), oder werden in Zusammenhang mit gesundheitlichen Problemen bei Kindern
gebracht. Oft scheint es auch die Kombination verschiedener (allein möglicherweise unbedenklicher) Zusatzstoffe zu sein, die zu schwerwiegenden Problemen
führen kann.

Natürlich ist es praktisch undenkbar, alle möglichen Kombinationen von E-Nummern auf ihre potenziellen Auswirkungen hin zu überprüfen, es sei denn, man
sei ein ausgewiesener Fachmann, der Hunderte von Zusatzstoffen kennt. Am besten
ist es daher, ganz einfach weitestmöglich auf sie zu verzichten. Dabei sprechen
wir in erster Linie von künstlichen Farb- und Geschmacksstoffen, Emulgatoren, Stabilisatoren, Verdickungs- und Süßungsmitteln. Ein Glas Obstpüree mit E300 ist kaum
dasse be wie ein frischer Apfel mit seinem ureigenen Vitamin C.

Auch wenn Sie die Sache mit den E-Nummern nicht so streng sehen, gibt es doch
einige, die Sie als Eltern vermeiden sollten, weil sie im Verdacht stehen, bei Kindern
Gesundheitsprobleme zu verursachen. In Studien konnte belegt werden, dass
die Kombination folgender E-Nummern bei Kindern zu vermehrter Hyperaktivität
(ADHS/ADS) führen könnte: Tartrazin (E102), Ponceau 4R (E124), Gelborange-S
(E110), Azorubin (E122), Allurarot AC (129), Chinolingelb (E104) und Benzoesäure
(E211). Mit Ausnahme von Benzoesäure (einem Konservierungsmittel) handelt es
sich dabei um Farbstoffe. Außerdem gibt es einige Süßstoffe, die bei übermäßigem
Verzehr vor allem bei Kleinkindern Durchfall verursachen können: Sorbit (E420),
Xylit (E967), Maltit (E965) und Isomalt (E965). Auf verschiedenen Webseiten wie zum
Beispiel www.zusatzstoffe-online.de, einem Portal der Verbraucher Initiative, finden
Sie Informationen zu den E-Nummern und den entsprechenden Zusatzstoffen.

Zucker, Salz und falsche Fette

Zu viel Salz schadet allen und insbesondere Babys, deren Nieren damit nicht klarkommen. Auf Seite 68/69 finden Sie mehr zu diesem Thema. Bei fertig erhältlicher

spezieller Babynahrung wird darauf geachtet, dass nicht zu viel Salz enthalten ist. Doch in allgemeinen, an sich kinderfreundlichen Lebensmitteln wie Brot, Käse, Hummus und Keksen kann der Salzgehalt teilweise recht hoch sein. Das heißt nicht, dass man auf diese Lebensmittel verzichten, sondern nur, dass man genau hinschauen muss. Zu Nahrungsmitteln mit typischerweise hohem Salzgehalt gehören beispielsweise Fertigsaucen, Fertigmahlzeiten, verarbeitetes Fleisch und Chips.

Auch zu viel Zucker (insbesondere raffinierter Zucker) ist nicht gut; mehr dazu auf Seite 70–72. Dabei muss man wissen, dass Zucker vielerlei Bezeichnungen hat: Wenn Sie auf einer Packung Inhaltsstoffe finden, die mit -ose enden, etwa Saccharose, Maltose oder Dextrose, handelt es sich um eine Form von Zucker, ebenso zählen Maissirup oder andere Siruparten dazu. Auch Fruchtsaftkonzentrate, Honig, Melassen und Maltodextrin zeichnen sich durch eine hohe Zuckerkonzentration aus.

Babys und Kleinkinder sollten nicht fettarm ernährt werden (siehe Seite 61), doch sollten sich die gesättigten Fettsäuren in Grenzen halten und gehärtete Fette ganz vermieden werden. In moderaten Mengen können gesättigte Fettsäuren aus minimal verarbeiteten Quellen wie rotem Fleisch, Eiern, Rahm oder Butter wertvolle Kalorien- und Vitaminlieferanten sein. Mit gehärteten Fetten, wie sie in stark verarbeiteten Lebensmitteln vorkommen, verhält es sich anders. Durch Hydrierung werden flüssige Pflanzenöle zu festen Fetten verarbeitet; in diesem Prozess entstehen die sogenannten Transfette, die mit erhöhtem Herzerkrankungsrisiko in Verbindung gebracht werden.

Stark verarbeitete Lebensmittel

Die gute Nachricht ist, dass man die oben beschriebenen unerwünschten Inhaltsstoffe weitgehend umgehen kann, indem man auf industriell verarbeitete bzw. stark raffinierte Nahrungsmittel verzichtet. Der Begriff »verarbeitet« ist allerdings nicht klar definiert, da ein Großteil unserer Nahrung in irgendeiner Weise »verarbeitet« wurde – auch gesunde Zutaten wie getrocknete Hülsenfrüchte, Dosentomaten, Biokäse und -joghurt sind verarbeitet. Wenn ich davon spreche, verarbeitete Lebensmittel zu vermeiden, meine ich Fertiggerichte und Ähnliches, also Nahrung, bei der die Zubereitung schon größtenteils abgeschlossen ist, zum Beispiel Fruchtjoghurts, Fertigmahlzeiten, Fertigsaucen, Chips, Süßwaren, fertige Backwaren und süße Softdrinks. Die La Leche Liga umschreibt den Begriff der »guten Ernährung« treffend als Verzehr ausgewogener, abwechslungsreicher Lebensmittel in möglichst naturbelassenem Zustand.

Aber raufen Sie sich nicht die Haare, wenn Ihr Kind mal gerne Dosen-Ravioli oder Pommes mit Ketchup mag. Wichtig ist allein, dass Sie solche Gerichte nur ganz ausnahmsweise zulassen und so oft wie möglich Selbstgekochtes auf den Tisch bringen.

Das erste Jahr

Essen – der Beginn eines großen Abenteuers

DAS ABSTILLEN, also die schrittweise Umstellung von (Mutter-)Milch auf feste Nahrung, ist eine aufregende Zeit. Wenn das Baby beginnt, Beikost in Form fester Nahrung zu sich zu nehmen, ist ein großer Meilenstein in der Entwicklung erreicht, der zugleich auch eine Vertiefung und Intensivierung der familiären Beziehungen markiert. Nimmt das jüngste Familienmitglied aktiv an den gemeinsamen Mahlzeiten teil, bekommt es eine weitere Möglichkeit, seine Persönlichkeit einzubringen und mit den anderen zu interagieren. In Sachen Beikost geht es also nicht nur um die Ernährung, sondern um das Essen als sozialen Akt im weitesten Sinn. Positive Erfahrungen rund ums Essen und gemeinsame Mahlzeiten sind eine der besten, wichtigsten Erfahrungen, die Sie Ihrem Kind für seine Zukunft mitgeben können.

Diese positiven Erfahrungen in Sachen Nahrungsumstellung beginnen, noch bevor man an Apfelbrei und Karottenstängel denkt. Beziehen Sie Ihr Baby schon davor bei den Familienmahlzeiten mit ein. Auch die Art und Weise, wie Sie die Brust oder das Fläschchen geben, kann die Einstellung Ihres Babys zu fester Nahrung beeinflussen. In diesem Kapitel betrachten wir die Nahrungsumstellung als Prozess und nicht als einmaliges Ereignis – nicht zuletzt, weil ich überzeugt bin, dass das Baby selbst den Weg vorgibt.

Milchnahrung

Vielleicht lesen Sie dieses Buch bereits, bevor Sie Eltern werden, und überlegen noch, ob Sie stillen oder auf Flaschennahrung setzen sollen – oder eine Kombination aus beidem. Da ich eine leidenschaftliche Anhängerin des Stillens bin, würde ich Sie natürlich am liebsten von dieser Ernährungsform überzeugen. Doch selbst wenn das Stillen die beste Ernährungsform wäre, würden Sie dadurch nicht automatisch zu besseren Eltern.

Wahrscheinlich haben Sie sich schon selbst eine Meinung gebildet, wobei sich die Milchnahrung möglicherweise nicht nur auf die allerersten Monate des Babys beschränkt. Viele Eltern ziehen in Erwägung, ihrem Baby auch im zweiten Lebenshalbjahr Säuglingsmilchnahrung zu geben. Deshalb auch hierzu einige Informationen.

Stillen

Das Stillen ist meiner Meinung nach die beste Grundlage für ein gesundes Ess-verhalten in späteren Jahren und schützt zudem die Gesundheit des Kindes. Stillen unterstützt die Entwicklung der Gesichts- und Mundmuskulatur. Und weil sich der Geschmack der Muttermilch mit dem, was die Mutter zu sich nimmt, verändert, glauben Experten, dass gestillte Babys in Sachen Beikost experimen-tierfreudiger sind. Ein weiterer Vorteil des Stillens besteht darin, dass sich die Nahrungsaufnahme nach dem Hunger bzw. der Sättigung des Babys richtet. Darüber hinaus werden die Eltern ermutigt, den Signalen des Babys zu vertrauen, was wiederum zu einer entspannteren Nahrungsumstellung führt.

Wie lange Sie stillen, hängt ganz von Ihnen und Ihrem Baby ab. Die Vorteile sind in jedem Fall von Dauer. Auch wenn die Nährstoffe der Muttermilch für ein Ein- oder Zweijähriges allein nicht mehr ausreichen, bleibt das Stillen trotzdem eine exzellente Zusatzquelle, die das Immunsystem auch dann noch stärkt. Selbst wenn man die Muttermilch durch Fertigmilch (Pre-Nahrung) ergänzt, ist ein bisschen Muttermilch besser als keine.

Niemand zwingt Sie, nach sechs Monaten abzustillen, wenn Sie das nicht möchten oder nur tun, weil alle anderen Mütter es auch so machen. Holen Sie sich falls nötig Hilfe und Rat; es gibt heute viel Unterstützung rund ums Stillen – und dies betrifft nicht nur die ersten Wochen. Zahlreiche Anlaufstellen (siehe Seite 249) bieten Beratung bei Problemen und Schwierigkeiten und bei der Frage, wie weiter.

Milch abpumpen Wenn Ihr Baby einige Monate alt und das Stillen zur Routine geworden ist, können Sie Milch abpumpen. Im Kühlschrank aufbewahrt oder eingefroren, kann Ihr Baby aus dem Fläschchen oder der Tasse auch dann Muttermilch trinken, wenn Sie nicht da sind. Viele Frauen pumpen ab, wenn sie wieder arbeiten. Ich muss zugeben, dass Abpumpen für mich nicht gerade angenehm war, aber vielen Frauen fällt es leicht. Auf alle Fälle ist es ein guter Weg, die Vorteile der Muttermilch länger zu nutzen. Abgepumpte Milch ist außerdem bei der Zubereitung der ersten Breie eine wertvolle Zutat.

Fertigmilch

Bis zum Alter von zwölf Monaten müssen nicht-gestillte Babys Fertigmilch bekommen. Eine andere adäquate Alternative zur Muttermilch gibt es nicht. Wenn Sie also im ersten Lebensjahr Ihres Babys das Stillen reduzieren oder beenden, müssen Sie mit einer geeigneten Säuglingsmilch zufüttern. Die meisten Produkte basieren auf Kuhmilch, die an die Eigenschaften von Muttermilch angepasst wurde, und sind mit wichtigen Nährstoffen wie Vitaminen und Eisen angereichert.

Die Auswahl an Säuglingsmilchprodukten ist riesig. Auch hier könnte ich seitenlange Erklärungen der Inhaltsstoffe geben, aber unter dem Strich ähneln sich diese Produkte doch weitgehend. Dabei bedeutet ein höherer Preis oder eine schickere Verpackung nicht, dass der Inhalt auch tatsächlich besser oder nahrhafter ist. Alle Fertigmilchprodukte unterliegen gesetzlichen Bestimmungen und enthalten die erforderlichen Vitamine und Nährstoffe – sie sind also alle ausreichend gut.

Ist Ihr Baby sechs Monate oder älter, stehen Sie vor der Entscheidung, eine sogenannte Folgemilch zu geben, die mehr Eisen und Eiweiß als die Anfangsmilch enthält. Für jüngere Babys ist Folgemilch weder empfehlenswert noch notwendig, und auch für Babys über sechs Monaten muss sie nicht sein. Die »Anfangsmilch 1« kann bis zwölf Monate und sogar darüber hinaus gegeben werden. Eine ernährungsphysiologische Überlegenheit der Folgemilch gegenüber der Standard-Anfangsmilch scheint wissenschaftlich nicht bewiesen zu sein. Zum Teil auch deshalb nicht, weil der kindliche Körper all das zusätzliche Eisen gar nicht aufnehmen kann.

Was kaufen? Zahlreiche Quellen bieten Übersichten über die genaue Zusammensetzung der einzelnen Fertigmilch-Produkte unterschiedlicher Hersteller. Möglicherweise ist die Form des Eiweißes für Sie das wichtigste Unterscheidungsmerkmal. Kuhmilch enthält zwei Arten von Proteinen: Molkeneiweiß (Lactalbumin) und Kasein. Die meisten modernen Produkte enthalten mehr Molkeneiweiß als Kasein; Ersteres ist leichter verdaulich, weshalb die entsprechenden Produkte bevorzugt empfohlen werden. Geht es um die Wahl des Herstellers bzw. der Fertigmilch-Marke, können Sie ruhig den Tipps und Empfehlungen von Freunden und Verwandten folgen. Oder vielleicht entscheiden Sie sich auch ganz einfach für das günstigste Produkt.

Kasein-basierte Produkte sind schon länger auf dem Markt und waren bis zur Entwicklung der Lactalbumin-basierten Produkte die Regel. Letztere werden besonders für »hungrige« Babys, als Folgemilch oder gegen zu frühes Abstillen empfohlen. Sie enthalten nicht mehr Kalorien, bleiben aber länger im Magen, was einem höheren Sättigungsgrad gleichkommt. Aber wie bereits gesagt: Ein Baby muss nicht unbedingt diese »Fertigmilch-Stadien« durchlaufen.

Auch mit sogenannter »Comfort-Spezialnahrung« werden Sie früher oder später in Berührung kommen. Diese Produkte enthalten (teilweise) hydrolysiertes (gespaltenes) Milcheiweiß, das sie besser verdaulich macht. Diese als magen- und verdauungsfreundlich vermarkteten Milchprodukte zielen auf Babys, die unter Blähungen, Koliken oder Verstopfung leiden. Ob sie wirklich sinnvoll sind, sei dahingestellt. Jedenfalls eignen sie sich nicht für Babys mit Kuhmilchallergie oder -unverträglichkeit. Es gibt auch laktosefreie Fertigmilch-Produkte. Diese basieren immer noch auf Kuhmilch, jedoch wurde der Milchzucker (Laktose) durch eine andere Form von Zucker ersetzt. Solche Produkte empfehlen sich bei Laktoseintoleranz. Sollten Sie den Verdacht haben, dass Ihr Baby mit der angebotenen Milch nicht klarkommt bzw. Magen-Darm-Probleme zu haben scheint, wenden Sie sich umgehend an den Kinderarzt.

Fertigmilch-Produkte für Kleinkinder sind wie die Folgemilch mit zusätzlichen Vitaminen und Eisen angereichert. Sogenannte »Gute-Nacht-Milch« wiederum wird mit Zutaten wie gemahlenem Reis oder Kartoffelstärke angedickt und soll Babys vor dem Zubettgehen ruhiger machen und länger schlafen lassen. Aber auch hier ist ein möglicher ernährungsphysiologischer Vorteil gegenüber der Anfangsmilch nicht erwiesen. Diese Produkte könnten Eltern zur Annahme verleiten, es sei wünschenswert, dass Babys in einem Alter länger schlafen, in dem gesunde Kinder natürlicherweise ein sehr individuelles und wechselndes Schlafverhalten an den Tag legen. Diese Art von Milchnahrung ist nicht für Babys unter sechs Monaten geeignet.

Ziegenmilch-Produkte eignen sich nicht für Babys unter zwölf Monaten, da sie ernährungsphysiologisch ungeeignet sind. Sojaprodukte sollten nur auf Anraten einer qualifizierten Fachperson gegeben werden. Generell werden sie nur für Kinder empfohlen, die kein Kuhmilcheiweiß und/oder Laktose vertragen, aber oft haben diese Kinder auch Probleme mit Sojamilch. In Zusammenhang mit Sojamilch wird von Phytoöstrogenen gesprochen. Dies sind natürlich vorkommende Substanzen, die im Verdacht stehen, in großen Mengen verzehrt die Fortpflanzungsfähigkeit zu beeinflussen.

Füttern nach Bedarf

Das Füttern nach Bedarf beschränkt sich nicht zwangsläufig auf das Stillen. Auch wenn Flaschenbabys oft nach einem festen Zeitplan gefüttert werden und zu einer bestimmten Uhrzeit eine bestimmte Menge Milch bekommen, ist dies kein ehernes Gesetz. Auch ein Flaschenkind kann man nach Bedarf füttern, und dies wird von Fachleuten sogar empfohlen. Indem man dem Baby nach seinem eigenen Appetit Nahrung anbietet und mit Füttern aufhört, wenn es satt ist, legt man den Grundstein für ein gesundes und moderates Essverhalten im späteren Leben.

Das Füttern nach Bedarf ist natürlich nicht ganz so einfach, wenn man erst das Fläschchen zubereiten muss. Flaschennahrung sollte man unbedingt frisch zubereiten, denn beim Aufbewahren können sich vorhandene Bakterien in kurzer Zeit stark vermehren. Milchpulver ist nicht steril und kann mit gefährlichen Bakterien wie Salmonellen und Kolibakterien verunreinigt sein. Deshalb muss das Wasser, mit dem das Fläschchen zubereitet wird, mindestens 70 Grad heiß sein (das heißt abkochen und anschließend einige Minuten abkühlen lassen) – so werden Bakterien abgetötet. Die mit heißem Wasser zubereitete Milch muss natürlich abgekühlt werden, bevor das Baby sie bekommt.

Ist es unumgänglich, ein Fläschchen im Voraus zuzubereiten (was man für sehr junge Babys oder Frühgeborene niemals tun sollte, da sie besonders infektionsanfällig sind), muss man peinlichst genau auf Hygiene achten, das Fläschchen schnell abkühlen (am besten mit abgedecktem Sauger unter fließendes kaltes Wasser halten) und dann unter 5 Grad kalt stellen – und niemals länger als 24 Stunden aufbewahren.

Nach dem Füttern im Fläschchen übriggebliebene Milch muss spätestens nach zwei Stunden entsorgt werden. Niemals erneut erhitzen! Trinkfertig im Handel angebotene Milchnahrung (in der Regel steril) ist im Zweifel die bessere Lösung, wenn Sie Ihr Flaschenbaby bei Bedarf füttern möchten – allerdings auch die teurere.

Die Bedeutung von Milch für das ältere Baby

Mutter- oder Fertigmilch ist während des gesamten ersten Lebensjahres Ihres Babys ein sehr wichtiger Bestandteil der Ernährung. Auch während des ersten Zufütterns sollte man dem Baby weiterhin die Brust oder das Fläschchen anbieten, idealerweise nach Bedarf. In den ersten Wochen oder Monaten des Zufütterns nehmen manche Babys nicht wirklich viel feste Nahrung zu sich, sondern holen sich den Großteil der benötigten Nährstoffe und Kalorien nach wie vor über die Milch. Die feste Nahrung sollte die Milch in dieser Phase lediglich ergänzen, nicht ersetzen. Mutter- oder Fertigmilch lässt sich auch als nützliche Zutat für die Zubereitung der ersten festen Nahrung wie Getreide- oder Gemüsebreie verwenden.

Aktuelle Ernährungsrichtlinien legen nahe, Babys unter sechs Monaten keine gewöhnliche Kuhmilch direkt aus der Packung zu geben. Nach Abschluss des ersten halben Lebensjahres kann man Kuhmilch in kleinen Mengen geben bzw. in Mahlzeiten verarbeiten, sofern das Baby keine Anzeichen von Unverträglich- keiten zeigt (siehe Seite 77). Kuhmilch enthält zu viele Proteine und Salz und nicht genug Eisen und Vitamine, um in den ersten zwölf Monaten als Ersatz für Mutter- oder Fertigmilch gefüttert zu werden. Deshalb sollte man Babys erst mit Beginn des zweiten Lebensjahres Kuhmilch als Hauptgetränk anbieten.

Die erste feste Nahrung

Im Nachhinein betrachtet wünschte ich mir, ich hätte mir weniger Sorgen darum gemacht, was meine Kinder essen, als vielmehr wie sie die Essenzeiten erlebten. Es ist wichtig, Kindern eine große Vielfalt gesunder Lebensmittel anzubieten und diese mit zunehmender Entwöhnung von Brust oder Fläschchen mehrfach am Tag anzubieten. Aber Kinder müssen nicht von Anfang an große Portionen fester Nahrung verspeisen – nicht am ersten Tag, nicht in der ersten Woche und nicht einmal in den ersten Monaten, wenn sie weiterhin nach Bedarf Milchnahrung bekommen.

Bis zum ersten Geburtstag kann die Mutter- oder Flaschenmilch bis zur Hälfte der vom Kind benötigten Energie liefern. Noch bis ins zweite Lebensjahr hinein decken die Milchmahlzeiten einen großen Teil des Nährstoffbedarfs ab. Was nicht heißt, dass man sein Kind nicht nach Kräften zum Verzehr fester Nahrung ermutigen sollte – das muss man sogar, denn nach dem sechsten Lebensmonat kann Milch allein den Nährstoffbedarf nicht mehr abdecken. Andererseits muss man nicht gleich in Panik ausbrechen, wenn das Kind nicht zu jeder Mahlzeit große Mengen fester Nahrung verspeist.

Aber es gibt auch Babys, die sich mit Begeisterung auf feste Nahrung stürzen. Dann muss man darauf achten, dass sie noch ausreichend Milch zu sich nehmen. Denn Babys können in diesem Alter aus rein körperlichen Gründen gar nicht genug feste Nahrung aufnehmen, um alle Nährstoffbedürfnisse zu befriedigen.

Wann soll man mit Beikost beginnen?

Die Antwort lautet ganz klar: um den sechsten Monat herum. Dies ist eine vernünftige gesunde Richtlinie, an die auch ich mich gehalten habe.

Der allgemein gültige Expertenrat (auch der WHO) lautet, um den sechsten Lebensmonat des Babys herum mit dem Abstillen zu beginnen. Die WHO empfiehlt, Babys in den ersten sechs Lebensmonaten ausschließlich zu stillen, weil dies für die Gesundheit und die Entwicklung des Kindes als optimal erachtet wird. Laut WHO ist die Ernährung mit Muttermilch im ersten Lebenshalbjahr voll ausreichend und angemessen, und exklusives Stillen im ersten Lebenshalbjahr schützt vor Krankheiten. Verschiedene Studien kamen zu dem Schluss, dass im ersten Lebenshalbjahr ausschließlich gestillte Babys seltener unter Durchfall und Atemwegserkrankungen litten als Babys, die nur drei oder vier Monate gestillt wurden. Kurz: Die WHO empfiehlt, die Schutzeffekte des exklusiven Stillens so lange zu nutzen, bis das Kind zusätzliche Nahrung benötigt. Mit sechs Monaten allerdings brauchen Kinder mehr Nährstoffe (insbesondere Eisen), als Muttermilch allein bieten kann.

Man weiß wenig über die Sachlage bzw. die Abweichungen bei Babys, die ganz oder teilweise Flaschennahrung bekommen, doch es scheint kaum etwas dagegen zu sprechen, auch einem Flaschenbaby nach sechs Monaten Beikost zuzufüttern.

Mit sechs Monaten sind Verdauungsapparat und Nieren des Kindes reif genug für Beikost, die zusätzlich zur Mutter- oder Fertigmilch gefüttert werden kann. Auch der Mund- und Kauapparat kommt nun mit fester Nahrung zurecht. Die meisten Kinder sind außerdem in der Lage, Lebensmittel selbstständig zu greifen und zu erforschen.

Andere Quellen scheinen darauf hinzudeuten, dass ein Abstillen vor dem sechsten Lebensmonat mit einem erhöhten Allergierisiko einhergeht. Die Diskussion ist in vollem Gang, und es werden ständig neue Untersuchungen veröffentlicht. Der im Hinblick auf die Allergieprävention beste Zeitpunkt fürs Abstillen ist nicht eindeutig festzulegen, auch wenn Experten übereinstimmend sagen, dass nicht vor dem vierten Monat mit dem Zufüttern begonnen werden sollte. Die aktuellen Empfehlungen der WHO lauten, bis etwa zum sechsten Lebensmonat mit dem Abstillen zu warten. Darüber hinaus wird von Experten empfohlen, vor dem sechsten Lebensmonat keine Lebensmittel zu geben, die im Verdacht stehen, Allergien auszulösen (siehe Liste auf Seite 54).

Während also viele Experten empfehlen, nicht vor dem sechsten Lebensmonat mit dem Abstillen zu beginnen, halten andere dieses Alter für den spätestmöglichen Zeitpunkt. Etliche Fachleute sind der Meinung, dass man Babys schon vor diesem Alter an neue Geschmacksvariationen gewöhnen und feste Nahrung zwischen dem vierten und dem sechsten Monat einführen sollte. In diesem Alter sind Babys besonders aufgeschlossen für Neues, und bietet man ihnen schon sehr früh viele unterschiedliche Geschmacksrichtungen oder auch nur einen anderen Geschmack an, akzeptieren sie später viel leichter eine größere Nahrungsauswahl.

Eine 2007 von der European Society of Paediatric Gastroenterology, Hepatology und Nutrition (ESPGHAN) durchgeführte Studie untersuchte die Gesundheit von Kindern vornehmlich in europäischen Ländern und kam zu dem Ergebnis, dass »exklusives Stillen in den ersten sechs Lebensmonaten ein wünschenswertes Ziel« sei und dass aus ernährungs- wie entwicklungsphysiologischer Sicht »das Zufüttern fester Nahrung nicht vor der 17. und nicht nach der 26. Woche« stattfinden sollte.

Einer der wichtigsten Punkte bei der Entscheidung über den idealen Zeitpunkt des Abstillens bzw. Zufütterns besteht darin, das Baby ganz genau zu beobachten. Sie sollten das sichere Gefühl haben, dass Ihr Kind bereits reif dafür ist. Denn das Kind selbst gibt die Signale; dazu gehört etwa das aufrechte Sitzen (selbstständig oder mit geringer Unterstützung), das selbstständige Halten des

Kopfes sowie das Kauen auf den eigenen Fäusten oder Spielzeugen. Vielleicht fällt Ihnen auf, dass Ihr Kind den Zungenstreckreflex verloren hat (aufgrund dessen das Baby Gegenstände reflexhaft aus dem Mund schiebt) und es Interesse an angebotener fester Nahrung zeigt.

Viele Eltern berichten auch, dass ihr Kind, das bereits durchschlief, nachts aufwacht oder deutlich mehr Milch verlangt – auch dies können Anzeichen für den Hunger nach fester Nahrung sein. Aber hier sollte man vorsichtig sein: Wenn ein fünf Monate altes Baby wirklich Hunger hat, sollte man ihm zuerst mehr Milch anbieten, anstatt über den ersten Brei nachzudenken. Milch besitzt mehr Kalorien und Nährstoffe als irgendeine Beikost, die man einem Baby als Alternative zu Milch anbieten würde. Die Fachleute sind sich einig, dass es bei den ersten Schritten des Abstillens darum geht, dem Kind neue Geschmäcke anzubieten und es an eine neue Form der Nahrung zu gewöhnen, als die Kalorienzufuhr zu erhöhen. Nächtliches Aufwachen und andere Zeichen von Unzufriedenheit können auch mit dem Zahnen, mit Krankheit, mit einem Wachstumsschub oder anderen Entwicklungsschritten zusammenhängen. Gehen Sie nicht automatisch davon aus, dass das Kind nach fester Nahrung verlangt.

Im Zweifelsfall besprechen Sie das Thema vorab mit Ihrem Kinderarzt oder einem fachkompetenten Experten.

Hier die wichtigsten Punkte zur schrittweisen Einführung fester Nahrung:

- Beginnen Sie nicht vor dem vierten Lebensmonat (17. Woche) mit dem Abstillen. Davor nämlich ist der kindliche Körper noch zu unreif, und ein zu frühes Abstillen kann zu einem erhöhten Allergie- und Krankheitsrisiko führen (von der Gefahr des Verschluckens ganz zu schweigen).

- Es ist nicht empfehlenswert, erst nach dem sechsten Lebensmonat (26. Woche) mit dem Abstillen zu beginnen. Beobachten Sie Ihr Baby; lassen Sie sich von seinen Signalen und Ihren Gefühlen leiten, um herauszufinden, wann es nach Beikost verlangt und für die Nahrungsumstellung bereit ist.

- Beachten Sie das Entwicklungsstadium Ihres Babys bei der Geburt. Ein in der 38. Schwangerschaftswoche geborenes Baby ist anders entwickelt als ein in der 42. Schwangerschaftswoche geborenes; das Letztere hatte einen Monat länger Zeit sich zu entwickeln.

- Bei einem Frühgeborenen sollte man sich stets mit dem Kinderarzt abstimmen, um den richtigen Zeitpunkt für die Nahrungsumstellung herauszufinden.

- Wenn Sie zwischen dem vierten und dem sechsten Lebensmonat mit dem Abstillen bzw. Zufüttern beginnen möchten, besprechen Sie sich vorab mit Ihrem Kinderarzt. Experten raten nach wie vor davon ab, Babys vor dem sechsten Lebensmonat bestimmte Nahrungsmittel, meist solche, die im Verdacht stehen, Allergien auszulösen, zu geben.

- Wann auch immer Sie mit dem Abstillen beginnen, gehen Sie langsam und schrittweise vor. Führen Sie neue Lebensmittel nur nach und nach und in kleinen Mengen ein. So können Sie am besten beobachten, wie Ihr Kind darauf reagiert und ob es möglicherweise Allergien oder andere Unverträglichkeitsreaktionen zeigt.

- Zeigt Ihr Kind kein Interesse oder sogar eine Ablehnung gegenüber fester Nahrung, lassen Sie Ihre Bemühungen einige Tage ruhen und versuchen Sie es dann erneut. Die Nahrungsumstellung sollte für alle eine schöne und positive Erfahrung sein.

»Nell war immer neugierig auf neue Nahrungsmittel. Sie saß immer mit uns am Tisch, und während wir sie mit ihrem Gemüsebrei fütterten, bekam sie immer auch ein bisschen von dem, was wir gerade aßen. Wir haben sie nie zu etwas gedrängt. An manchen Tagen hatte sie mehr, an anderen weniger Interesse an unserem Essen, aber sie hat immer spielerisch experimentiert. Über die Mengen haben wir uns nie Sorgen gemacht, weil es die Beikost zusätzlich zur Muttermilch gab, nicht anstelle dessen.«
Mark, Vater von Nell, 3

»Bis zum Alter von 14 Monaten aß Lex nicht wirklich viel. Das war manchmal ziemlich stressig, aber er wuchs und gedieh, und so wussten wir, dass alles in Ordnung ist. Dann plötzlich war es, als hätte man einen Schalter umgelegt: Fast über Nacht stellte er von vorwiegend Milchnahrung auf feste Nahrung um.«
Mac, Mutter von Lex, 3, und Tilly, 1

»Alexander war von Anfang ein guter Esser. Aber an fester Nahrung zeigte er bis zum sechsten Monat keinerlei Interesse. Doch dann plötzlich verputzte er drei herzhafte Mahlzeiten pro Tag – wobei er sich selbst und den Tisch ordentlich damit verzierte.«
Rachel, Mutter von Alexander, 2, und Catherine, 5 Monate

Wie klappt das Abstillen und Zufüttern?

Es gibt zwei grundlegende Ansätze in Sachen Abstillen. Der herkömmliche Weg besteht darin, dem Baby zunächst glatt pürierte Breie mit dem Löffel zu füttern und es dann schrittweise an stückigere Nahrung zu gewöhnen, bevor man ihm die Mahlzeiten anbietet, die der Rest der Familie isst. Dies ist der Gegenentwurf zum neueren Ansatz des sogenannten babygeführten Abstillens (babyled weaning), das aber eigentlich die ursprünglichere und ältere Methode ist.

Beim babygeführten Abstillen lässt man die Phase des Breifütterns mit Löffel völlig aus und bietet dem Kind stattdessen gleich dasselbe Essen, wie es die restliche Familie zu sich nimmt; das Kind isst selbst mit den Fingern. Anstatt also dem Baby mit dem Löffel Pastinakenbrei in den Mund zu schieben, legt man ihm einige weiche, gedünstete Pastinakenstücke in Reichweite und lässt es selbst experimentieren.

Bei der Diskussion ums Abstillen geht es oft um die Konsistenz der Nahrung – sprich: püriert oder nicht –, was etwas irreführend ist. Denn schließlich essen wir alle auch Püriertes: Dips, Aufstriche, Suppen – das alles ist auch normales Familienessen. Nicht das Weglassen der Breie ist also das Unterscheidungsmerkmal des babygeführten Abstillens, sondern vielmehr der Verzicht auf das Füttern mit dem Löffel. Was ich an diesem Ansatz besonders schätze, ist die Tatsache, dass das Kind selbst bestimmt, was und wie viel es isst. Und dies kann man ganz unabhängig davon, was genau man dem Kind anbietet, anwenden.

Speisen wie Joghurt, Porridge und püriertes Obst oder Gemüse kann man dem Baby auf einem Löffel (oder auf einem Stück Brot oder Ihrem Finger) anbieten – manche Babys kommen schon sehr früh gut damit zurecht. Kurz gesagt: Auch wenn beim babygeführten Abstillen greifbares Fingerfood im Mittelpunkt steht, ist es trotzdem völlig in Ordnung, auch zerdrückte oder pürierte Speisen anzubieten.

Traditionelles Füttern mit dem Löffel

Wenn Sie deutlich vor dem sechsten Lebensmonat abstillen, werden Sie Ihr Kind wahrscheinlich mit dem Löffel füttern müssen, weil es wohl kaum schon selbst essen kann und auch kaum etwas anderes als glatte Breie zu sich nehmen wird. Egal, wie alt Ihr Kind ist, der Löffel gibt Ihnen als Eltern wesentlich mehr Kontrolle über das, was Ihr Kind isst. Pürieren kann man fast alles. Und indem man abwechslungsreiche Breie mit dem Löffel füttert, wird das Kind mit vielen Geschmacksrichtungen vertraut gemacht. Tipp: Streichen Sie etwas Brei zuerst auf die Lippen des Babys, um es damit vertraut zu machen.

Beim Füttern mit dem Löffel isst das Kind mehr (zumindest in jüngerem Alter), als wenn man es allein essen lässt. Das ist nicht unbedingt gut, da die feste (Brei-)Nahrung weniger Nährstoffe als die Milch enthält, die es außerdem bekommt. Außerdem besteht die Gefahr, mehr Essen in das Baby »hineinzustopfen«, als es tatsächlich möchte oder braucht.

Babygeführtes Abstillen

Dies ist der beste Weg, damit das Baby selbstbestimmt in seinem eigenen Tempo genau das isst, was es braucht. Die Nahrungsumstellung sollte entspannt verlaufen, Spaß machen und den Grundstein für ein positives Essverhalten legen.

Die folgenden Punkte sollten Sie bedenken:

- Warten Sie bis zum sechsten Lebensmonat (oder kurz davor). Ihr Baby sollte aufrecht sitzen und seinen Kopf selbstständig aufrecht halten können.

- Manche Babys mögen den Löffel nicht und lehnen Nahrung, die ihnen auf einem Löffel angeboten wird, ab. Dann ist die einzige Möglichkeit, das Kind selbstständig essen zu lassen.

- Fingerfood und stückige Nahrung zu essen, unterstützt die Entwicklung des Kindes, da es lernt, das Essen zu greifen, in den Mund zu führen und zu kauen.

- Dieser Ansatz erfordert Vertrauen in das Kind. Sie lassen das Kind zu einem guten Teil selbst bestimmen, was mit Ängsten verbunden sein kann, vor allem dann, wenn man das Gefühl hat, das Kind habe kaum etwas zu sich genommen. Aber wenn Sie weiterhin nach Bedarf stillen oder das Fläschchen geben, bekommt Ihr Kind alles, was es braucht.

Viele Eltern haben Vorbehalte, ihrem Baby etwas Unpüriertes zu geben – aus Angst, es könnte sich verschlucken. Das ist eine begründete Sorge, und wenn die Befürchtungen überwiegen, kommt babygeführtes Abstillen für Sie nicht in Frage. Bislang gibt es allerdings keine Untersuchungen, die zeigen, ob Verschlucken bei der einen oder anderen Abstillmethode wahrscheinlicher ist. Kleine Babys können ausschließlich saugen. Allmählich lernen sie aber zu kauen und mit Nahrung im Mund umzugehen, sodass sie normalerweise mit sechs Monaten mit der ersten festeren Nahrung klarkommen. Natürlich muss man dem Kind dafür geeignete Nahrung anbieten: Weiches, gedämpftes Gemüse oder weiches

Obst sind für den Anfang ideal. Ich bin aber überzeugt, dass es seltener zum Verschlucken kommt, wenn man das Kind selbst entscheiden lässt, was es in den Mund nimmt. Hat das Kind die motorischen Fähigkeiten, etwas mit den Fingern aufzunehmen, dann hat es auch die Fähigkeit es zu kauen. Der sogenannte Pinzettengriff, der es dem Baby erlaubt, sehr kleine Objekte wie beispielsweise Erbsen oder Rosinen zu greifen, ist mit sechs Monaten bei den allermeisten Kindern noch nicht ausgebildet.

Welchen Ansatz Sie auch wählen: Irgendwann müssen Sie Ihr Kind mit stückigem, festerem Essen vertraut machen. Dem Verschlucken kann man auf verschiedene Weise vorbeugen. Der wichtigste Punkt ist: Lassen Sie Ihr Kind beim Essen nie allein, egal ob babygeführt oder herkömmlich abgestillt. Auf Seite 56 finden Sie weitere Informationen zu diesem Thema.

Wenn Sie mehr über das herkömmliche Abstillen erfahren möchten, lassen Sie sich von anderen Eltern beraten, die es ebenso gemacht haben. Auch die offiziellen Stillberatungsstellen (siehe z. B. auch www.stillen-info.de, www.stillfoerderung.ch, www.lalecheliga.de bzw. www.lalecheligue.ch) geben darüber Auskunft. Über das babygeführte Abstillen finden Sie im Internet eine Fülle von Informationen, Meinungen und Diskussionen.

Je mehr Sie recherchieren, desto mehr werden die beiden Ansätze verschwimmen. Ich bin jedenfalls zu der Erkenntnis gelangt, dass viele Eltern in der Praxis eine Kombination der beiden Methoden anwenden. Und die besten Erfahrungen mit dem Abstillen scheinen die Eltern zu machen, die individuell auf die Bedürfnisse und Fähigkeiten ihres Kindes eingehen und ganz einfach den Weg gehen, der für sie funktioniert.

Tatsache ist, dass die »Löffel-Frage« nur während der ersten Phase der Nahrungsumstellung ein Thema ist. Denn alle Abstillmethoden haben ein und dasselbe Ziel: Das Kind zu einer gesunden, ausgewogenen, vielfältigen Nahrungsauswahl zu führen. Und fast alle Experten, ob sie nun den Löffel befürworten oder nicht, stimmen darin überein, dass man Kinder möglichst früh (etwa mit sechs bis sieben Monaten) an unterschiedliche Konsistenzen und stückige Nahrung, die sie selbst mit den Fingern essen können, gewöhnen sollte. Klar ist auch, dass Babys in jüngerem Alter leichter neue Geschmacksrichtungen und Konsistenzen akzeptieren, während sie sich mit neun bis zehn Monaten Neuem gegenüber eher verschließen. Etliches deutet darauf hin, dass Babys, die mit neun Monaten noch keine stückige oder festere Nahrung zu sich nehmen, später mit größerer Wahrscheinlichkeit »schwierige Esser« werden.

Ganz gleich, welchen Weg des Abstillens Sie wählen, gilt Folgendes:

- Beobachten Sie die Signale Ihres Kindes und führen Sie dementsprechend feste Nahrung ein.

- Zwingen Sie niemals Nahrung in den Mund Ihres Kindes.

- Geben Sie Ihrem Kind nach seinem Belieben die Möglichkeit, die Nahrung mit den Händen zu entdecken und selbstständig zu essen, sobald es danach verlangt.

- Bieten Sie Ihrem Kind möglichst früh eine große Vielfalt an Geschmacksvariationen.

- Führen Sie ab etwa dem sechsten Lebensmonat stückige, festere Nahrung ein.

- Bieten Sie Ihrem Kind wann immer möglich dasselbe Essen an, das auch Sie zu sich nehmen (püriert oder nicht) und lassen Sie es an den Familienmahlzeiten teilnehmen.

»Ich habe meine erste Tochter bis zum neunten Monat mit dem Löffel gefüttert. Beim zweiten Kind ging ich ebenso vor, begann es aber zu hinterfragen. ›Noch einmal monatelang Brei‹, dachte ich. Dann informierte ich mich über das babygeführte Abstillen und beschloss, es zu probieren. Als Jasmin 5½ Monate war und selbstständig sitzen konnte, bot ich ihr unser Essen an, und heute isst sie richtig gern. Ich bin sehr stolz auf sie und genieße es sehr, am Tisch zu sitzen, ohne sie mit dem Löffel füttern zu müssen.«
Becky, Mutter von Isabel, 3, und Jasmin, 7 Monate

»Die Idee des babygeführten Abstillens tönt für manche etwas ideologisch. Dabei machen es so viele – es ist ja nichts anderes als Fingerfood! Für uns war es die einzige Möglichkeit, feste Nahrung einzuführen, da Martha den Löffel ablehnte. Ich bot ihr zuerst ein Stück Avocado, dann Brokkoli und schließlich Karotte an. Und sie nahm es!«
Harriet, Mutter von Joe, 2, und Martha, 8 Monate

»Ich begann mit dem Abstillen, als Beth fünf Monate war. Wir bereiteten dann Breie zu. Von Fingerfood hatte ich auch schon gehört, aber als wir es versuchten, steckte Beth alles in den Mund und würgte es einfach hinunter. Wir hatten einige Schreckmomente, weil wir dachten, sie würde sich verschlucken. Inzwischen glaube ich, dass es einfach ihre eigene Art des Essens ist. Selbst heute muss ich sie immer noch daran erinnern, die Nahrung zu kauen.«
Katie, Mutter von Beth, 3

Allererste Beikost

Meistens sind einfache Obst- oder Gemüsespeisen die erste Beikost, also feste Babynahrung; sie sind mild, magenfreundlich und bieten dem Kind mit ihrem großen Aromenspektrum, einschließlich Bitter und Sauer, wichtige Geschmackserfahrungen. Nachfolgend finden Sie die beliebtesten Obst- und Gemüsesorten, Sie können aber auch gerne andere probieren. Verzichten Sie jedoch zu Beginn auf Beeren, Tomaten, Zitrusfrüchte, Ananas und Kiwi (siehe Seite 76).

Den Anfang machen Sie, indem Sie Ihrem Kind einmal pro Tag ein Stück Obst oder Gemüse oder einen Brei aus einem Obst oder Gemüse anbieten – oder beides gleichzeitig, ein Stück Obst oder Gemüse und den Brei davon. Beim Pürieren sollten Sie zu Anfang einen glatten, relativ flüssigen Brei herstellen, den Sie falls nötig mit Mutter- oder Fertigmilch verdünnen. Je besser Ihr Kind damit klarkommt, desto dicker und stückiger bereiten Sie anschließend den Brei zu. Auf Seite 101–107 finden Sie Tipps und Informationen zum Garen und Pürieren unterschiedlicher Obst- und Gemüsesorten.

Probieren Sie folgendes Obst und Gemüse:

- Gedämpfter Brokkoli, püriert oder als ganze Röschen

- Gedämpfter Blumenkohl, püriert oder als ganze Röschen

- Gut gegarte grüne Bohnen im Ganzen

- Äpfel, gedämpft und püriert

- Reife, weiche Birnen, geschält und entkernt, roh in Scheiben oder gedämpft und püriert

- Gekochte, gebackene oder geröstete Kartoffeln oder Süßkartoffeln, geschält, in Spalten oder Stängel geschnitten oder zerdrückt

- Banane, in Stücke oder Streifen geschnitten oder zerdrückt

- Gurke, geschält und in Stängel geschnitten

- Gedämpfte, gekochte oder geröstete Karotten oder Pastinaken, oder im Ofen geröstete Rote Bete (Achtung: hinterlässt intensive Farbspuren!), in Stängel geschnitten oder püriert

- Nicht zu reife Avocado in Spalten oder reife zerdrückte Avocado

- Pflaumen, Pfirsiche, Aprikosen, Nektarinen, halbiert oder geviertelt und entsteint, oder gedämpft und püriert

- Erbsen, gekocht und püriert

- Linsen oder Schälerbsen, gekocht und püriert

Für die erste Beikost wählen Sie einen Zeitpunkt, zu dem Ihr Kind nicht müde, schlecht gelaunt oder hungrig ist, denn dann ist es womöglich nicht in der Stimmung, sich auf das neue Abenteuer einzulassen. Geben Sie ihm zuerst ein wenig Milch, sodass es zufrieden, aufmerksam und offen für Neues ist. Bringen Sie es in eine aufrechte Sitzposition und bieten Sie ihm ganz entspannt Obst oder Gemüse an. Stückige Zutaten legen Sie einfach in seine Reichweite, Obst- und Gemüsebreie bieten Sie ihm auf einem Löffel an und berühren damit sanft seine Lippen oder lassen es selbst nach dem Löffel greifen. Beobachten Sie die Reaktionen Ihres Kindes, und lassen Sie es niemals allein mit dem Essen. Überlassen Sie Ihrem Kind die Führung.

Was kann man erwarten?

Was können Sie erwarten, wenn Sie Ihrem Kind die erste feste Nahrung anbieten? Manche Kinder stellen sich sehr schnell und mühelos auf die feste Nahrung ein, andere reagieren eher ablehnend. Machen Sie sich in keinem Fall Sorgen und forcieren Sie nichts. Denken Sie daran, dass feste Nahrung etwas ganz Neues für Ihr Kind ist, das es erst zu erforschen gilt und mit dem es daher herumspielen will. Ihr Kind weiß noch nicht, dass es diese »Dinge« hinunterschlucken muss, damit der Hunger weggeht.

Am Anfang kommen vielleicht neunzig Prozent dessen, was in den Mund Ihres Kindes wandert, sofort wieder heraus. Viele Kinder erforschen das Essen lieber mit den Händen, als es im Mund zu lassen. Doch das ändert sich mit zunehmendem Alter, wenn sich das Kind entwickelt und allmählich versteht, worum es beim Essen geht. Stellen Sie sich auf das Tempo Ihres Kindes ein und denken Sie daran, dass die feste Nahrung anfangs nur einen kleinen Anteil der Ernährung ausmachen muss – die Milch bleibt erst einmal der wichtigste Bestandteil. Ermutigen Sie Ihr Kind, was nicht bedeutet, dass Sie bei jedem geschluckten Bissen begeistert applaudieren müssen. Die Mahlzeiten sollten in einer entspannten Atmosphäre stattfinden; bleiben Sie gelassen, auch wenn sie anfangs vielleicht etwas chaotisch ablaufen.

Wie schon bei der Milch, benötigt jedes Baby seine individuelle Menge fester Nahrung. Bei den ersten Mahlzeiten wird Ihr Kind möglicherweise gar nichts von der festen Nahrung essen, vielleicht nur ein, zwei Teelöffelchen Brei essen oder an einem Stück Obst lutschen. Wenn Sie Ihr Kind aufmerksam beobachten, bekommen Sie ein Gespür für die Mengen, die es braucht. Akzeptieren Sie, wenn Ihr Kind die Mahlzeit beendet; drängen Sie es dann nicht zum Weiteressen. Babys wissen ganz genau, wie viel sie brauchen und behalten dieses intuitive Gefühl auch später bei, wenn man sie lässt.

So geht es weiter

Wenn Ihr Kind Bekanntschaft mit fester Nahrung gemacht hat, bieten Sie ihm allmählich öfter etwas davon an; nun können Sie auch das Spektrum der Geschmacksrichtungen und Konsistenzen erweitern. Nach dem sechsten Monat ist es außerdem wichtig, auf eisenreiche Ernährung zu achten (siehe Seite 62), da die von Geburt an vorhandenen Eisenreserven im Körper des Babys langsam zur Neige gehen.

Versuchen Sie Folgendes:

- Gemischte Obst- und Gemüsebreie (siehe Seite 105–114)

- Toast, eventuell bestrichen mit einem Dip oder Aufstrich aus Fleisch oder Hülsenfrüchten

- Brotstreifen (siehe Seite 229–231)

- Breie aus gekochten Hülsenfrüchten und Gemüse

- Breie aus gekochtem oder rohem Obst mit Naturjoghurt oder frisch gegartem Reis

- Hühnchen-, Rind-, Schweine- oder Lammfleisch ohne Knochen, Wild oder Fisch, fein gehackt oder zerdrückt bzw. in größere Streifen oder Stücke geschnitten zum Lutschen oder Kauen

- Durchgegarte harte Eier, zerdrückt oder aufgeschnitten, oder Omelettstreifen

- Käsestängel (sehr salzige Sorten vermeiden)

- Weich gekochte Nudeln, pur oder mit etwas Fleisch- oder Gemüsesauce

- Tofu, zerdrückt oder in großen Stücken zum Lutschen oder Kauen

Einige wenige Nahrungsmittel sollten Sie vermeiden; mehr dazu auf Seite 74–77. Kurz vorab: Keinen Honig geben, die Gerichte fürs Baby nicht salzen, keine ganzen oder gehackten Nüsse verwenden und darauf achten, dass Eier, Fisch und Fleisch stets gut durchgegart sind.

Wenn Ihr Baby dem Essen gegenüber aufgeschlossen ist, können Sie das Spektrum zügig erweitern. Die auf der folgenden Seite aufgelisteten Nahrungsmittel können Sie eines nach dem anderen einführen, bis Ihr Kind bald dasselbe isst wie der Rest der Familie. Sobald Ihr Baby bereit ist, seine Esserfahrungen über diese ersten, einfachen Nahrungsmittel hinaus zu erweitern (das ist oft um den siebten Lebensmonat herum der Fall), können Sie geeignete Gerichte kochen – aber auch hier gibt Ihr Kind das Tempo vor. Sie können die Familienmahlzeiten einfach den Bedürfnissen und Fähigkeiten des Babys anpassen,

indem Sie die Gerichte fein zerkleinern bzw. zerdrücken. Oder aber Sie schneiden die Nahrungsmittel in große Stücke, die das Baby in die Hand nehmen und lutschen oder kauen kann. Manche Gerichte eignen sich nicht für Babys, daher mein Tipp: Anstatt separat ein typisches Baby-Rezept zu kochen und für den Rest der Familie ewas anderes, wählen Sie ein Familienrezept aus, das Sie an den neuen Mitesser anpassen.

Allergene Lebensmittel

Nahrungsmittel, die im Verdacht stehen, Allergien auszulösen, sollten sehr behutsam eingeführt werden: in kleinen Mengen, allein oder zusammen mit Lebensmitteln, die Ihr Kind schon eine Weile ohne Probleme isst, sodass Sie eventuelle Reaktionen eindeutig zuordnen können. Experten empfehlen, diese Lebensmittel in einer geeigneten Form ab dem vollendeten sechsten Monat einzuführen, auch wenn in der Familie Allergien bestehen (auf Seite 75 finden Sie alles, was man nicht geben sollte!).

Folgende Nahrungsmittel stehen häufig in Zusammenhang mit Allergien:

- Erdnüsse (wurden bei Ihrem Kind bereits andere Allergien wie beispielsweise Ekzeme festgestellt oder sind in der Familie Allergien bekannt, sollten Sie vor der Einführung von Erdnüssen mit Ihrem Kinderarzt sprechen)

- Baum- oder Strauchnüsse (Para-, Wal- und Haselnüsse usw.)

- Samen und Kerne

- Eier

- Kuhmilch

- Soja

- Weizen und andere glutenhaltige Getreidesorten wie Hafer, Roggen und Gerste

- Fisch und Schalentiere

- Staudensellerie, Lupineneiweiß und Senfsaat können ebenfalls Unverträglichkeitsreaktionen auslösen (wenngleich in unseren Breiten eher selten); auch Kiwi können Allergien auslösen (ebenfalls selten, aber mit steigender Häufigkeit).

Stufenweise Einführung der Beikost

Die Einführung der Beikost und das gleichzeitige Abstillen wird oft als Prozess betrachtet, der sich in Stufen vollzieht. Es lässt sich aber unmöglich genau fest-

ALTER	NAHRUNG
17–24 Wochen (4–6 Monate)	Vielen Eltern ist es noch zu früh zum Abstillen. Falls doch, geben Sie Ihrem Baby glatt pürierte Breie.
24–26 Wochen (6 Monate)	Wenn Ihr Baby bereits glatte Breie gegessen hat, pürieren Sie diese jetzt nicht mehr ganz so glatt, um es an eine andere Konsistenz zu gewöhnen. Wenn Sie erst jetzt mit dem Löffelfüttern beginnen, geben Sie glatte Breie, die Sie aber zügig stückiger belassen. Wenn Sie sich fürs babygeführte Abstillen entscheiden, ist jetzt der richtige Startzeitpunkt.
26–30 Wochen (6–7 Monate)	Bieten Sie Ihrem Kind Fingerfood an, entweder als Ergänzung zum Löffelfüttern oder ausschließlich (babygeführtes Abstillen).
36 Wochen (9 Monate)	Nun sollte Ihr Kind bereits Erfahrungen mit stückigerer Beikost bzw. Fingerfood gemacht haben. Idealerweise basiert die Ernährung nun nicht mehr auf glatten Breien; das Kind akzeptiert stückigere Nahrung wie Milchreis, zerdrückte Kartoffeln, Risotto, Fischküchlein, Bolognesesauce. Ermutigen Sie es, den Löffel selbst in die Hand zu nehmen, und bieten Sie ihm Fingerfood wie Brot, weiche Nudeln, Birnen-, Avocado- und Käsestücke, Falafel oder Röstgemüse an.

legen, was ein Baby in welchem Alter essen sollte. Jedes Kind ist individuell und entwickelt sich in seinem eigenen Tempo. Folgende Schritte können als grobe Orientierung dienen:

Was ist mit Milch?

Ganz gleich, wie Sie abstillen, sollten Sie Ihrem Kind auch weiterhin Mutter- oder Fertigmilch anbieten. In dem Maße, in dem Ihr Baby mehr Festes zu sich nimmt, wird es weniger Milch brauchen. Aber auch hier bestimmt das Baby, wie diese Verschiebung der Anteile schrittweise erfolgt. Reduzieren Sie nicht die Milch, um das Kind zu mehr Beikost zu zwingen. Geben Sie Ihrem Baby nach individuellem Verlangen Milch – so kann es in aller Ruhe die feste Nahrung erforschen, während Sie sicherstellen, dass es ihm an nichts fehlt. Vielleicht geben Sie ihm zusätzlich ein Vitaminpräparat (siehe Seite 63).

Bis gegen Ende des ersten Lebensjahres sollten Kinder noch viel Milch zu sich nehmen, Flaschenbabys etwa 500 ml Fertigmilch. Bei Stillkindern lässt sich die Menge naturgemäß schwer kontrollieren; deshalb stillen Sie einfach nach Bedarf.

Verschlucken

Bei der Umstellung auf feste Nahrung fürchten viele Eltern die Gefahr des Verschluckens. Diese Sorge ist nachvollziehbar. Denn Kinder verschlucken sich tatsächlich, und jährlich werden Hunderte von Kindern infolge Verschlucken von Nahrung notfallmäßig in Krankenhäuser eingeliefert. Meist handelt es sich um leichte Zwischenfälle, aber in seltenen Fällen kann Verschlucken auch tödlich enden. Das bedeutet aber dennoch nicht, dass Sie Ihr Kind ausschließlich mit Milch ernähren sollen – Babys müssen sich schließlich irgendwann an feste Nahrung gewöhnen.

So beugen Sie Verschlucken vor:

- Ganz egal, was Ihr Kind isst, sollte es beim Essen immer aufrecht sitzen und niemals allein gelassen werden. Die Anwesenheit der Eltern ist die beste Sicherheitsmaßnahme. Lassen Sie Kinder nicht essen, wenn sie abgelenkt oder sehr aufgeregt sind. Auch beim Krabbeln, Laufen, Herumflitzen oder Fernsehen sollten Kinder nicht essen.

- Schieben Sie dem Kind nichts gegen seinen Willen in den Mund.

- Viele Babys neigen zum Würgen, was aber nicht dasselbe wie Verschlucken ist; beim Verschlucken blockiert Nahrung die Luftröhre. Es kann beängstigend sein, wenn das Kind würgt und die Nahrung wieder aushustet, aber dies gehört zum Lernprozess. Würgen ist nicht gefährlich – so verhindert das Baby vielmehr ein Verschlucken.

- Am meisten verschlucken sich Kinder an Bonbons und anderen Süßigkeiten. Also ein guter Grund mehr, darauf zu verzichten.

- Oft sind auch ganze oder gehackte Nüsse Auslöser des Verschluckens; daher sollte man sie Kindern unter fünf Jahren nicht zu essen geben.

- Kinder können sich an vielen Nahrungsmitteln verschlucken, am häufigsten geschieht es bei kleinen, festen, runden Esswaren, etwa ganzen Trauben, Blaubeeren, Erbsen, Kichererbsen, kleinen Kirschtomaten, Popcorn, Oliven und Rosinen. Auch rohe Apfel-, Sellerie- oder Karottenstücke können problematisch sein. Schneiden Sie Obst und Gemüse daher in Stängel oder reiben Sie es. Aus Fisch und Fleisch sind jegliche Gräten und Knochen sorgfältig zu entfernen; auch Würstchen, Burger (Bratlinge) oder festes Fleisch sind für Kinder oft schwer zu kauen und zu schlucken.

- Folgen Sie Ihrem Instinkt bei dem, was Sie wann Ihrem Kind anbieten. Sie wissen selbst am besten, wie sich die Essfähigkeit Ihres Kindes entwickelt. Jedes Kind ist anders – meine älteste Tochter konnte schon sehr früh ausgesprochen gut kauen, während meine jüngere Tochter noch mit zwei Jahren oft würgte.

- Lassen Sie sich von der Angst vor dem Verschlucken nicht abhalten, Ihrem Kind eine breite Palette von Nahrungsmitteln anzubieten. Informieren Sie sich, was zu tun ist, wenn sich Ihr Baby verschluckt (zum Beispiel unter www.babycenter.de, www.swissmom.ch oder www.uniklinikum-leipzig.de [hier unter Service, Erste Hilfe Tipps] finden Sie wertvolle Hinweise; auch Ihr Kinderarzt wird Ihnen in diesem Punkt Informationen geben). Das Wichtigste: Lassen Sie Ihr Kind beim Essen nie aus den Augen!

Schlechte Esser

Was, wenn sich das Kind überhaupt nicht für feste Nahrung interessiert? Im ersten Lebensjahr müssen Sie sich keine Sorgen machen, sofern das Kind nicht sämtliche Nahrungsmittel ablehnt. Bei Babys, die älter als sechs Monate sind, können weder Mutter- noch Flaschenmilch sämtliche Kalorien und Nährstoffe liefern, die das Kind dann braucht, vor allem Eisen und Vitamin D. Doch wenn das Kind wenigstens etwas feste Nahrung zu sich nimmt und Sie nach Bedarf stillen oder mindestens 500 ml Fertigmilch pro Tag geben, sollte es unter keinem Mangel leiden.

Bieten Sie auch weiterhin unterschiedliche Geschmacksrichtungen und Konsistenzen an; auch wenn Ihr Kind nur wenig davon nimmt, ist dies dennoch die Grundlage dafür, dass es später eine breite Palette an Nahrungsmitteln akzeptiert. Achten Sie darauf, dass alles, was Sie Ihrem Kind geben, nährstoff- und kalorienreich ist; bereiten Sie Breie, Suppen und Dips mit Oliven-, Raps- oder Walnussöl zu, verwenden Sie viel Vollmilchprodukte und versuchen Sie, Fleisch oder Hülsenfrüchte in die Ernährung zu integrieren. Für Babys über sechs Monaten empfiehlt sich ohnehin ein Vitaminpräparat (siehe Seite 63), das eventuelle Defizite auszugleichen hilft. Auch mit Vitaminen angereicherte Cerealien können für eine bessere Nährstoffversorgung sorgen.

Bieten Sie Ihrem Kind immer wieder eine Vielfalt an Nahrungsmitteln an; gestalten Sie die Mahlzeiten so angenehm wie möglich, und vertrauen Sie darauf, dass Ihr Kind auf den Geschmack kommen wird, wenn es dafür reif genug ist. Ist Ihr Kind lethargisch, nimmt es ab, stocken Wachstum und Entwicklung, zeigt es Anzeichen von Dehydrierung oder mangelnder Gesundheit, zeigt es dem Essen gegenüber eine starke Abneigung, sollten Sie umgehend den Kinderarzt zu Rate ziehen. Doch wenn Wachstum und Entwicklung normal verlaufen, bekommt Ihr Kind alles, was es braucht.

Ernährung

Was genau brauchen Babys und Kleinkinder?

DIE GUTE ERNÄHRUNG eines Kleinkinds unterscheidet sich nicht wesentlich von guter Ernährung eines Erwachsenen. Von einigen Dingen brauchen Kinder etwas mehr und von anderen etwas weniger, aber das ist nicht kompliziert. Gesunde ausgewogene Ernährung ist keine Hexerei – man muss lediglich die Grundsätze von Vielfalt und Vollwertigkeit beachten. Das heißt: viele unterschiedliche Nahrungsmittel in frischer, möglichst unverarbeiteter Form.

Die fünf Nahrungsgruppen

Als Faustregel gilt: Wir brauchen täglich eine Auswahl von Nahrungsmitteln aus den folgenden fünf Gruppen:

- 1: Stärkehaltige Nahrungsmittel wie Brot, Nudeln, Reis oder Kartoffeln
- 2: Obst und Gemüse
- 3: Proteine in Form von Fleisch, Fisch, Eiern, Hülsenfrüchten oder Sojaprodukten
- 4: Milchprodukte
- 5: Fette und Öle

Erwachsene brauchen mehr Produkte aus den Gruppen 1 und 2, ausreichende Mengen aus Gruppe 3 und 4 und wenig aus Gruppe 5. Für Babys und Kleinkinder gilt hingegen eine etwas andere Zusammensetzung.

Stärkehaltige Nahrungsmittel

Kinder unter fünf Jahren sind kleine »Kraftwerke« in Sachen Wachstum und Entwicklung. Sie brauchen enorm viel Energie, deshalb sind stärkehaltige Nahrungsmittel wie Brot, Nudeln, Reis und Cerealien besonders wichtig. Erwachsene sollten stärkehaltige Nahrungsmittel in einer ballaststoffreichen Vollkorn-Variante zu sich nehmen, was für Kleinkinder aber nicht gilt. Allzu ballaststoffreiche Nahrungsmittel können sehr sättigend sein und den Verzehr anderer, nährstoffreicher Lebensmittel unterbinden. Sehr ballaststoffreiche Nahrungsmittel wie Vollkornmüsli mit hohem Kleieanteil werden vom kindlichen Körper nur schwer verdaut und können sich negativ auf die Nährstoffaufnahme auswirken. Sie müssen deshalb aber nicht ganz auf Vollkornprodukte verzichten; kombinieren Sie bei Brot, Nudeln und Reis weiße und Vollkornprodukte, und verschieben Sie die Gewichtung immer mehr zugunsten des Vollkornanteils, je älter Ihr Kind wird. Probieren Sie ein Brot mit einem Viertel Vollkornanteil (Grundrezept für Brot, Seite 229).

Obst und Gemüse

Bieten Sie viel Obst und Gemüse an – es enthält wichtige Vitamine, die Ihr Kind für eine gesunde Entwicklung braucht. Farbenfrohe Sorten enthalten in der Regel mehr Antioxidantien; die WHO empfiehlt pro Tag mindestens eine Portion grünes Gemüse (Spinat, Brokkoli, Bohnen usw.) oder orangefarbenes Gemüse bzw. Obst (Karotte, Kürbis, Paprika usw.), da diese viel Vitamin C und Karotin, aus dem Vitamin A gebildet wird, enthalten. Ab dem zwölften bis zum achtzehnten Lebensmonat sollten Kinder – wie dies auch für Erwachsene gilt – pro Tag fünf Obst- oder Gemüseportionen zu sich nehmen. Als grobe Orientierung gilt: Eine Kinderportion entspricht der Größe der kindlichen Handfläche.

Protein

Der Körper braucht Protein (Eiweiß), um sich aufzubauen – für ein Kind im Wachstum ist Eiweiß also sehr wichtig. Dennoch braucht man davon keine großen Mengen. Wenn Sie darauf achten, dass die meisten Mahlzeiten etwas Eiweiß enthalten, ist der Bedarf des Kindes schnell gedeckt. Ernährt sich Ihr Kind (auf seinen eigenen oder Ihren Wunsch) vegetarisch, müssen Sie etwas wachsamer sein. Fleisch und Fisch sind ebenso wie Eier und Milchprodukte sehr eiweißreich und liefern das Protein in »kompletter« oder »vollständiger« Form, das heißt mit allen Aminosäuren, die der Körper braucht. Andere eiweißreiche Quellen wie Hülsenfrüchte, Nüsse, Kerne und Körner liefern »unvollständiges« Protein. Auch das ist gut, doch müssen diese Produkte in einer bestimmten Kombination gegessen werden, um »komplett« zu werden. Eine Ausnahme bildet Quinoa, ein Korn, das als vollständige Proteinquelle gilt und auch in anderer Hinsicht sehr nahrhaft ist. Sojaprodukte wie Tofu sollten, da sich ihre Aminosäuren von jenen aus tierischer Quelle unterscheiden, mit anderen eiweißhaltigen Nahrungsmitteln kombiniert werden. Doch dazu mehr im Zusammenhang mit der vegetarischen Ernährung (Seite 67–68).

Milchprodukte

Milchprodukte liefern Kalzium, Protein, Energie und B-Vitamine. Sie werden nach und nach ab dem sechsten Lebensmonat in die Babyernährung eingeführt (mehr zu den verschiedenen Käsesorten auf Seite 92–93). Sofern Ihr Kind keinerlei Anzeichen von Allergien oder Unverträglichkeiten gegenüber Milchprodukten zeigt, lautet die derzeitige Empfehlung, dass Kleinkinder täglich Vollmilchprodukte zu sich nehmen sollten.

Fette und Öle

Kleinkinder müssen sich nicht fettarm ernähren. Etwa vierzig Prozent ihrer Energiezufuhr stammen aus Fetten und Ölen, die nicht nur dazu beitragen, den Kalorienbedarf zu decken, sondern auch für die Zellentwicklung unverzichtbar sind und fettlösliche Vitamine sowie essenzielle Fettsäuren liefern. Bieten Sie Ihrem Kind reichlich Vollmilch und Vollmilchprodukte, Fleisch, öligen Fisch, Avocado, Pflanzenöle sowie Zubereitungen aus Nüssen, Kernen und Samen an. Moderate Mengen gesättigter Fette sind für kleine Kinder in Ordnung, aber sie sollten möglichst aus »natürlichen« Quellen wie Fleisch und Milchprodukten anstatt aus industriell hergestellten Lebensmitteln wie industriellen Backwaren, Keksen und Chips stammen. Kochen Sie auch viel mit pflanzlichen Fetten und Ölen.

Fettreduzierte Joghurts oder Milch sowie andere fettreduzierte Milchprodukte sollten nicht vor dem zweiten Lebensjahr gegeben werden. Dann erst kann man allmählich mit der Reduktion des Fettgehalts beginnen; erst ab dem fünften Lebensjahr sollten Kinder, falls gewünscht, weitgehend fettreduziert ernährt werden.

Omega-Fettsäuren und fetter Fisch Für viele wichtige Prozesse benötigt unser Körper die essenziellen Omega-3- und Omega-6-Fettsäuren. Omega-3-Fettsäuren liefern Fisch und Meeresfrüchte (fetter Fisch ist die beste Quelle überhaupt) ebenso wie Fleisch, Milchprodukte und Eier von grasgefütterten Tieren aus Freilandhaltung (körnergefütterte Tiere liefern in der Regel weniger Omega-3-Fettsäuren). Walnüsse, Walnussöl und Leinöl sind weitere gute Quellen. Auch dunkelgrünes Blattgemüse enthält einige Omega-3-Fettsäuren, die allerdings nur schwer vom Körper aufgenommen werden können. Omega-6-Fettsäuren bekommen wir über Fleisch, Milchprodukte und Eier sowie Pflanzenöle, Nüsse, Samen, Kerne und Körner.

Während die meisten Menschen ausreichend Omega-6-Fettsäuren zu sich nehmen, mangelt es oft bei der Omega-3-Versorgung. Deshalb empfiehlt es sich, mehr Fisch, insbesondere fetten Fisch wie Makrele, Sardine, Hering, Lachs und Forelle zu essen. Fetter Fisch liefert außerdem die Vitamine A und D sowie Eisen – all die Nährstoffe, die in der Kinderernährung bisweilen fehlen. Die jüngsten Empfehlungen legen jedoch nahe, zwar wöchentlich Fisch, aber nicht allzu oft fetten Fisch zu essen, da er unter Umständen Chemikalien wie Dioxine und Polychlorierte Biphenyle (PCB) enthalten könnte; diese Stoffe sammeln sich im Lauf der Zeit im menschlichen Körper an und können, im Übermaß und über einen langen Zeitraum konsumiert, schädliche Auswirkungen haben. Dennoch scheint es, als würden die bekannten Vorzüge von fettem Fisch die möglichen Risiken bei Weitem überwiegen. In diesem Buch finden Sie einige Rezepte mit Makrele, einem preisgünstigen, leicht zu verarbeitenden und mühelos zu entgrätenden Fisch. Auch Lachs werden Sie öfter antreffen. Er lässt sich wunderbar verarbeiten und ist ausgesprochen nahrhaft; um auch die ökologischen Aspekte zu berücksichtigen, lesen Sie die Anmerkungen auf Seite 23. Auch Forelle ist ein schmackhafter, nahrhafter Fisch, der sich allerdings weniger für Kleinkinder eignet, da sich die vielen kleinen Gräten nur schwer herauslösen lassen. Dasselbe gilt für Hering und frische Sardinen.

Räucherfisch ist wegen seines hohen Salzgehalts für Babys nicht zu empfehlen, allenfalls in kleinen Mengen und größeren Abständen für ältere Kleinkinder.

Vitamine und Mineralstoffe

Eine abwechslungsreiche, vielfältige Ernährung wie oben beschrieben ist der beste Weg sicherzustellen, dass Ihr Kind alle wichtigen Vitamine und Mineralstoffe (sogenannte Mikronährstoffe) bekommt. Einige Punkte verdienen nähere Betrachtung.

Eisen ist ein unverzichtbarer Nährstoff, der in der Ernährung von Kleinkindern am ehesten fehlt. Eisen ist zwar in der Muttermilch enthalten, aber die Menge reicht einem sechs Monate alten Baby nicht mehr aus. Auch Fertigmilch liefert nicht genug Eisen für ein über sechs Monate altes Kind. Fleisch, Geflügel und fetter Fisch sind die besten Eisenlieferanten. Auch Hülsenfrüchte, grünes Blattgemüse, Trockenobst und Eier liefern Eisen, doch ist dieses vom Körper nicht so leicht aufzunehmen wie das in Fleisch enthaltene Eisen. Diese Nahrungsmittel sollten mit Vitamin-C-reichem Obst und Gemüse zubereitet werden, das die Aufnahme im Körper unterstützt (mehr über vegetarische Ernährung auf Seite 67–68).

Vitamin A ist für viele Körperfunktionen sehr wichtig, etwa für das Sehvermögen. Innereien und fetter Fisch sind gute Quellen dafür, wenngleich Kleinkinder diese nicht in großen Mengen essen sollten. Orangefarbenes und grünes Obst und Gemüse enthält Karotin, das vom Körper in Vitamin A umgewandelt wird – bieten Sie Ihrem Kind also möglichst täglich entsprechende Früchte oder Gemüse an.

Vitamin D ist wichtig für gesunde Knochen, Zähne und andere Körperfunktionen. Eier, Innereien und fetter Fisch zählen zu den wenigen guten Quellen dafür – doch die beiden letztgenannten sollten Sie Ihrem Kind nur in kleinen Mengen anbieten. Die wichtigste Vitamin-D-Quelle ist die Sonne, denn der menschliche

Körper produziert das Vitamin selbst, wenn die Haut dem Sonnenlicht ausgesetzt ist. Es spricht also einiges dafür, Kinder sehr vorsichtig und kontrolliert der Sonne auszusetzen, sodass ihr Organismus Vitamin-D-Reserven aufbauen kann.

Vitamin C ist ein wirksames Antioxidans, das dem Körper außerdem dabei hilft, Eisen aus der Nahrung aufzunehmen. Vitamin C ist in allem frischen Obst und Gemüse enthalten; je länger die Früchte lagern, desto mehr verflüchtigt es sich allerdings. Deshalb sind frisch geerntete regionale Produkte am besten. Wie viele andere Vitamine baut sich auch Vitamin C beim Kochen sowie bei Kontakt mit Wasser oder Luft ab; deshalb sollten Sie Ihrem Kind soweit wie möglich rohes Obst und Gemüse anbieten. Aber auch in gekochter Form liefern Obst und Gemüse noch einiges Vitamin C. Auf Seite 24 erfahren Sie mehr zum vitaminschonenden Umgang mit Obst und Gemüse.

Nahrungsergänzungsmittel

Experten empfehlen aktuell, Stillbabys ab sechs Monaten bis zum fünften Lebensjahr ein Zusatzpräparat zu geben, das den Bedarf an Vitamin A, C und D deckt. Für Flaschenkinder wird dies nur empfohlen, wenn sie weniger als 500 ml Fertigmilch pro Tag bekommen, denn in diesen Produkten ist bereits alles Notwendige enthalten. Das Zusatzpräparat soll eine Art Sicherheitsnetz darstellen, wenn die Muttermilch den Nährstoffbedarf nicht mehr vollständig abdecken kann und die feste Nahrung dafür noch nicht ausreicht.

Wenn Ihr Kind ausreichend Obst und Gemüse isst (einschließlich vielen grünen und orangefarbenen Sorten, siehe oben), könnte man meinen, es bräuchte kein zusätzliches Vitamin A und C mehr. Doch es bleibt das Vitamin D, das nicht in sehr vielen Lebensmitteln vorkommt. Zudem werden viele Babys extrem gut vor Sonnenlicht (unserer anderen Vitamin-D-Quelle) geschützt. Für Kinder, die wirklich viel Vitamin-D-reiche Lebensmittel wie fetthaltigen Fisch oder Eier essen und außerdem viel Sonnenlicht bekommen, ist zusätzliches Vitamin D möglicherweise überflüssig. Andere Kinder hingegen brauchen es. Fragen Sie in der Apotheke nach Tropfen, die Vitamin A, C und D enthalten und für Babys ab sechs Monaten geeignet sind, und sprechen Sie in jedem Fall Ihren Kinderarzt darauf an.

Manche Eltern geben Ihren Kindern außerdem ein Eisenpräparat, wobei dieser Nährstoff relativ leicht aus der Nahrung aufgenommen werden kann. Eisenpräparate können zu Verstopfung oder Übelkeit führen; und gelangt zu viel nicht absorbiertes Eisen in den kindlichen Organismus, kann dies das Bakteriengleichgewicht im Rachen beeinflussen. Wenn Sie den Verdacht haben, Ihr Kind könnte zu wenig Eisen bekommen, lassen Sie es bei Ihrem Kinderarzt abklären, der Ihrem Kind falls nötig ein geeignetes Eisenpräparat verschreiben wird. Andernfalls bieten Sie Ihrem Kind verstärkt eisenreiche Nahrung an (siehe Seite 62).

Getränke

Bis etwa zum sechsten Lebensmonat braucht Ihr Baby ausschließlich Mutter- oder Fertigmilch. Sobald es Beikost zu sich nimmt, sollten Sie ihm zusätzlich in der Tasse zu trinken anbieten. Laut Experten sollten die zusätzlichen Getränke ausschließlich Wasser sein – oder Vollmilch für Babys, die älter als zwölf Monate sind. (Beachten Sie, dass bestimmte Mineralwässer für Babys zu viel Salz enthalten können.)

Fruchtsäfte sind weniger geeignet, denn sie sind keine Alternative zum Verzehr von frischem Obst. Selbst frisch gepresste Säfte enthalten zwar Zucker und Fruchtsäure, aber keine Fruchtfasern. Sie sind der Zahngesundheit nicht zuträglich, insbesondere wenn sie zwischen den Mahlzeiten konsumiert werden. Manche Kinder trinken Unmengen Saft und essen bei den Mahlzeiten entsprechend weniger. Zu viel Saft kann außerdem zu Durchfall und Blähungen führen. Wenn Sie Ihrem Kind Saft anbieten möchten, dann wählen Sie reine Fruchtsäfte ohne Zuckerzusatz oder entsaften Sie die Früchte selbst. Seien Sie kritisch gegenüber industriell hergestellten Fruchtsaftgetränken speziell für Kinder. Oft enthalten sie sehr viel Zucker, Konservierungsstoffe und künstliche Süßungsmittel – von der eigentlichen Frucht ist nicht mehr viel übrig.

Fruchtsäfte müssen für Kinder stark mit Wasser verdünnt werden, für Babys im Verhältnis 1:10. Mit zunehmendem Alter können Sie den Wasseranteil nach und nach reduzieren. Bieten Sie Saft in der Tasse an, nicht im Fläschchen; Dauernuckeln schädigt die Zähne. Geben Sie Saft möglichst nur zu den Mahlzeiten, wenn das Essen und der Speichel des Kindes die schädlichen Effekte des Zuckers für die Zähne abmildern.

Verzichten Sie auf kohlensäurehaltige Getränke wie Cola, die keinerlei Nährstoffe, dafür aber umso mehr Zucker und künstliche Zusatzstoffe enthalten. Selbst »Diät-Getränke« enthalten Säure, die die Zähne angreift. Verzichten Sie auch auf Tee (und selbstverständlich auf Kaffee), insbesondere zu den Mahlzeiten, weil diese Getränke die Eisenaufnahme behindern – außerdem brauchen Kleinkinder keinen Koffein-Schub!

Stillen Sie Ihr Kind so lange Sie möchten. Wenn Sie Ihr Kind um den zwölften Lebensmonat ganz abstillen oder vom Fläschchen entwöhnen, führen Sie Vollmilch (Kuhmilch) als Hauptgetränk ein.

Abwechslungsreiche Ernährung

Abwechslungsreiche Mahlzeiten bedeuten nicht automatisch, dass Ihr Kind gut isst. Viele Kinder haben ausgesprochen individuelle Essmuster sowie starke Vorlieben und Abneigungen. Es ist normal, dass selbst »gute Esser« nur Miniportionen verspeisen, an einem Tag nur Obst und am nächsten nur Toast und Joghurt mögen. Alles Neue oder Ungewohnte wird argwöhnisch begutachtet. (Im nächsten Kapitel erfahren Sie, dass ausgefallene Gerichte auf Kinder beängstigend und abschreckend wirken können.) Belasten Sie sich nicht unnötig mit der Frage, was genau Ihr Kind zu jeder einzelnen Mahlzeit isst. Wenn Sie sich einen Überblick über seine Nährstoffzufuhr verschaffen wollen, dann notieren Sie, was es im Lauf einer Woche zu sich nimmt.

　　Das Wichtigste überhaupt: Niemals aufgeben! Bieten Sie die Nahrungsmittel wieder und wieder an, und zwar ganz ruhig, unaufgeregt und neutral. Selbst wenn Spinat, Tomaten oder Hühnchen die letzten zehn Male auf dem Boden gelandet sind, versuchen Sie es erneut: Bieten Sie es Ihrem Kind ganz ruhig an, essen Sie selbst mit, und zeigen Sie ihm ganz unaufgeregt, dass diese Nahrungsmittel wirklich gut schmecken. Babys bevorzugen von Natur aus Süßes. Bei bitteren und sauren Geschmacksvarianten braucht es viele Versuche, bevor sie schließlich Gefallen daran finden. Doch irgendwann akzeptieren die meisten Kinder fast alle Geschmacksnoten.

Kinder unter fünf Jahren, die bei drei festen Mahlzeiten pro Tag angelangt sind, sollten Folgendes zu sich nehmen:

- Viele Kohlenhydrate, verteilt auf alle Mahlzeiten

- Viel Obst und Gemüse, verteilt auf alle Mahlzeiten; mindestens ein grünes Gemüse oder eine orangefarbene Frucht oder Gemüsesorte pro Tag

- Viel Eiweiß und Eisen, verteilt auf die meisten Mahlzeiten, und einmal wöchentlich fetter Fisch

- Viel Fette und Öle, täglich eine Auswahl davon

- Viel Vollmilchprodukte, täglich eine Auswahl davon

- Nicht allzu viele Vollkornprodukte

- Neben Milch viel Wasser als Hauptgetränk

Mengen

Jedes Kind isst unterschiedlich viel – manche Kinder scheinen Erwachsenenportionen zu verspeisen, während andere wie ein Vögelchen picken; die meisten Kinder liegen irgendwo zwischen diesen beiden Extremen. Wie auch bei Erwachsenen schwankt ihr Kalorienbedarf, was es unmöglich macht, irgendwelche Mengenempfehlungen zu geben. Bieten Sie ausreichende Mengen an und beobachten Sie den Appetit Ihres Kindes. Kleinkinder hören bei der Menge der aufgenommenen Nahrung noch gut auf ihren Körper; tun Sie alles, um Ihrem Kind diese Sensibilität zu erhalten. Bieten Sie ihm über den Tag verteilt Nahrung an, zum Beispiel drei Hauptmahlzeiten und zwei Zwischenmahlzeiten; auf diese Weise geben Sie ihm ausreichend Möglichkeiten, seinen Nährstoff- und Kalorienbedarf zu decken.

Vegetarische und vegane Ernährung

Wenn Sie Ihr Kind vegetarisch oder vegan ernähren wollen, ist eine durchdachte Essensplanung gefragt. Da Fleisch und Fisch die besten und am einfachsten zu verwertenden Eisen- und Eiweißquellen sind, müssen Sie Ihrem Kind geeignete Alternativen bieten.

Hülsenfrüchte, Nüsse, Sojaprodukte, Körner, Eier und Milchprodukte sind gute Eiweißlieferanten. Dennoch sind viele Eiweiße, die nicht aus Fleisch stammen, »unvollständig«, das heißt, sie enthalten nicht alle Aminosäuren, die wir brauchen (siehe Seite 60). Milchprodukte und Eier gelten als »vollständig«, ebenso Quinoa. Andere Eiweißquellen sollten entsprechend kombiniert werden, um eine ausgewogene Zusammensetzung der Aminosäuren zu erreichen. Mischen Sie beispielsweise Bohnen oder Linsen mit Reis; servieren Sie Perlgraupen oder Dinkel mit einer Käsesauce, oder mixen Sie Erdnussbutter in einen Joghurt-Smoothie. Sie müssen nicht in jeder einzelnen Mahlzeit die verschiedenen Eiweiße kombinieren, wenn das Gleichgewicht über die gesamte Ernährung hinweg betrachtet stimmt.

Hülsenfrüchte, Trockenobst, Sojaprodukte, grünes Blattgemüse, speziell angereicherte Cerealien und Eier sind allesamt gute Eisenlieferanten, sollten aber mit Vitamin-C-reichen Nahrungsmitteln (dazu zählt fast alles Obst und Gemüse) kombiniert werden; so wird das Eisen vom Körper leichter aufgenommen.

Um den Bedarf an Kalorien, Eiweiß und Kalzium zu decken, brauchen vegetarisch ernährte Babys und Kleinkinder täglich mindestens 500 ml Mutter- oder Fertigmilch oder andere Milchprodukte. Beim Stillen kann man die gegebene Menge schlecht abschätzen – stillen Sie einfach nach Bedarf.

Ein Kind vegan zu ernähren, ist eine große Herausforderung; zahlreiche Experten raten davon ab. Wenn Sie diese Form der Ernährung dennoch durchführen möchten, sollten Sie dies mit Ihrem Kinderarzt besprechen. Er wird Sie an eine spezialisierte Fachperson verweisen, die Sie dabei unterstützt, dass Ihr Kind alles bekommt, was es braucht. In diesem Fall gibt es keine Alternative zu ärztlicher Beratung und einem sorgfältig durchdachten Ernährungsplan.

Bei veganer Ernährung sollten Sie folgende Punkte bedenken:

- Vegan lebende Mütter müssen ab dem Moment der Empfängnis die eigene Ernährung aufmerksam im Blick behalten, damit das Baby im Mutterleib bekommt, was es braucht.

- Stillen ist im Zusammenhang mit veganer Ernährung besonders wichtig, nicht zuletzt damit das Baby ausreichend Kalzium bekommt. Soja-Fertigmilch sollte erst nach dem sechsten Monat gegeben werden. Gewöhnliche Sojamilch enthält für Babys zu wenig Fett und ist meist nicht mit Kalzium angereichert. Kalziumreiches Gemüse wie Spinat muss Teil der Ernährung sein, deckt aber bei Weitem nicht den Kalziumbedarf eines Babys oder Kleinkinds.

- Vegane Ernährung ist kalorienarm, unter Umständen zu kalorienarm für Kinder im Wachstum. Verwenden Sie deshalb viel Öle und Fette.

- Die oben erwähnten Tipps im Hinblick auf nicht-tierische Eiweiß- und Eisen-quellen bei vegetarischer Ernährung gelten auch für vegane Ernährung.

- Vitamin B12 ist unverzichtbar für gesundes Wachstum und nur in tierischen Quellen enthalten. Sie können mit Vitamin B12 angereicherte Produkte kaufen, beispielsweise Hefeextrakt, aber oft sind diese zu salzhaltig; ein Nahrungsergänzungsmittel ist meist besser.

- Geben Sie Ihrem Kind ein für Veganer konzipiertes Multi-Vitaminpräparat.

- Stimmen Sie sich regelmäßig mit Ihrem Kinderarzt oder Ihrer Kinderärztin und/oder einer fachlich qualifizierten, spezialisierten Fachperson ab.

Salz

Eine zu salzreiche Ernährung ist bekanntlich nicht gesund. Erwachsene brauchen nicht viel Salz, Kinder noch weniger, und der Organismus von Babys erträgt nur gerade minimale Salzmengen. Zu viel Salz kann den Körper eines Kindes in kurzer Zeit schwer schädigen; selbst eine moderat hohe Salzzufuhr kann lang-fristig zu Problemen führen, beispielsweise zu hohem Blutdruck, und dadurch das Risiko von Herzerkrankungen und Schlaganfällen erhöhen. Achten Sie also darauf, den Salzkonsum in Ihrer Familie generell möglichst gering zu halten.

Manche Eltern geben in selbstgekochte Kindernahrung nicht ein Körnchen Salz. Ich bin jedoch der Meinung, dass man Salz nicht komplett aus der Küche verbannen muss, wohl aber auf die meist sehr salzreichen Fertiggerichte verzichten und selbst kochen sollte – denn so kann man die Salzmenge selbst bestimmen und sehr zurückhaltend einsetzen. Insgesamt wird das meiste Salz über Fertig-produkte aufgenommen. Je mehr Sie also selbst aus unverarbeiteten Grund-zutaten kochen, desto besser können Sie den Salzkonsum Ihrer Familie kontrol-lieren – und Sie werden automatisch weniger Salz konsumieren.

Gerichte für Babys unter einem Jahr würde ich überhaupt nicht salzen. Im Anschluss – und besonders wenn das Kind an den normalen Familienmahlzeiten

ALTER	ANGEMESSENE SALZMENGE
Unter 6 Monaten	Ausschließlich so wie in Muttermilch oder Fertigmilch enthalten
6–12 Monate	Weniger als 1 g pro Tag
1–3 Jahre	Nicht mehr als 2 g pro Tag
4–6 Jahre	Nicht mehr als 3 g pro Tag
7–11 Jahre	Nicht mehr als 5 g pro Tag
Über 11 Jahre	Nicht mehr als 6 g pro Tag

teilnehmen soll – kann das Essen leicht gesalzen sein. In vielen Rezepten dieses Buches ist Salz deshalb in der Zutatenliste als fakultativ angegeben. Beim Salzen geht es nicht darum, dem Gericht einen salzigen Geschmack zu geben, sondern lediglich darum, die Aromen der anderen Zutaten zu intensivieren. Probieren Sie die Gerichte daher immer vor dem Salzen – oft werden Sie feststellen, dass Sie gar kein Salz brauchen. Ich persönlich würze nur dann mit einer Prise Salz, wenn eine Sauce oder Suppe völlig ungesalzen nicht ganz so gut schmeckt – im Wissen darum, dass meine Kinder davon ja nur eine winzige Menge essen werden.

Meine Tipps zum Thema Salz:

- Babygerichte nicht salzen.

- Verringern Sie den Konsum von »verstecktem« Salz, indem Sie Ihrem Kind keine Fertiggerichte geben (z. B. fertige Nudelsaucen, Fertigpizza, Frühstücks-Cerealien, Fleisch-/Wurstwaren wie Schinken, Speck, Wurst und Würstchen). Nehmen Sie Nahrungsmittel wie Käse, fertig gekauften Hummus, Pesto und Ravioli aus der Dose oder der Kühltheke genau unter die Lupe, denn auch sie können viel Salz enthalten.

- Auch Brot kann eine Menge Salz enthalten. Sie brauchen deshalb nicht ganz darauf zu verzichten, aber am besten ist immer noch selbstgebackenes Brot (siehe Rezept Seite 229), und ein wenig Salz braucht es einfach, damit Brot schmeckt. Bieten Sie neben Brot Ihrem Kind auch andere Quellen für stärkehaltige Kohlenhydrate an wie Reis, Haferflocken, Couscous, Nudeln und Kartoffeln.

● Fördern Sie den Verzehr von kaliumreichem Obst und Gemüse (vor allem
Bananen, Erdbeeren, Trauben, Trockenobst, Lauch und grünes Blattgemüse),
denn Kalium gleicht Salz im Körper aus.

Oft wird anstelle von Salz die Verwendung von Kräutern und Gewürzen empfohlen. Ich halte diesen Tipp für nicht sehr hilfreich, da Salz ohnehin nicht
als Würze, sondern lediglich dazu dienen sollte, die Aromen der anderen Zutaten
zu intensivieren. So schmackhaft sie sind, können Kräuter und Gewürze nicht
mit der einmaligen »Würzkraft« von Salz mithalten. Dennoch bin ich sehr dafür,
den Salzkonsum in klaren Grenzen zu halten. Meiner Erfahrung nach hilft
es, etwas Knoblauch in die Gerichte zu geben – das süßlich-scharfe Aroma tut
allen herzhaften Speisen gut, und viele Kinder lieben Knoblauch! Eine Prise
Zucker hat in pikanten Gerichten oft dieselbe intensivierende Wirkung wie eine
Prise Salz, vor allem in leicht säuerlichen Zubereitungen wie beispielsweise
Tomatensauce.

Schließlich sollten Sie sich zur Reduktion von Salz die sogenannten »Umami«-
Aromen zunutze machen. Neben Süß, Sauer, Bitter und Salzig wird als Umami
jener Geschmack bezeichnet, der sehr pikante, herzhafte Nahrungsmittel wie
gut angebratenes Fleisch, Brühen, Tomaten, Pilze und Fisch auszeichnet. Diese
Nahrungsmittel besitzen ein starkes, vollmundiges Eigenaroma, das die Aromen
weiterer Zutaten verstärken kann (interessanterweise hat auch Muttermilch
einen hohen Gehalt von Umami).

Zucker

Übermäßiger Zuckerkonsum kann die Zähne schädigen und zu Übergewicht
beitragen. Lebensmittel, die in erster Linie viel Zucker und nichts anderes
enthalten, können den Blutzuckerspiegel und damit auch Stimmung und Verhalten stark beeinflussen. Raffinierter Zucker besitzt keinen Nährwert, außer dass
er Kalorien liefert. Natürlich sollten wir mit Zucker sehr moderat umgehen – aber
das heißt nicht, dass wir ihn ganz streichen müssen. Gegen etwas Kuchen, Pudding, Eis oder Kekse in Maßen und nur gelegentlich ist nichts einzuwenden.

Es kommt vielmehr auf die Art und Weise an, wie wir den Zucker konsumieren.
Raffinierter Zucker (der handelsübliche Rüben- oder Rohrzucker aus der Packung)
liefert nur leere Kalorien. Allein verzehrt, gibt er uns einen schnellen Energieschub, der aber jäh wieder verpufft. Schleckzeug aus der Tüte, Softdrinks, Schoko-
riegel und andere Nahrungsmittel, die neben raffiniertem Zucker nichts von
ernährungsphysiologischem Wert enthalten, können Stimmung und Verhalten von
Kindern beeinflussen, indem sie zuerst einen heftigen Energieschub liefern, dem
ein »Absturz«, also der plötzliche Abfall des Blutzuckerspiegels, folgt.

Die durch den Zucker gelieferte Energie kann jedoch nützlich sein, wenn sie mit nährstoffreichen Lebensmitteln wie Obst, Milchprodukten, Haferflocken oder Eiern gepaart wird; diese machen satt und geben ihre Energie langsamer ab. Auch ist es sinnvoll, auf Lebensmittel mit natürlichem Zucker wie Fruktose (in Obst) oder Laktose (in Milch) zu setzen. Diese Zuckerarten geben die Energie weniger schnell ins Blut ab und kommen außerdem in Nahrungsmitteln vor, die andere wertvolle Nährstoffe zu bieten haben. Eine vernünftige, sehr maßvolle Verwendung von raffiniertem Zucker kann jedoch meiner Meinung nach auch Teil einer ausgewogenen Kinderernährung sein.

Schon kleinste Mengen Zucker lassen vieles vollmundiger schmecken: Ein, zwei Prisen Zucker machen säuerliches Obst oder Saucen milder. In manchen Gerichten jedoch – und oft sind es gerade die Lieblingsgerichte aus der Kindheit – ist Zucker der Hauptbestandteil, etwa in Kuchen, Keksen oder Eis. Auch wenn man diese Speisen nur in kleinen Mengen genießen sollte, wäre es meiner Meinung nach falsch, sie ganz zu verbannen. Denn alles Verbotene ist doppelt begehrenswert.

Wie beim Salz ist auch beim Zucker die »versteckte« Beigabe besonders bedenklich, also in Joghurts, Frühstücksflocken, Müsliriegeln usw. Selbst gebackener Kuchen und selbst gebackene Kekse sind unter dem Strich gesünder. Zum einen hat man die Kontrolle über die Zuckermenge (und kann weniger als im Rezept angegeben verwenden); zum anderen kann man neben dem Zucker natürliche, unverarbeitete Zutaten wie frisches Obst und Gemüse, hochwertiges Mehl, gemahlene Nüsse, hochwertige Pflanzenöle und Bio-Eier anstelle von Stabilisatoren, Verdickungs- und Konservierungsmitteln verwenden.

Kindern Süßes als Trost, Belohnung oder zur Beruhigung des eigenen schlechten Gewissens zu geben, halte ich für keine gute Idee; es sollte auch nicht speziellen Anlässen vorbehalten sein. All diese Ansätze führen dazu, dass Süßes zu etwas Besonderem hochgespielt wird, etwas, wonach man lechzt und das man gierig verschlingt oder versteckt und hortet, damit es einem niemand streitig machen kann. Süßes sollte vielmehr in kleinen Mengen von Zeit zu Zeit ein normaler genussvoller, aber unspektakulärer Teil der Familienernährung sein.

Zucker und Zähne

In Zusammenhang mit der Zahngesundheit gibt es einen Unterschied zwischen »natürlichem« Zucker wie Fruktose oder Laktose in Obst und Milch und »raffiniertem« Zucker wie Saccharose und Glukose, der in Süßigkeiten vorkommt. Saccharose (Sucrose) steht in starkem Verdacht, Karies zu verursachen, und kommt in konzentrierter Form in vielen Nahrungsmitteln vor, die an den Zähnen kleben bleiben (beispielsweise Bonbons). Ein Apfel enthält weniger Zucker als eine Tüte Gummibärchen, der zudem durch seinen Wassergehalt noch stark verdünnt wird.

Aber auch »natürlicher« Zucker ist und bleibt Zucker – und die Bakterien im Mund leben von Zucker, ob natürlich, raffiniert oder selbst der in Gemüse oder Körnern enthaltenen Form. Damit will ich nicht die gesunden Zutaten unnötig verteufeln, sondern Ihnen Ihr schlechtes Gewissen nehmen, wenn Sie ihrem Kind ab und zu etwas Süßes geben.

Wie bereits erwähnt, kommt es auf die Art und Weise des Zuckerkonsums an. Ständiger bzw. häufiger Kontakt mit Zucker ist die eigentliche Gefahr für die Zähne. Ein innerhalb von zehn Minuten verspeistes Eis richtet weitaus weniger Schaden an als das Fläschchen mit Apfelsaft, an dem das Kind stundenlang nuckelt. Etwa zwanzig Minuten nach dem Zuckerverzehr werden im Mund Säuren freigesetzt, die die Zähne angreifen. Bei andauerndem Zuckerverzehr (ganz gleich, in welcher Menge) wird über einen entsprechend langen Zeitraum ständig Säure gebildet. Deshalb sind regelmäßige Mahlzeiten (ganz gleich, was Ihr Kind isst) für die Zähne deutlich besser als beständiges Naschen. Dass die Zahnpflege ein wichtiges Thema ist, versteht sich von selbst.

Nicht-raffinierter und »natürlicher« Zucker

Lassen Sie sich nicht von Packungsaufschriften wie »roh« oder »unraffiniert« blenden. Verstehen Sie mich nicht falsch, auch ich mag diese Produkte. Sie sind naturbelassener und geschmackvoller als der weiße Raffinadezucker, der mit Chemie behandelt und seiner natürlichen Melasse beraubt wurde. Aber auch roher bzw. unraffinierter Zucker ist immer noch Zucker – mit denselben Auswirkungen auf Zähne und Blutzuckerspiegel. Dasselbe gilt für braunen und Demerarazucker; diese Sorten sind nicht im geringsten gesünder als weißer Zucker. Honig als Süßungsmittel gilt gemeinhin als »gesund«. Auch wenn Sie sehr reinen, nur minimal verarbeiteten Honig von einem Imker aus der Region kaufen, enthält er zwar winzige Nährstoffspuren, ist aber in erster Linie dennoch Zucker.

Meine Tipps zum Thema Zucker:

- Zuckern Sie Babygerichte nur äußerst zurückhaltend (gilt für Babys unter 12 Monaten).

- Achten Sie darauf, dass Sie den Zucker immer mit kleinen Mengen nährstoffreicher, gesunder Zutaten kombinieren. Verzichten Sie auf Lebensmittel, die in großen Mengen Zucker enthalten (Süßigkeiten, Softdrinks, bestimmte Säfte oder Schorlen, industriell hergestellte Kuchen und Kekse).

- Im Hinblick auf die Zahngesundheit Ihres Kindes sollten Sie Süßes nur im Rahmen der regulären Mahlzeiten geben, nicht zwischendurch. Kombinieren Sie süße Lebensmittel mit nicht-süßen und reinigen Sie im Anschluss die Zähne des Kindes, soweit möglich.

Was sollte man Kindern nicht geben?

In den vergangenen Jahren gab es immer wieder widersprüchliche Empfehlungen, was man Kindern geben soll und was nicht. Während bei einigen Nahrungsmitteln Vorsicht angebracht ist, weil eine (geringe) Gefahr von Botulismus (Lebensmittelvergiftung) bzw. des Verschluckens besteht, geht es bei den meisten Lebensmitteln darum, sie erst später einzuführen oder ganz wegzulassen, weil sie im Verdacht stehen, Allergien auszulösen.

Auf diesem Gebiet wurde in den letzten Jahren viel geforscht, und der daraus erwachsene Konsens ist eine gute Entscheidungshilfe für Eltern: Sobald das Kind sechs Monate alt ist, können auch eventuell allergene Lebensmittel eingeführt werden, selbst wenn in der Familie Allergien bekannt sind. »Es gibt keine kontrollierten Studien, die zeigen, dass eine restriktive Ernährung Allergien vorbeugt. Deshalb können Kinder ab dem sechsten Lebensmonat eine Vielzahl von Lebensmittel konsumieren, einschließlich Kuhmilch, Eier, Erdnüsse, Fisch und Meeresfrüchte«, so die WHO.

Wahr ist, dass Kinder aus allergiebelasteten Familien ein größeres Allergierisiko in sich tragen. Leiden Sie selbst unter einer Lebensmittelallergie oder kennen ein Kind, das unter einer Allergie leidet, erscheint Ihnen die WHO-Empfehlung vielleicht etwas gar lässig – vor allem nachdem jahrelang ein sehr zurückhaltender Umgang mit allergenen Lebensmitteln empfohlen wurde. Doch inzwischen glauben die Wissenschaftler, dass die spätere Einführung eines Lebensmittels das Allergierisiko möglicherweise erhöht. Niemand sagt, dass man Kindern die im Folgenden aufgelisteten potenziell allergenen Lebensmittel in kurzer Zeit geballt geben sollte; andererseits spricht aber auch nichts dafür, sie vom Speiseplan zu streichen.

In Bezug auf Allergien gibt es keine Garantien. Auch Kinder aus nicht allergiebelasteten Familien können Unverträglichkeiten entwickeln. Es ist in jedem Fall empfehlenswert, die entsprechenden Nahrungsmittel behutsam und nacheinander einzuführen und die Reaktionen des Kindes aufmerksam zu beobachten. Besonders dann, wenn bei einem Kind bereits eine Allergieneigung (zum Beispiel in Form eines Ekzems) festgestellt wurde oder ein Elternteil unter einer Allergie leidet, die nicht in Zusammenhang mit Lebensmitteln steht, zum Beispiel eine Pollenallergie. Nachfolgend das Wichtigste auf einen Blick:

Lebensmittelallergien und -unverträglichkeiten

Manche Lebensmittel stehen stärker im Verdacht, Allergien und Unverträglichkeiten auszulösen als andere und sollten daher vorsichtig eingeführt werden. Bieten Sie diese Nahrungsmittel ab dem sechsten Lebensmonat schrittweise in kleinen Mengen an; lassen Sie sie weg, wenn Ihr Kind negative Reaktionen zeigt. Sofortige allergische Reaktionen äußern sich in Hautrötungen, Juckreiz,

ALTER	VERMEIDEN	GRUND
Unter 6 Monaten	Feste Nahrung sollte Babys unter sechs Monaten und definitiv nicht vor dem vierten Monat gegeben werden (siehe Seite 40). Vor dem sechsten Monat sollte man auf Nüsse und Samen, Eier, Kuhmilch, Sojaprodukte, Weizen, Gluten, Fisch, Meeresfrüchte, Weich- bzw. unpasteurisierten Käse und Leber verzichten.	Ob potenziell allergene Lebensmittel vor dem sechsten Monat sicher sind, ist noch nicht erwiesen. Manche dieser Lebensmittel bergen ein geringes Risiko von Botulismus (Lebensmittelvergiftung), der für Babys sehr gefährlich sein kann. Nüsse können zu Verschlucken führen. Leber enthält sehr viel Vitamin A.
Unter 12 Monaten	Honig	Geringes Risiko von Lebensmittelvergiftung (Botulismus)
	Zusätzlicher Zucker (kleine Mengen Zucker in nährstoffreichen Zubereitungen, z. B. mit Früchten, sind in Ordnung)	Kann die Zähne schädigen und bietet keinen Nährwert
	Zusätzliches Salz oder sehr salzige Lebensmittel	Überfordert die Nieren des Babys
	Rohe oder halb gegarte Eier (durchgegarte Eier sind ab dem sechsten Monat in Ordnung)	Gefahr einer Lebensmittelvergiftung (Salmonellen)
	Rohe Meeresfrüchte	Gefahr einer Lebensmittelvergiftung
Unter 5 Jahren	Ganze oder gehackte Nüsse oder große Samen	Verschluckungsgefahr
	Hai, Schwertfisch, Marlin (Speerfisch)	Eventuell hoher Quecksilbergehalt

Schwellungen, Erbrechen, Durchfall oder Atembeschwerden. Langzeitbeschwerden, die sich in Form von Durchfall oder Verstopfung, keuchendem, pfeifendem Atem, einer laufenden oder verstopften Nase äußern können, deuten eher auf eine Unverträglichkeit als auf eine Allergie hin.

Lebensmittel, die häufig in Zusammenhang mit Allergien und Unverträglichkeiten stehen:

- Erdnüsse: Wurde bei Ihrem Kind bereits eine Allergie, beispielsweise in Form eines Ekzems, diagnostiziert oder liegen in Ihrer Familie andere Allergien vor, sollten Sie vor der Einführung von Erdnüssen mit dem Kinderarzt sprechen.

- Baumnüsse (Para-, Hasel-, Walnüsse usw.)

- Samen bzw. Saaten

- Eier

- Kuhmilch

- Sojaprodukte

- Weizen und andere glutenhaltige Getreidesorten wie Roggen, Gerste und Hafer bzw. Haferflocken, die ein glutenähnliches Eiweiß enthalten

- Fisch und Meeresfrüchte

Weniger bekannte allergene Lebensmittel sind Sellerie, Senfsamen und Kiwis. Auch mit anderen Obstsorten sollten Sie vorsichtig sein, etwa mit Zitrusfrüchten, Beeren, Tomaten und Ananas; sie gehören zu einer Gruppe von Lebensmitteln, die das sogenannte orale Allergie-Syndrom (OAS) auslösen können, das sich meist in Juckreiz und Anschwellen der Mundschleimhaut äußert. Normalerweise greifen diese Symptome nicht auf andere Körperteile über, sind aber trotzdem unangenehm. Wenn Sie selbst davon betroffen sind, führen Sie die entsprechenden Lebensmittel bei Ihrem Kind nach und nach in kleinen Mengen ein; sollten Sie eine Reaktion beobachten, lassen Sie sie umgehend weg. Ananas zeichnet sich zudem durch einen hohen Enzymgehalt aus, der die Mundschleimhaut angreifen kann.

　　Hat Ihr Kind eine Lebensmittelallergie, bestehen gute Chancen, dass sie sich noch vor der Pubertät legt. Mit Ausnahme von Nüssen wachsen sich die meisten Lebensmittelallergien und -unverträglichkeiten im Schulalter aus.

Allergien und Unverträglichkeiten gegenüber Milchprodukten

Die meisten Allergien und Unverträglichkeiten im Kindesalter werden durch Milchprodukte ausgelöst. Allergien gegen Milchprodukte betreffen nur etwa zwei Prozent aller Babys unter einem Jahr, und bei vielen von ihnen verschwindet die Allergie bis zum dritten Geburtstag. Die Symptome (Hautrötungen, keuchender Atem bzw. Atembeschwerden, Erbrechen, Durchfall) können ziemlich schwer ausfallen und treten normalerweise innerhalb von dreißig Minuten nach dem Verzehr des entsprechenden Lebensmittels auf.

Häufiger als Allergien gegen Milchprodukte sind Unverträglichkeitsreaktionen darauf. Schätzungsweise 25 Prozent aller Kleinkinder durchlaufen sie in unterschiedlichen Schweregraden, überwinden sie jedoch in einem gewissen Alter von selbst. Die Symptome sind ähnlich wie bei einer Allergie: Hautprobleme, laufende oder verstopfte Nase, Durchfall oder Erbrechen, aber keine ernsthaften Atembeschwerden. Symptome einer Unverträglichkeit treten im Gegensatz zur Allergie meist nicht schlagartig auf, sondern bauen sich über mehrere Tage auf; oft toleriert das Kind eine gewisse Menge des Lebensmittels, bevor sich die Symptome zeigen. Wenn Sie den Verdacht haben, Ihr Kind könnte empfindlich auf Milchprodukte reagieren, sprechen Sie mit Ihrem Kinderarzt oder Ihrer Kinderärztin, bevor Sie drastische Ernährungsumstellungen durchführen.

Geraten Sie nicht in Panik, wenn es heißt, dass Sie Milchprodukte weglassen müssen. Es gibt viele gute Rezepte ohne Milchprodukte; andere lassen sich leicht anpassen. Butter kann man durch Oliven- oder Leinöl ersetzen, Brote bestreicht man mit Pflanzenmargarine (Packungsbeschriftung aufmerksam prüfen, denn viele Pflanzenmargarinen enthalten Milch in irgendeiner Form). Reife Avocado ist ein guter Ersatz für Butter oder Käse als Brotaufstrich, ebenso Mayonnaise aus pasteurisierten Eiern (besser als selbstgemachte). Mit Knoblauch angeröstete Semmelbrösel oder Croûtons ersetzen in Suppen, Gemüse- oder Nudelgerichten den Käse. Kinder über sechs Monate können mit Kalzium angereicherten Sojajoghurt bzw. Sojamilch essen.

»Isa hatte von Geburt an einen wirklich schlimmen Reflux. Mit etwa drei Monaten wurde es so schlimm, dass sie sogar an Gewicht verlor.
Man hielt es für eine Unverträglichkeit von Kuhmilcheiweiß über meine Muttermilch. Also verzichtete ich auf Kuhmilchprodukte, und Isa ging es deutlich besser – auch wenn der Reflux nicht verschwand. Als ich abstillte, gaben wir ihr erst einmal keine Kuhmilchprodukte. Erst ab dem zehnten Monat führten wir sie nach und nach ein. Sie hatte die Unverträglichkeit offensichtlich überwunden, sodass heute keine Ernährungseinschränkungen notwendig sind.«
Sharnie, Mutter von Isa, 14 Monate

Schwierigkeiten rund ums Essen

Wie man mit Konflikten und Ängsten umgeht

ELTERN HABEN das unstillbare Bestreben, ihre Kinder satt zu sehen – das ist natürlich und lebenswichtig. Es gibt kaum etwas Befriedigenderes, als für das eigene Kind zu kochen und zu beobachten, wie es mit Appetit isst. In diesem Moment fühlt man sich als Mutter oder Vater rundum zufrieden, man erfüllt seine Aufgabe und spürt, dass die entgegengebrachte Liebe dankbar angenommen wird. Genau deshalb entsteht umgekehrt Stress, wenn das Kind nicht isst oder nach Meinung der Eltern nicht das Richtige isst.

Wenn Ihr Kind eine gesunde Beziehung zum Essen hat, unterschiedliche nahrhafte und gesunde Dinge probiert und die Mahlzeiten im Familienkreis entspannt genießt, können Sie dieses Kapitel getrost überspringen. Es gibt tatsächlich solche Kinder – und ich möchte deren Eltern keine Essprobleme in den Kopf setzen, wo keine sind. Wenn bei Ihnen also alles gut läuft, blättern Sie weiter zu den Rezepten!

Sollte es in Ihrer Familie jedoch kleinere oder größere Essprobleme geben, können Ihnen die folgenden Ausführungen hoffentlich Unterstützung und wertvolle Informationen geben.

»Lisa macht es sich in punkto Essen bequem. Sie hat keine Lust, etwas Neues zu probieren. Um ehrlich zu sein, liegt mein größtes Problem in ihrer Zurückweisung meiner Autorität. Über ihre Ernährung als solche mache ich mir keine Sorgen. Ich weiß, dass sie genug Nährstoffe und Kalorien bekommt. Hier geht es mehr um Kontrolle – um ihre und um meine. Ich möchte, dass sie das Essen genauso genießt wie ich.«
Katie, Mutter von Lisa, 3

»Til spuckt das Essen manchmal aus – das kann ich nur schwer ertragen. Ich denke dann: Wie kannst du nur – das habe ich extra für dich gekocht! Aber ich versuche entspannt zu bleiben und keine große Sache daraus zu machen. Und ich verbiete ihnen zu sagen, dass etwas ›eklig‹ ist – das mag ich nicht.«
Mac, Mutter von Alex, 3, und Til, 1

Allgemeine Überlegungen

Das häufigste Problem, mit dem Eltern konfrontiert werden, ist ein »schwieriges Essverhalten«: Das Kind lehnt das angebotene Essen ab und/oder isst nur ganz wenig. Beides kann frustrierend, beängstigend und stressig sein. Ich habe mit beidem meine Erfahrungen gemacht. Hier gibt es kein Geheimrezept, aber Sie ersparen sich und Ihrem Kind eine Menge Kummer, wenn Sie möglichst früh akzeptieren, dass Sie nicht bestimmen können, was es isst. Sie können es lediglich in die gewünschte Richtung lenken, indem Sie ihm die richtigen Dinge anbieten und ihm in Sachen Essverhalten ein nachahmenswertes Vorbild sind.

Die amerikanische Ernährungswissenschaftlerin und Familientherapeutin Ellyn Satter schreibt in ihrem Buch »Child of Mine«, dass es die Sache der Eltern ist, zu entscheiden, was, wann und wo gegessen wird, während das Kind entscheidet, ob und wie viel es isst. Sie erklärt, dass Kinder von Geburt an genau wissen, wie viel sie essen müssen, um wie von der Natur vorgesehen zu wachsen, und dass sie diese Fähigkeit ein Leben lang beibehalten, sofern sie nicht durchkreuzt wird. Wir müssen unseren Kindern also einfach abwechslungsreiche, ansprechende Gerichte anbieten und ihnen dann zugestehen, auf ihren eigenen Hunger bzw. Appetit zu hören. Laut Satter sind wir als Eltern nicht verantwortlich dafür, wie viel unsere Kinder essen, noch dafür, wie sich ihr Körper entwickelt. »Ihre Aufgabe als Eltern besteht darin, Ihrem Kind verlässlich und liebevoll geeignete Nahrungsmittel anzubieten. Sie müssen seine sitzenden Aktivitäten beschränken und ihm Möglichkeit zu aktiver Bewegung geben. (...) Haben Sie diesen Rahmen geschaffen, müssen Sie einfach auf das Ergebnis vertrauen.« Diese Philosophie finde ich sehr zutreffend und sehr befreiend.

Ablehnung von Essen

Sehr oft ist es so, dass ein Kind in den ersten Monaten der Nahrungsumstellung neuen Lebensmitteln sehr aufgeschlossen und positiv gegenübersteht und viel Neues probiert, dann aber irgendwann zwischen dem zwölften und dem vierundzwanzigsten Monat eine Kehrtwendung macht. Plötzlich lehnt es Dinge ab, die es vorher gerne gegessen hat, oder legt ein unberechenbares Essverhalten an den Tag: Heute mag es Erbsen und Hühnchen, in der folgenden Woche lehnt es dieses Gericht strikt ab. Oder es isst das Brot nur, wenn es in Dreiecke geschnitten ist. Das ist ein ganz normaler Entwicklungsschritt, den man Neophobie (Angst vor Neuem) nennt und der von zahlreichen Wissenschaftlern in Zusammenhang mit kindlichem Essverhalten beobachtet wurde. Laut der Theorie hat diese Phase den Sinn, das neugierige und neuerdings mobile Kleinkind davor zu schützen, schädliche oder giftige Dinge zu essen. Wenn Ihr Kind unbekanntes Essen also derart argwöhnisch betrachtet, als hätten Sie die Absicht, es zu vergiften – ja, dann denkt es tatsächlich so!

Die Kinderpsychologin Dr. Gillian Harris führt dazu aus: »Mit etwa achtzehn Monaten beginnen Kinder, sehr starren visuellen Prototypen anzuhängen; das bedeutet, dass sie nichts essen, was für sie nicht ›richtig‹ aussieht. So akzeptieren sie Tomaten, aber keine Tomatensauce. Es kann sogar passieren, dass Tomatensauce ein paar Tage zuvor in Ordnung war, wenn sie dann aber etwas anders aussieht, ist sie nicht mehr in Ordnung. In dieser Phase ist das Beste, dem Kind Dinge anzubieten, die es kennt und mag, ihm aber auch das zu zeigen, was Sie selbst essen (so lernt es, dass es nicht giftig ist). Drängen Sie Ihr Kind nicht, etwas Neues zu probieren, wenn es das nicht möchte – sonst wird die Mahlzeit zu einer angstbesetzten Angelegenheit. Angst erhöht den Adrenalinspiegel, und dieser vermindert wiederum den Appetit.«

Wenn man diese Zusammenhänge kennt, erscheint der negativ besetzte Begriff »schwieriger Esser« falsch gewählt. Ein Kind, das die liebevoll zubereitete Mahlzeit ablehnt, erscheint natürlich wählerisch, schwierig und anspruchsvoll – aber wenn man weiß, dass diese Haltung von einer Angst vor Neuem herrührt, sieht die Sache anders aus. Ein solches Kind ist nicht »schwierig«, sondern möchte lediglich nichts essen, was ihm unbekannt oder verdächtig vorkommt. Druck, Zwang oder Drohungen sind demnach das Letzte, was man hier braucht, sondern vielmehr Bestätigung, Unterstützung und Ermutigung.

Ich bin der festen Überzeugung, dass Kleinkinder die Mahlzeiten nutzen, um mehr über ihren Platz in der Welt und den Einfluss auf die Menschen um sie herum zu erfahren. Realisiert das Kind, dass man Essen ablehnen kann oder dass es mit seinen Handlungen Reaktionen hervorruft, wird es die Situation naturgemäß erforschen wollen. Wenn ein Kind das Essen ablehnt, reagieren Eltern viel panischer, als wenn es keine Strümpfe oder keine Mütze trägt; aber für das Kind ist das alles dasselbe Spiel. Eine Freundin formulierte es so: »Essen ist das Einzige, worüber sie selbst die Kontrolle haben, oder? Wir können sie im Kindersitz anschnallen oder ihnen den Fernseher ausschalten – aber wir können sie nicht zum Essen zwingen.«

Zu wenig essen

Unregelmäßige Essmuster sind bei Babys und Kleinkindern normal. Manchmal essen sie einige Tage nur sehr wenig, dann wieder haben sie einen regelrechten Heißhunger. Andere scheinen immer mit wenig zufrieden zu sein. Wieder andere mögen phasenweise nur ein, zwei bestimmte Gerichte, die sie später zugunsten von etwas ganz anderem wieder ablehnen.

Kleinkinder essen nach ihrem Appetit und nicht, wie viele Erwachsene, nach Routinen und Gewohnheiten. Der Appetit ist vor allem nach dem ersten Lebensjahr großen Schwankungen unterworfen. Das Kind wächst nicht mehr ganz so schnell, und es ist das Maß der täglichen Aktivitäten, das den Hunger maßgeblich beeinflusst. Ich denke, dass es wichtig ist, Kinder nach ihrem eigenen Appetit essen zu lassen und diesen nicht zu »überstimmen«. Niemand mag essen, wenn er keinen Hunger hat.

Vieles deutet darauf hin, dass Kleinkinder und sogar Babys genau wissen, welche Menge an Essen sie brauchen. Bereits in den 1930ern untersuchte die amerikanische Ärztin Clara Davis die Fähigkeit von Babys, aus einem großen Sortiment unverarbeiteter Lebensmittel (darunter Obst, Gemüse, Milch, Cerealien, Fleisch, Fisch, Innereien und Wasser) ihre eigenen Mahlzeiten auszusuchen. Obwohl jedes Kind individuell auswählte, entschieden sie sich alle für außergewöhnlich gesunde Lebensmittel, für die richtige Kalorienanzahl und eine ausgewogene Zusammenstellung mit ausreichend Eiweiß, Vitaminen und Mineralstoffen. Daraus folgerte Davis, dass die Erwachsenen dem Kind eine Vorauswahl bieten sollten; Kinder, die daraus ganz nach Appetit frei wählen dürfen, würden wachsen und gedeihen.

In jüngerer Zeit zeigten Leann Birch und Jennifer Fisher, zwei amerikanische Wissenschaftlerinnen, die das Essverhalten von Kindern untersuchen, dass Kleinkinder ihre Kalorienzufuhr auf der Basis dessen, was sie bereits konsumiert haben, instinktiv anpassen. Außerdem fanden sie heraus, dass die Kalorienzufuhr zwar von Mahlzeit zu Mahlzeit beträchtlich schwanken kann, dass sie aber über den ganzen Tag gesehen ziemlich konstant ist.

Trotz dieser Aussagen sollten Sie Ihr Kind natürlich nach bestem Wissen und Gewissen ernähren und in jedem Fall für eine »gesunde« Auswahl an Lebensmitteln sorgen. Sie zeigen aber, dass Sie nicht jedesmal in Panik auszubrechen brauchen, wenn Ihr Kind die liebevoll zubereitete Mahlzeit ablehnt.

Wie Sie mit Ängsten umgehen können, wenn Ihr Kind nicht erwartungsgemäß isst:

- Setzen Sie Ablehnung des Essens nicht mit Zurückweisung Ihrer Liebe gleich – auch wenn es sich manchmal so anfühlt.

- Listen Sie im Geist alles auf, was Ihr Kind in der letzten Woche gegessen hat. Vermutlich werden Sie feststellen, dass es eine ganze Menge gegessen und eine ausgewogene Ernährung genossen hat. Auch wenn die Anzahl der Zutaten begrenzt scheint, sind sicher die wichtigsten Lebensmittelgruppen vertreten (so sind etwa Brot, Joghurt, Bananen und Fischstäbchen gar keine so schlechte Mischung).

- Trösten Sie sich mit dem Gedanken, dass sich viele »schwierige Esser« im Erwachsenenalter zu wahren Gourmets entwickelt haben.

- Schaffen Sie eine angenehme Essensatmosphäre; herrscht bei den Mahlzeiten eine ruhige, positive Stimmung, haben Sie schon etwas sehr Wichtiges erreicht.

● Bedenken Sie nicht nur mögliche psychische, sondern auch körperliche Gründe, aus denen Ihr Kind das Essen ablehnen könnte. Fragen Sie sich bei untypischer Ablehnungshaltung: Ist das Kind müde, verängstigt, schlecht gelaunt, überreizt? Hat es Mühe, mit einer neuen Situation oder neuen Menschen zurechtzukommen? Zahnt es? Brütet es eine Erkältung oder Krankheit aus? Könnte ein gesundheitliches Problem, etwa Blutarmut, für den Appetitmangel verantwortlich sein? Wenn Ihr Kind nicht viel eisenreiche Nahrung (siehe Seite 62) isst und außerdem lethargisch und krankheitsanfällig ist, sollte es Ihr Kinderarzt auf Anämie (Blutarmut) testen.

Zu viel essen

Und was, wenn Sie den Eindruck haben, Ihr Kind isst zu viel? Dass es Übergewicht entwickeln könnte? Das ist ein schwieriges Thema, das besonders Müttern Sorgen bereitet. Jeder, der schon mal Probleme mit dem eigenen Gewicht hatte, fühlt möglicherweise eine Mischung aus Schuld, Angst und Verunsicherung, wenn das eigene Kind zu dick werden könnte. Und hören wir ohnehin nicht ständig, dass wir eine übergewichtige, fettleibige nächste Generation heranziehen?

Wenn Sie sich sorgen, Ihr Kind könnte ernsthaft Übergewicht haben, sollten Sie professionelle Hilfe suchen. Persönlich halte ich es jedoch meist für besser, Kindern eine ausgewogene Ernährung anzubieten und sie selbst ihre Nahrungszufuhr bestimmen zu lassen, als einzugreifen und Angst, Schuldgefühle und andere negative Emotionen rund ums Essen zu schüren. Untersuchungen bestätigen diesen Ansatz. Es wurde festgestellt, dass es einen Zusammenhang zwischen verstärkter elterlicher Kontrolle rund ums Essen und Dickleibigkeit bei Kindern gibt und dass diese Kinder nicht gelernt haben, ihre Nahrungsaufnahme selbstständig zu regulieren.

Jeder, der schon mal eine Diät gemacht hat, weiß, wie kontraproduktiv es ist und wie schrecklich es sich anfühlt, sich selbst das Essen zu versagen. Sorgen Sie dafür, dass Ihr Kind aktiv ist. Machen Sie den Fernseher aus und gehen Sie mit ihm in den Park, ins Schwimmbad oder in den Sportverein. Zeigen Sie Ihrem Kind, wie gut es ist, stark, fit und gesund zu sein. Bieten Sie ihm eine Auswahl gesunder Nahrungsmittel an, aber verbieten Sie nichts. Kuchen, Kekse und Schokolade sollten nicht als verboten gelten, aber auch nicht als begehrenswerte Belohnung – sorgen Sie dafür, dass sie nicht immer verfügbar sind. Akzeptieren Sie, dass es sehr dünne und eher pummelige Kinder gibt; daran können Sie nicht viel ändern – und es bedeutet nicht automatisch, dass aus dünnen Kindern dünne Erwachsene und aus pummeligen Kindern dicke Erwachsene werden. Leben Sie Ihrem Kind einen aktiven, gesunden Lebensstil vor – aber akzeptieren Sie es, wie es ist.

Schwierige Phasen – so kommt man damit klar

Schwierige Essensphasen können bei Kindern nach einigen Monaten wieder vorüber sein. Manche Kinder sind mal aufgeschlossen gegenüber Neuem, dann wieder nicht und schließlich doch; andere Kinder lehnen konstant alles Neue ab. Manchen scheint gar nichts richtig zu schmecken, andere sind anfangs ziemlich uninteressiert, bis sie sich allmählich zu kleinen Vielfraßen entwickeln. Andere hingegen essen nie sehr viel oder können umgekehrt gar nicht genug bekommen. Jedes Kind ist anders, und Sie müssen eine Strategie finden, wie die Mahlzeiten in Ihrer Familie funktionieren. Hier sind zwei Prinzipien, die Ärzte, Ernährungswissenschaftler und erfahrene Eltern unterschreiben:

Immer wieder versuchen Bleiben Sie unermüdlich am Ball: Bieten Sie Ihrem Kind die Nahrungsmittel, auf die Sie selbst großen Wert legen, immer wieder an. Durch ständige Wiederholung wird Ihr Kind vertraut mit dem Essen. Viele Kinder müssen einen neuen Geschmack sehr oft probieren, bevor sie Vertrauen fassen und ihn schließlich akzeptieren.

Als Vorbild vorangehen Essen Sie selbst, was Sie Ihrem Kind schmackhaft machen wollen, und lassen Sie es dabei zuschauen. Das hat vielleicht nicht unbedingt sofort Erfolg. Wenn Sie Ihrem Kind erklären, dass Fisch sehr gut schmeckt, interessiert es das möglicherweise zunächst nicht besonders. Doch wenn Ihr Kind ein Nahrungsmittel immer wieder und in unterschiedlichen Zubereitungsformen sieht, wenn es sieht, dass Sie es mit Genuss verspeisen, kommt die richtige Botschaft an: »Das ist gut, das ist normal, davor musst du keine Angst haben.«

Sie werden nie verhindern können, dass es im Zusammenhang mit Essen zu Problemen kommt; oft hängen diese mit dem Alter des Kindes, mit seinem Temperament, seinem Appetit und seinen Vorlieben zusammen. Und darauf haben Sie nun einmal keinen Einfluss. Entscheidend ist die Art und Weise, wie Sie mit diesen Problemen umgehen. Mahlzeiten können sich zu Konfliktsituationen aufschaukeln – oder aber (wenn es Ihnen gelingt, ruhig zu bleiben) trotz der Probleme eine angenehme Erfahrung bleiben. Hier einige Tipps, wie man Konflikte vermeiden und eine positive Einstellung zum Essen fördern kann:

Ruhig bleiben Auch wenn es schwerfällt und viel Selbstdisziplin kostet. Herumschreien, Tränen, auf den Tisch hauen, das Essen wütend in den Mülleimer werfen – das alles ist für Ihr Kind großes Kino. Kinder merken schnell, welchen Knopf sie drücken müssen. Doch wenn nichts Spannendes passiert, verlieren Sie das Interesse. Verlassen Sie falls nötig den Raum für eine Minute, um sich abzuregen, und lassen Sie das Kind unterdessen unter der Aufsicht eines anderen Erwachsenen.

Lockern Sie die Kontrolle   Essen Sie wenn möglich zusammen mit dem Kind dieselbe Mahlzeit. Andernfalls ist es meiner Erfahrung nach oft besser, sich gar
nicht zu dem Kind zu setzen, sondern in seiner Nähe etwas anderes zu tun. Das
Schlimmste, was man bei Essproblemen tun kann, ist, sich mit dem Kind an den Tisch
zu setzen, selbst nichts zu essen, auf den Teller des Kindes zu starren und jeden
Krümel zu registrieren, den es isst. Würde Ihnen das Essen so schmecken?

Drohen, drängen und zwingen Sie Ihr Kind nicht, mehr oder weniger zu essen
Solche Maßnahmen sind kontraproduktiv. Wenn Ihr Kind nicht weiteressen will,
werden Sie es nicht dazu zwingen können. Wenn Sie Druck auf Ihr Kind aus-
üben, wird es Essen und Mahlzeiten mit negativen Assoziationen verbinden.
Lassen Sie Ihr Kind bestimmen, wie viel es essen möchte. So lernt es, auf seinen
Appetit zu hören.

Akzeptieren Sie, wenn Ihr Kind satt ist   Selbst Babys, die noch nicht sprechen
können, teilen uns mit, wann sie satt sind: Sie wenden den Kopf ab, schieben
die Schüssel weg, spucken das Essen wieder aus, behalten das Essen im Mund,
ohne es zu schlucken, oder spielen nur noch damit herum. Akzeptieren Sie
diese Signale.

Bieten Sie keine zu große Auswahl an   Wenn Kinder nicht essen, werden Eltern
schnell nervös. Verhungert mein Kind über Nacht? Es ist sinnvoll, wenn die Mahlzeit jeweils ein Element enthält, das das Kind mag. Doch lehnt es das Angebotene
ab, müssen Sie keine Alternative aus dem Hut zaubern. Bietet man dem Kind
immer nur das an, was es mag, könnte es daraus schließen, dass es nichts Neues
probieren muss und immer sein derzeitiges Lieblingsgericht bekommt. Es kann
schon mit gewissen Ängsten verbunden sein, sein Kind mit halbleerem Magen vom
Tisch gehen zu lassen, aber bis zur nächsten Mahlzeit dauert es ja nicht lang.

Täuschen Sie Ihr Kind nicht   Mischen Sie neue Nahrungsmittel nicht unter bereits
vertraute Gerichte, mogeln Sie Neues nicht in Behälter, die das Kind kennt, zum
Beispiel den Becher, in dem sich sonst sein Lieblingsjoghurt befindet. Mit solchen
Tricks stärken Sie nicht das Vertrauen Ihres Kindes, sondern laufen vielmehr
Gefohr, dass es am Ende das neue und das vertraute Nahrungsmittel ablehnt.

Setzen Sie ein Zeitlimit für Mahlzeiten   Wenn Kinder essen, dann gewöhnlich
in den ersten zwanzig Minuten der Mahlzeit. Mahlzeiten, die länger als dreißig
Minuten dauern, führen lediglich dazu, dass alle Beteiligten genervt und
frustriert sind.

Benützen Sie Essen nicht als Belohnung   Wenn Sie dem Kind einen Schokokeks in Aussicht stellen, wenn es den Blumenkohl isst, werten Sie den Keks unnötig auf und den Blumenkohl unnötig ab. Und wenn die Schokokekse bei dieser Mahlzeit ohnehin als Nachtisch vorgesehen waren, geben Sie sie in jedem Fall – ob der Blumenkohl aufgegessen wurde oder nicht. Setzen Sie Süßes niemals als Belohnung für Wohlverhalten ein, um es nicht überzubewerten.

Handeln Sie mit Weitsicht   Natürlich wollen Sie, dass Ihr Kind jetzt und heute gut und gesund isst, aber noch wichtiger ist es, nicht aus dem Blick zu verlieren, dass es sich schließlich ein Leben lang gesund ernähren und ein positives, entspanntes Verhältnis zum Essen haben soll. Lassen Sie sich deshalb nicht auf Grabenkämpfe ein, und suchen Sie stattdessen nach Alternativen. Vergessen Sie erst einmal den Brokkoli, und versuchen Sie es mit Obstsalat, der größtenteils dieselben Nährstoffe liefert. Brokkoli kann warten.

Beziehen Sie Ihr Kind ein   Lassen Sie Ihr Kind mithelfen, eine gesunde Mahlzeit auf den Tisch zu bringen. Lassen Sie es im Garten, beim Einkauf und bei der Zubereitung helfen. Je mehr Ihr Kind in diesen Prozess einbezogen wird, desto interessierter wird es an der fertigen Mahlzeit sein. Auf Seite 99 finden Sie Tipps, wie selbst ein Kleinkind beim Kochen helfen kann. Dürfen Kinder beim Anbau und der Ernte von Obst und Gemüse helfen, essen sie es in der Regel auch viel lieber.

Das Kind zu gesundem Essverhalten ermutigen

Gesundes Essverhalten ist mehr als nur die Zufuhr der richtigen Nährstoffe. Es geht auch um Aufgeschlossenheit gegenüber Neuem, um genussvolle Mahlzeiten und ein entspanntes Verhältnis zum Essen. Und darum, bei Hunger zu essen und bei Sättigung aufzuhören. Dies ist ein ständiger Prozess. Steckt Ihr Kind in einer schwierigen Phase, in der die Mahlzeiten keinen Spaß machen, treten Sie einen Schritt zurück. Hinterfragen Sie, ob Sie tatsächlich gute, nahrhafte, leckere, frische und abwechslungsreiche Kost bieten. Lautet die Antwort ja, sollten Sie sich entspannen. Ihr Kind hat alle Möglichkeiten einer gesunden Ernährung, muss aber gleichzeitig mit seiner Entwicklung und den damit verbundenen Herausforderungen klarkommen. Bieten Sie ihm die richtigen Nahrungsmittel an, machen Sie sie ihm schmackhaft und lassen Sie Ihr Kind entscheiden. Und das ist der schwierigste Teil des Ganzen. Denn Sie lieben Ihr Kind nicht nur (was sehr einfach ist), sondern Sie müssen ihm auch vertrauen (was manchmal nicht so einfach ist).

DIE REZEPTE

Für die ganze Familie kochen

Flexibilität ist alles

AUCH WENN ES IN DIESEM BUCH um Kinderernährung geht, eignen sich die Rezepte gleichermaßen für Erwachsene. Ich denke, dass man nicht zwischen »Babygerichten«, »Kindergerichten« und »Erwachsenengerichten« unterscheiden sollte. Natürlich gibt es Gerichte, die einfacher oder schwieriger zu essen sind, doch bei der folgenden großen Auswahl ist für die ganze Familie etwas dabei. Und je älter Ihr Kind wird, desto raffinierter und vielleicht pikanter dürfen die Gerichte sein.

Die folgenden Rezepte sind nach Jahreszeiten unterteilt, sodass Sie stets die frischesten und besten saisonalen Lebensmittel verarbeiten können; viele Zutaten sind aber auch rund ums Jahr erhältlich. Ich habe bei den Gerichten auf ernährungsphysiologische Ausgewogenheit geachtet bzw. gebe Beilagenempfehlungen, die für eine ausgewogene Mahlzeit sorgen. Die Rezepte sind mit kurzen Zutatenlisten und unkomplizierten Zubereitungsmethoden möglichst einfach gehalten. Fast alle lassen sich auch problemlos variieren – zögern Sie also nicht, einzelne Zutaten nach Gusto oder Verfügbarkeit auszutauschen. Wenn Ihnen und Ihrem Kind beispielsweise die helle Sauce zu dem Nudelauflauf auf Seite 210 schmeckt, können Sie sie auch zu anderen Nudelgerichten oder Gemüseaufläufen servieren.

Portionen

Die Größe einer Kinderportion lässt sich nur schwer definieren. Um Ihnen eine Vorstellung von der Gesamtmenge der Rezepte zu geben und unter Berücksichtigung der Tatsache, dass es sich um Familienrezepte handelt, gebe ich Erwachsenenportionen an. Viele Rezepte sind für drei Erwachsene berechnet, da diese Menge nach meiner Erfahrung eine gute Familiengröße für zwei Erwachsene und zwei Kleinkinder ist. Bei Gerichten, die sich gut einfrieren lassen, gebe ich auch größere Mengen an. Manchmal bestimmt auch die Art der Zutaten (zum Beispiel ein ganzes Huhn) die Menge des Gerichts.

Alter

Dieses Buch schlägt Ihnen Rezepte vor, die möglichst die ganze Familie essen kann, auch wenn man das eine oder andere Gericht für Babys etwas zerkleinern muss bzw. es weniger stark zerkleinert, wenn die Kinder schon älter sind. Sie finden bei den entsprechenden Rezepten jeweils eine Anmerkung dazu. Mit »Babys« sind Kinder zwischen etwa 6 und 12 Monaten gemeint, mit »kleinen Babys« die Altersspanne von etwa 6 bis 9 Monaten, das heißt also Kinder, die mit bestimmten Konsistenzen noch Schwierigkeiten haben könnten. Wenn ich von »älteren Kindern« spreche, meine ich solche von 5 Jahren und älter.

Mit Ausnahme der Breie eignen sich alle anderen Gerichte für Babys, die 6 Monate und älter sind. Sie können also Zutaten wie Kuhmilch, Eier und Fisch enthalten, die für jüngere Babys nicht empfehlenswert sind.

Zu den Zutaten

Im vorangehenden Kapitel haben Sie bereits eine Menge über die Auswahl der Zutaten erfahren. Im Folgenden finden Sie einige Informationen zu speziellen Zutaten, die ich verwende.

Äpfel und Apfelsaft

Ich habe eine große Vorliebe für Äpfel und hochwertigen Apfelsaft. Nicht nur, dass Äpfel sehr gesund sind, sie sind auch ein wunderbares einheimisches Produkt. Äpfel aus regionaler Produktion sind über mehr als ein halbes Jahr erhältlich; sie schmecken köstlich und sind sehr vielseitig. Die Sortenauswahl wird immer größer, und es lohnt sich, unterschiedliche Sorten zu probieren.

Auf säuerliche Sorten verzichte ich für Kinder eher, da man zu viel Zucker hinzufügen müsste; zu bevorzugen sind Äpfel wie Elstar, Jonagold oder Gala.

Auch Apfelsaft ist eine wunderbare Zutat, wenn man für Kinder kocht – damit lassen sich manche Gerichte ohne die Verwendung von Raffinadezucker süßen. Wenn ich in der Zutatenliste Apfelsaft angebe, meine ich reinen, frisch gepressten, trüben Apfelsaft (wie man ihn auch auf Hofmärkten bekommt), keinen Saft aus Konzentrat. Manchmal findet man sortenreine Säfte; die besonders süßen (z. B. von Russet oder Elstar) eignen sich gut zum Kochen.

Käse

In vielen Rezepten gebe ich keine spezielle Käsesorte an, weil es so viele unterschiedliche schmackhafte Käsespezialitäten aus heimischen Landen gibt. Und auch wenn ich eine besondere Sorte nenne, können Sie sie problemlos durch eine andere ersetzen. Feste, aromatische Käse, die gut schmelzen, sind geeignet für

Saucen, über Suppen gestreut, zum Grillen oder in Frittata. Ich liebe italienischen Parmesan, aber wenn Sie eine regionale Alternative wie zum Beispiel einen Ziegenhartkäse bevorzugen – umso besser. Inzwischen gibt es sogar regional produzierten Büffelmozzarella.

Viele Eltern verzichten für ihre Kleinkinder aus Angst vor einer Lebensmittelvergiftung auf bestimmte Käsesorten. Das hat nichts mit der Frage zu tun, ob die Milch pasteurisiert wurde oder nicht (Pasteurisieren garantiert nicht, dass ein Käse einwandfrei ist, da Milch oder Käse auch in einem späteren Stadium verunreinigt werden können). Es sind vielmehr bestimmte Käsesorten, die (pasteurisiert oder nicht) anfälliger für eine höhere Konzentration von Listerien sind.

Zu den Sorten mit erhöhtem Risiko gehören weiche, in der Form gereifte Käse wie Camembert, Brie und andere mit ähnlich beschaffener Rinde. Außerdem in der Form gereifte Ziegenweichkäse wie klassischer Chèvre und weiche Blauschimmelkäse. Da die Kategorie der »weichen« Blauschimmelkäse schwierig genau zu definieren ist (auch ein Stilton ist nicht wirklich hart), verzichte ich, um auf der sicheren Seite zu sein, auf alle Blauschimmelkäse.

Besonders Schwangere sollten diese risikobehafteten Käsesorten meiden, denn Listerien können zu schweren Erkrankungen führen und das Ungeborene schädigen. Auch Menschen mit geschwächtem Immunsystem sind anfälliger als andere. Bei gesunden Erwachsenen und Kindern sind Listerieninfektionen jedoch selten.

Bei Hartkäse (auch nicht pasteurisiert), industriell verarbeitetem Käse, Frischkäse, Hüttenkäse und frischem Ziegenkäse ohne Rinde besteht aller Wahrscheinlichkeit nach kein bedeutsames Listerienrisiko. Beim Kochen werden Listerien zerstört.

Kochöle und Fette

Im Allgemeinen bevorzuge ich zum Kochen unraffinierte Öle. Zum Kurzbraten, Ausbacken und Schmoren verwende ich in der Regel Raps- oder Olivenöl.

Rapsöl ist eine wunderbare Alternative zu Olivenöl. Verwenden Sie kaltgepresstes heimisches Rapsöl aus erster Pressung; es hat einen nussigeren, süßeren und feineren Geschmack als Olivenöl und unterscheidet sich deutlich von hochgradig raffiniertem Rapsöl. Hochwertiges Rapsöl eignet sich für Dressings und sogar zum Kuchenbacken. Es ist ein besonders guter Lieferant von essenziellen Omega-3-Fettsäuren und Vitamin E.

Olivenöl Ich mag das satte, fruchtige Aroma von Olivenöl und verwende in meiner Küche normalerweise ein relativ preisgünstiges mildes Olivenöl aus erster Pressung (extra vergine). Olivenöl ist von Natur aus reich an gesunden einfach gesättigten Fettsäuren und lässt sich gut erhitzen (zum Frittieren würde ich es allerdings nicht verwenden).

Sonnenblumenöl Wenn ich ein völlig geschmacksneutrales Öl brauche, verwende ich Sonnenblumenöl. Die meisten Sonnenblumenöle sind stark verarbeitet und enthalten oft Rückstände von Löse- und Bleichmittel. Wählen Sie vorzugsweise ein Öl in Bioqualität, das mechanisch gepresst und dampfbehandelt wurde, damit es geschmacksneutral ist. High-Oleic (HO)-Sonnenblumenöl ist besonders reich an einfach ungesättigten Fettsäuren und damit zum Erhitzen sehr gut geeignet.

Butter gibt vielen Gerichten ein wunderbares Aroma, verbrennt aber auch schnell. Geben Sie der Butter zum Braten immer etwas Öl bei; so lässt sie sich höher erhitzen. Gesalzene Butter verbrennt noch schneller und enthält – logischerweise – Salz. Deshalb sollte man sie nicht zum Kochen für Babys und Kleinkinder verwenden.

Trockenobst

Ich verwende viel Trockenobst, und zwar immer in Bioqualität, da industriell verarbeitete Produkte oft Konservierungsstoffe enthalten. Besonders getrocknete Aprikosen werden (außer in Bioproduktion) routinemäßig mit Schwefel behandelt, um ihre leuchtend orange Färbung zu erhalten.

Nussmus

Ein weiches geschmeidiges Mus aus Erdnüssen, Mandeln, Cashewkernen, Haselnüssen oder anderen Nussarten sind ein einfacher, leckerer Weg, Kinder mit Eiweiß und Kalorien zu versorgen (sofern beim Kind keine Nussallergie vorliegt). Vermeiden Sie stückige Konsistenzen, da sich Kleinkinder an den winzigen Nusssplittern leicht verschlucken können. Viele fertig käufliche Nussmuse (Nussbutter) enthalten eine Menge zusätzlichen Zucker sowie Salz – werfen Sie daher immer einen genauen Blick aufs Etikett. Produkte aus Bioläden oder dem Reformhaus enthalten in der Regel weniger oder keine solchen Zusätze. Wegen seiner natürlichen Süße mag ich Cashewmus am liebsten.

Dinkel

Diese alte Getreidesorte erlebt derzeit ein großes Comeback, da sie besser verdaulich scheint als moderne Getreidesorten. Außerdem besitzt sie ein feines Nussaroma. Es gibt unraffiniertes Vollkorn-Dinkelmehl (das ich oft anstelle von gewöhnlichem Vollkornmehl für Brot oder Kuchen verwende) und auch raffiniertes »weißes« Dinkelmehl, das sich für Feingebäck eignet. Perldinkel (Dinkel-Reis) ist ähnlich köstlich wie Perlgraupen und eine gute Alternative zu Kartoffeln, Reis oder Nudeln.

Salz und Pfeffer

Bei den meisten pikanten Gerichten gebe ich Salz und Pfeffer als optionale Gewürze an. Die meisten Gerichte schmecke ich nur mit etwas fein gemahlenem Pfeffer ab. In Gerichte für Babys unter 12 Monaten sollte man kein Salz geben, sonst aber können Sie nach Geschmack zurückhaltend salzen. Mehr zum Thema Salz finden Sie auf Seite 68–69.

Gewürze und Chili

Es gibt keinen Grund, darauf zu verzichten. Chilis sollten Sie allerdings bei Babys und auch noch bei älteren Kindern sehr behutsam und nur in geringer Dosis einführen – es handelt sich schließlich um einen außergewöhnlichen Geschmack, den Ihr Kind aber trotzdem mögen kann. Falls ich in Rezepten Chili verwende, dann immer sehr zurückhaltend dosiert. Die meiste Schärfe ist in den Samenkörnern und den weißen Trennwänden enthalten – entfernt man diese, ist die Chilischote gar nicht mehr so scharf. Passen Sie die angegebene Menge Chili den Vorlieben Ihrer Familie an.

Brühe

Eine selbst hergestellte geschmackvolle Brühe kann man gar nicht hoch genug einschätzen. Breie und Pürees, Suppen und Eintöpfe, Currys und Risottos werden mit selbst gemachter Brühe um Klassen besser und aromatischer, was wichtig ist, wenn man salzarm kocht.

Einfache Rezepte für Hühner- und Gemüsebrühen finden Sie auf Seite 236–238; bei dem Lammrezept auf Seite 218 fällt sozusagen als Nebenprodukt eine himmlisch aromatische Brühe an. Wenn Sie keine Zeit haben, Brühe selbst zu kochen, kaufen Sie eine sehr hochwertige frische Hühnerbrühe (am besten in Bioqualität). Auch Würfel oder Pulver sind in Ordnung, ergeben aber niemals dasselbe frische Aroma und sind oft sehr salzig. Geben Sie salzreduzierten Produkten den Vorzug.

Hygiene und Sauberkeit

Lebensmittelhygiene ist immer wichtig, ganz besonders aber dann, wenn man für Babys und Kleinkinder kocht. Es ist aber gar nicht schwierig und reicht, sehr sorgfältig vorzugehen.

- Vor dem Kontakt mit Lebensmitteln immer die Hände waschen und abtrocknen; achten Sie außerdem darauf, dass die Arbeitsflächen, Werkzeuge, sonstigen Utensilien und der Kühlschrank immer sauber sind.

- Wechseln Sie Spül- und Geschirrtücher in kurzen Abständen.

- Verwenden Sie entweder sehr kalte oder sehr heiße Temperaturen. Verderbliches lagern Sie im Kühlschrank bei 0 bis 5 Grad (verwenden Sie ein Kühlschrankthermometer). Beim Aufwärmen müssen Speisen kräftig durcherhitzt werden (bis sie dampfen und man sie nicht mehr anfassen kann). Bakterien mögen generell keine sehr niedrigen oder sehr hohen Temperaturen und vermehren sich am besten bei mäßiger Wärme; deshalb Gerichte nicht bei Raumtemperatur stehen lassen, insbesondere nicht bei warmem oder heißem Wetter. Gerichte sollten deshalb auch nicht leicht erwärmt, wieder abgekühlt, dann wieder leicht erwärmt werden usw.

- Wärmen Sie Gerichte nicht mehr als einmal wieder auf.

- Aufgetautes nicht wieder einfrieren, es sei denn, es wurde in der Zwischenzeit gekocht. So kann man beispielsweise rohes Hühnerfleisch auftauen, zu einem Curry verarbeiten und dieses dann einfrieren.

- Stellen Sie Gerichte nicht warm in den Kühlschrank oder Tiefkühler, sondern lassen Sie sie zuvor so schnell wie möglich (also abseits der Herdplatte) abkühlen. Die Tür des Kühlschranks oder Tiefkühlers nie lange offen stehen lassen.

- Bewahren Sie rohe und gekochte Lebensmittel getrennt voneinander auf. Lagern Sie rohes Fleisch oder rohen Fisch in fest verschlossenen Behältern im Kühlschrank, sodass kein roher Saft mit anderen Lebensmitteln in Berührung kommen kann (ich reserviere eine Gemüseschublade dafür und reinige diese regelmäßig). Gegarte und verzehrfertige Lebensmittel im oberen Bereich des Kühlschranks lagern.

- Nach dem Kontakt mit rohem Fleisch oder Geflügel waschen Sie sich sehr gründlich die Hände – und ebenso alle Utensilien, die damit in Berührung gekommen sind. Benützen Sie für rohes Fleisch und rohen Fisch ein separates Schneidebrett und schneiden Sie darauf nichts anderes. Ideal ist ein preisgünstiges Kunststoffbrett, das in den Geschirrspüler darf.

- Zum Rohverzehr bestimmtes Obst und Gemüse gründlich waschen.

Zeit zum Kochen

Mit kleinen Kindern erscheint es oft unmöglich, Zeit und Muße zum Kochen zu finden. Da gibt es kein Patentrezept, aber immerhin ein paar Tricks, die helfen. Das Motto lautet »Kochen mit Dominoeffekt«. Damit meine ich, dass man die Gerichte nicht als isolierte Einheit betrachten sollte, sondern immer in Hinblick

auf weitere Mahlzeiten, die sich dann ohne zusätzlichen Arbeitsaufwand daraus
ergeben. Es ist oft besser, mehr als die benötigte Menge zuzubereiten. Den
Rest kann man einfrieren oder als Basis für eine andere Mahlzeit verwenden.
Hier ein paar Beispiele:

- Wenn Sie Ofenkartoffeln zubereiten, backen Sie ein, zwei Kartoffeln zusätzlich
  – daraus entsteht der Kartoffelbrei für Fischküchlein oder die Kartoffelwürfel
  für eine Frittata. Oder Sie schneiden die Kartoffeln in Spalten, bepinseln Sie
  mit Öl und rösten sie im Ofen – fertig ist ein leckerer Snack oder eine Beilage.

- Kochen Sie mehr Fisch als benötigt. Abkühlen, im Kühlschrank aufbewahren
  und in Salaten, Fischküchlein oder Rezepten wie den Eier-Gemüse-Küchlein auf
  Seite 180 verarbeiten.

- Das Waschen, Putzen, Schälen und Schnipseln von Obst und Gemüse ist besonders zeitaufwendig, aber leider unumgänglich. Zeit kann man sparen, indem
  man gleich mehr als die benötigte Menge vorbereitet. Schneiden Sie vier
  Karotten statt nur zwei – so haben Sie schon einen Teil der Gemüsesuppe für
  den folgenden Tag vorbereitet. Dünsten Sie zwei Zwiebeln statt einer an –
  als Grundlage für eine zusätzliche Sauce, ein Pfannengericht oder einen
  Burger. Vorbereitetes Gemüse frieren Sie besser ein, so bleiben mehr Nährstoffe erhalten als im Kühlschrank. Manchmal kann auch das Schnipseln
  oder Raspeln von Gemüse in der Küchenmaschine Zeit sparen – insbesondere
  dann, wenn die fertige Suppe ohnehin püriert wird.

- Bereiten Sie, wenn Sie einmal Zeit haben, größere Mengen Obst- oder Gemüse-
  pürees zu und frieren Sie sie portionsweise ein. Aufgetaute Obstpürees
  kann man unter Joghurt mischen – fertig ist ein leckerer Nachtisch. Gemüse-
  pürees lassen sich im Handumdrehen zu einer Suppe oder einer Pastasauce
  weiterverarbeiten.

- Altbackenes Brot oder übrig gebliebene Krusten lassen sich zu Semmelbröseln
  mahlen und einfrieren.

- Bereiten Sie Brotteig immer in der doppelten oder dreifachen Menge zu und
  frieren Sie entweder den Teig oder die fertig gebackenen, ausgekühlten Brote
  ein (siehe Seite 229).

- Oft lassen sich Rezepte in Teilschritte aufspalten, die Sie im Laufe des Tages
  zwischendurch erledigen können – das gilt besonders für alle Gerichte,
  die im Ofen ge- oder überbacken werden wie Aufläufe oder Gratins.

Mit Kindern kochen

Wenn Sie Ihr Kind schon früh in der Küche mithelfen lassen, ist das für alle ein Gewinn. Kochen macht Kindern ebensoviel Spaß wie Spielen mit Sand oder Knete. Und selbst wenn sie dabei vor allem die Zeit damit verbringen, die ganze Küche mit einer Mehlschicht zu überziehen, bekommen sie doch viel übers Kochen mit. Sie lernen die verschiedenen Lebensmittel kennen und verlieren so die Vorbehalte gegenüber neuen, ungewohnten Zutaten. Man kann schon sehr kleine Kinder (natürlich unter angemessener Aufsicht) beim Kochen miteinbeziehen – jede einzelne Erfahrung ist von unschätzbarem Wert.

Aufgaben für Kinder ab 18 Monate:

- Erbsen auslösen

- Obst und Gemüse in der Spüle oder in einer Schüssel auf dem Boden waschen

- Spargelenden abbrechen

- Maiskolben abziehen

- Trockene Zutaten in einer Schüssel mischen

- Erdbeeren oder Himbeeren für ein Mus oder eine Sauce zerdrücken

- Bestreuen (zum Beispiel Brot mit Haferflocken oder Körnern)

Aufgaben für Kinder ab 3 Jahre (eventuell mit etwas Unterstützung):

- Butter ins Mehl einarbeiten (für Mürbeteige)

- Eier aufschlagen und mit dem Schneebesen verrühren

- Teig kneten

- Teig ausrollen, Formen ausstechen

- Weiche Zutaten wie Bananen mit einem stumpfen Messer zerschneiden

- Öl auf Salat träufeln

- Teige und andere Mischungen rühren

- Zitrusfrüchte auspressen

- Käse reiben

Breie

Die erste Beikost für Ihr Baby

UM IHR BABY BEIM ABSTILLEN an den Löffel zu gewöhnen, eignen sich am besten Breie aus Obst- und Gemüsesorten, die Ihrem Kind schmecken. Mit den folgenden Rezepten möchte ich Sie davon überzeugen, Ihrem Kind selbstgemachte Breie anzubieten, anstatt auf Babykost aus dem Supermarkt zurückzugreifen.

Pürierte Breie sind kein Muss, das man so und so lang befolgen muss. Manche Eltern geben ihrem Kind gar keinen Brei, andere wiederum finden es mehrere Monate lang sehr praktisch. Breie können auch Teil des babygeführten Abstillens sein (siehe Seite 45). Doch in jedem Fall sind Breie immer nur ein erster Schritt hin zu »normaler« fester Nahrung. Es ist wichtig, Kinder sobald wie möglich an feste Nahrung zu gewöhnen, die sie kauen und im Mund bewegen müssen.

Probieren Sie einen der Breie auf Seite 105–107. Sobald Ihr Kind damit klar kommt, wechseln Sie zu den etwas stückigeren Breien auf Seite 107–113.

Sicherer Umgang mit Brei

Sie müssen sich zwar weder mit Laborkittel noch mit Haarnetz ausstaffieren, aber ein gewisses Maß an Hygiene ist schon erforderlich. Denn das Immunsystem von Babys ist noch nicht vollständig ausgereift, sodass eine Lebensmittelvergiftung sehr ernste Folgen haben kann. Außerdem vergrößert man beim Schälen, Aufschneiden und Pürieren die Oberfläche eines Lebensmittels, womit Bakterien mehr Angriffs- und Wirkungsfläche haben. Sie müssen aber nur ein paar Grundregeln berücksichtigen.

Richtlinien bei der Zubereitung und Aufbewahrung von Brei

- Gekochten, vollständig abgekühlten Brei kann man im Kühlschrank bis zu 24 Stunden aufbewahren oder aber in kleinen Portionen einfrieren. Dafür eignen sich Eiswürfelbehälter oder die von mir bevorzugten flexiblen Silikonformen für Mini-Muffins (siehe Bild gegenüber); sie haben eine ideale Portionsgröße, und der gefrorene Brei lässt sich mühelos herauslösen. Gefrorenen Brei im Kühlschrank auftauen lassen, dann sehr heiß erhitzen und auf Esstemperatur abkühlen lassen. Brei darf man nur ein einziges Mal wieder erhitzen.

- Unter den folgenden Breirezepten befinden sich nur wenige, die aus rohem Obst hergestellt werden – diese sollte man nicht einfrieren. Denn nach dem Auftauen müsste man sie sehr stark erhitzen, was den Breien nicht gerade zuträglich wäre. Rohe Obstpürees sind aber meist bei der ganzen Familie so beliebt, dass keine Reste übrig bleiben.

- Bei vielen Obst- und Gemüsebreien muss man zum Pürieren Flüssigkeit hinzufügen, um eine weiche Konsistenz zu erhalten. Dafür eignet sich Mutter- oder Fertigmilch, die den Vorteil haben, weitere Kalorien und Nährstoffe zu liefern. Wenn Sie den Brei jedoch im Kühlschrank aufbewahren bzw. einfrieren und erneut erhitzen wollen, eignet sich Milch aus lebensmittelhygienischen Gründen nicht. Verwenden Sie in diesem Fall für pikante Breie ungesalzene hausgemachte Brühe. Auch hier gilt: Die Brühe muss frisch gekocht sein und darf nicht schon einmal eingefroren gewesen sein, wenn der Brei nicht frisch gefüttert wird, sondern im Kühlschrank aufbewahrt oder eingefroren und erneut erhitzt wird! Wird Brei zur Aufbewahrung vorgekocht, verwendet man am besten Wasser – idealerweise das Kochwasser des Gemüses, denn darin befinden sich Vitamine und Mineralstoffe. Zum Einfrieren gedachte Breie sollten eher dick sein, sodass Sie nach dem Auftauen zum erneuten Erhitzen etwas Milch oder frische hausgemachte Brühe hinzufügen können.

Wenn Sie oft Brei kochen, lohnt sich die Anschaffung eines guten Standmixers. Ein Pürier- oder Mixstab eignet sich zum Pürieren von Suppen und anderen relativ flüssigen Mischungen; für dickere Breie und stückigere Konsistenzen ist er meist nicht ideal.

Der Anfang: Breie aus einer Zutat

Die folgenden einfachen hausgemachten Breie sind für Ihr Baby ein idealer Einstieg in das große Abenteuer des Essens.

Apfel oder Birne

Dieses Obst dämpfe ich. So bleiben die Nährstoffe erhalten, und Sie bekommen ein dickeres, intensiveres Püree als beim Garen der Früchte in Wasser. 2–3 Äpfel oder Birnen schälen, entkernen und in einen Dämpf- oder Siebeinsatz geben. Zugedeckt 6–8 Minuten über köchelndem Wasser weich dämpfen; dabei ein- bis zweimal umrühren. Ergibt 250–300 ml.

Aprikose

Durch das Dämpfen im Siebeinsatz erledigt sich bei Aprikosen (wie auch bei Pfirsichen) gleich auch das Problem der Schalen. 4–5 Aprikosen halbieren, entsteinen und nebeneinander in einer Lage mit der Schnittseite nach unten in einen feinen Siebeinsatz legen. Zugedeckt über köchelndem Wasser etwa 5 Minuten weich dämpfen. Den Siebeinsatz herausnehmen und das Fruchtfleisch mit einem Löffel durch das Sieb in eine Schüssel streichen; die Schalen entfernen. Ergibt etwa 100 ml.

Blumenkohl

¼ Blumenkohl (ungeputzt etwa 250 g) in kleine Röschen zerteilen und diese im Dämpfeinsatz über köchelndem Wasser zugedeckt etwa 10 Minuten weich garen. Dann mit etwas Dämpfwasser glatt pürieren. Ergibt etwa 200 ml.

Brokkoli

1 Kopf Brokkoli bzw. 1 Bund lila Sprossenbrokkoli von den faserigen Stielen befreien und in zarte Röschen teilen. Diese im Dämpfeinsatz über köchelndem Wasser zugedeckt etwa 8 Minuten weich garen. Dann mit etwas Wasser glatt pürieren. 150 g geputzter Brokkoli ergibt etwa 200 ml.

Erbsen

Wasser in einem Topf zum Kochen bringen und darin 200 g frische oder tiefge- kühlte Erbsen bei mittlerer Hitze etwa 5 Minuten garen (frische eventuell etwas länger). Abgießen, den Sud auffangen. Die Erbsen im Mixer mit etwas Sud glatt pürieren (gerade so viel Sud, dass die gewünschte Konsistenz entsteht). Für eine noch feinere Konsistenz für ein sehr kleines Baby streichen Sie den Brei zusätzlich durch ein Sieb. Ergibt etwa 300 ml (nicht durchs Sieb gestrichen).

Kartoffel

Kartoffeln werden idealerweise gestampft; beim Pürieren im Mixer oder mit dem Pürierstab bekommen sie häufig eine klebrige Konsistenz. Die Kartoffeln schälen, grob zerkleinern und 15–20 Minuten weich kochen; abgießen und gut abtropfen lassen. Oder die Kartoffeln im Ofen bei 200 Grad 1 Stunde backen und anschließend das Fruchtfleisch mit einem Löffel aus der Schale lösen. Egal welche Garmethode, das Fruchtfleisch anschließend mit einer Gabel zerdrücken (etwas Mutter- oder Fertigmilch oder für Babys über 6 Monate Kuhmilch und/oder Butter hinzufügen). Eine große Kartoffel ergibt etwa 200 ml Brei.

Kürbis

Den Kürbis halbieren oder vierteln, die Kerne entfernen. Mit der Schnittseite nach unten in eine Auflaufform legen und ½ Glas Wasser zugießen. Lose mit Alufolie bedeckt im Ofen bei 190 Grad 45–60 Minuten (je nach Sorte und Größe) schmoren, bis er vollständig weich ist. Das Kürbisfleisch mit einem Löffel aus den Schalen lösen und (falls nötig mit etwas Wasser) pürieren. ½ Butternut-Kürbis ergibt etwa 300 ml.

Pflaume

500 g Pflaumen vierteln, entsteinen und zusammen mit 1–2 EL Wasser (gerade genug, um Anbrennen zu verhindern) in einen Topf geben. Bei niedriger Hitze erwärmen, bis Saft aus den Früchten austritt. Dann behutsam zum Köcheln bringen und 15 Minuten unter Rühren garen; dabei die Früchte bereits etwas zerdrücken. Sobald sie weich sind, die Früchte pürieren, zurück in den Topf geben und unter ständigem Rühren 10 Minuten aufkochen lassen, bis das Mus um etwa ein Drittel eingekocht ist. So wird der Brei dicker und geschmacksintensiver. Für Babys über 6 Monate können Sie das Mus mit Vollmilch-Naturjoghurt mischen. Ergibt etwa 250 ml.

Rote Bete (Rande)

2 mittelgroße Rote Beten (etwa 350 g) unter fließendem kaltem Wasser sauber schrubben. Lose in Alufolie wickeln und im Ofen bei 190 Grad 1–2 Stunden sehr weich schmoren. Abkühlen lassen, dann die Schale mit einem kleinen Messer entfernen. Die Knollen grob zerkleinern und im Mixer mit ausreichend Wasser zu einem glatten Brei pürieren. Ergibt etwa 300 ml.

Süßkartoffel

2 mittelgroße Süßkartoffeln im Ofen bei 190 Grad 45–60 Minuten vollständig weich garen. Halbieren, das weiche Fleisch mit einem Löffel herauslösen und pürieren. 2 mittelgroße Süßkartoffeln ergeben etwa 200 ml.

Wurzelgemüse (Karotte, Knollensellerie, Pastinake, Steckrübe, Schwarzwurzel)

Diese Arten kann man allein oder in Kombination verarbeiten. Schälen, zerkleinern, etwa 15–20 Minuten weich dämpfen, dann im Mixer mit etwas Dämpfwasser pürieren. Bei Pastinaken darauf achten, den holzigen Kern zu entfernen. Wurzelgemüse kann man auch in Wasser garen, abgießen und mit etwas Kochsud pürieren. 350 g Wurzelgemüse ergibt etwa 250 ml Brei.

Der nächste Schritt: Gemischte Breie

Sobald Ihr Kind mit den ersten Breien gut zurechtkommt, können Sie ihm gemischte Breie wie die folgenden anbieten. Die Konsistenz passen Sie dem Geschmack des Kindes an. Mit zunehmendem Alter werden die Breie fester, und indem Sie weitere Zutaten hinzufügen, die Eiweiß, Kohlenhydrate oder Fett enthalten, entwickeln sie sich mehr und mehr zu einer nahrhaften Mahlzeit. Ab 6 Monaten oder älter können Sie die Breie recht zügig in diese Richtung anpassen. Und dann ist es letztlich nur noch ein kleiner Schritt, bis Ihr Kind an den normalen Familienmahlzeiten teilnehmen kann, zu denen Sie seine Portionen einfach zerkleinern oder zerdrücken.

Breie auf Gemüsebasis

Wenn Ihr Baby bereit scheint, bieten Sie ihm stückigere Mahlzeiten an, die Sie nur zerkleinern bzw. zerquetschen, anstelle sie zu pürieren. Außerdem sollten die Mahlzeiten allmählich substanzieller werden. So geht's:

- Für Kinder ab 6 Monate mischen Sie vor dem Servieren geriebenen Käse, etwas Rahm (Sahne), Butter oder Vollmilch-Naturjoghurt unter den Brei.

- Für Kinder ab 6 Monate heben Sie gut durchgegarte, gehackte Eier unter den Brei.

- Reichern Sie den Brei mit frisch gegartem, fein gehacktem Hühnerfleisch (siehe Seite 109 und 236), Lammfleisch (Seite 218) oder Fisch (Seite 239) an.

- Wenn Sie Gemüse in einem Topf Wasser garen, fügen Sie zu Beginn der Garzeit rote Linsen hinzu.

- Reichern Sie Gemüsebrei mit Kohlenhydraten in Form von gekochtem Reis, Nudeln oder zerbröseltem Brot an.

Pastinake und Apfel

2 mittelgroße Pastinaken schälen, putzen und vierteln; den holzigen Kern herausschneiden. 4 mittelgroße Äpfel schälen, entkernen und grob zerkleinern. Beides in einen kleinen Topf geben und zur Hälfte mit Wasser bedecken. Zum Kochen bringen und zugedeckt bei reduzierter Hitze unter gelegentlichem Rühren 6–8 Minuten weich garen. Den Inhalt des Topfes im Mixer pürieren. Einzelportionen falls nötig vor dem Servieren mit Milch oder heißer Brühe etwas verdünnen. Ergibt etwa 400 ml.

Karotte und Blumenkohl

½ Blumenkohl putzen und grob zerkleinern. 1 große Karotte schaben und grob zerkleinern. Das Gemüse im Dämpfeinsatz oder einem feinen Sieb über köchelndem Wasser zugedeckt 10–15 Minuten weich garen. Im Mixer mit etwas Kochsud pürieren. Einzelportionen falls nötig vor dem Servieren mit Milch oder heißer Brühe etwas verdünnen. Ergibt etwa 300 ml.

Brokkoli, Kartoffel und Fisch

1 mittelgroße Kartoffel im Ofen bei 200 Grad etwa 1 Stunde vollständig weich garen. Gegen Ende der Backzeit 1 kleines Fischfilet (z. B. Seelachs oder Makrele) auf einem mit Alufolie belegten Blech im Ofen 10 Minuten mitgaren, bis es durchgegart ist. Das Fleisch von der Haut lösen und sorgfältig alle Gräten entfernen. 250 g Brokkoli oder lila Sprossenbrokkoli vom Stiel schneiden und im Dämpfeinsatz oder einem feinen Sieb zugedeckt über köchelndem Wasser etwa 8 Minuten weich garen. Mit einem Löffel das gegarte Kartoffelfleisch aus der Schale lösen und zerdrücken. Fisch und Brokkoli zusammen pürieren oder sehr fein hacken. Fisch, Brokkoli und zerdrückte Kartoffel vermengen; falls nötig etwas Kochsud dazugeben. Ergibt etwa 300 ml.

Erbsen und Knoblauch

In einem Topf Wasser zum Kochen bringen. 300 g frische oder tiefgekühlte Erbsen sowie 2 geschälte Knoblauchzehen hineingeben. Bei reduzierter Hitze etwa 5 Minuten köcheln lassen (frische Erbsen eventuell etwas länger). Abgießen und den Kochsud auffangen. Erbsen und Knoblauch im Mixer mit etwa 50 ml Kochsud und (für Babys über 6 Monate) nach Belieben etwas Butter pürieren; falls nötig etwas mehr Kochsud dazugeben. Ergibt etwa 400 ml.

Spinat, Dinkel und Zwiebel

50 g Dinkelgraupen (oder Gerstengraupen) in einem kleinen Topf mit reichlich Wasser bedecken, aufkochen und bei reduzierter Hitze etwa 20 Minuten vollständig weich kochen (Gerstengraupen brauchen etwas länger). Abgießen und den Kochsud auffangen. 300 g Spinat waschen, harte Stiele entfernen (Baby-

spinat kann ganz verarbeitet werden) und den Spinat tropfnass in einem Topf
bei mittlerer Hitze 3–4 Minuten zusammenfallen lassen. In einem Sieb abtropfen
lassen, aber nicht ausdrücken! 1 kleine Zwiebel fein hacken. 1 Esslöffel Raps-
oder Olivenöl im Spinattopf bei mittlerer Temperatur erhitzen und darin die
Zwiebel 10 Minuten behutsam andünsten. Die gegarten Graupen, den Spinat und
die weich gedünstete Zwiebel im Mixer mit 1 Esslöffel Öl pürieren; dabei
etwas von dem aufbewahrten Kochsud hinzufügen. Die Graupen geben dem
Brei eine kernige Textur. Ergibt etwa 500 ml.

Hähnchen und Salat

2 Hähnchenschenkel (ohne Haut und Knochen) mit einer Geflügel- oder einer
robusten Küchenschere in gleichmäßig große Stücke schneiden. Diese in einen
kleinen Topf geben, gerade mit Wasser bedecken, aufkochen und bei reduzierter
Hitze unter gelegentlichem Rühren etwa 8 Minuten vollständig durchgaren.
In der Zwischenzeit 1 Kopf Romanasalat grob hacken und zu dem Fleisch in
den Topf geben. Weitere 3 Minuten garen; dabei ein-, zweimal umrühren,
bis der Salat zusammengefallen ist. Den Topfinhalt im Mixer pürieren. Ergibt
etwa 300 ml.

Rote Bete, Kartoffel und Käse

Den Backofen auf 190 Grad vorheizen. 300 g Rote Bete (Rande) und 2 kleine
Kartoffeln (ca. 200 g) unter fließendem kaltem Wasser sauber schrubben. Beide
Gemüse in eine Auflaufform geben und mit Alufolie bedeckt etwa 1½ Stunden
im vorgeheizten Ofen schmoren. Mit einem spitzen Messer prüfen, ob die Knollen
durchgegart sind. Etwas abkühlen lassen; dann die Kartoffeln schälen und
das Fleisch in einer Schüssel zerdrücken. Die Rote Bete mit einem spitzen Messer
von der Haut befreien, grob zerkleinern und mit etwa 50 ml Wasser im Mixer
pürieren. Das Betenpüree mit den zerdrückten Kartoffeln vermengen.
Für Kinder über 6 Monate können Sie 50 g fein geriebenen Käse unterheben.
Ergibt etwa 500 ml.

Kürbis und Linsen

250 g Speise- oder anderen Kürbis schälen, entkernen und zerkleinern. Zusammen
mit 50 g roten Linsen in einen Topf geben und mit Wasser oder hausgemachter
ungesalzener Brühe gerade eben bedecken. Ohne Deckel 20–30 Minuten
bei mittlerer Hitze köcheln lassen, bis die Zutaten weich gegart sind; dabei häufig
umrühren und den Kürbis bereits etwas zerdrücken. Falls nötig etwas Wasser
nachgießen, ohne die Mischung jedoch zu sehr zu verdünnen. Die gegarten
Zutaten mit einer Gabel zerdrücken oder pürieren. Ergibt etwa 400 ml.

Variante Süßkartoffeln und Linsen
Ersetzt man den Kürbis durch Süßkartoffeln, erhält man ebenfalls einen leckeren Brei.

Lauch und Sellerie

2 dicke Stangen Lauch waschen, putzen und in Ringe schneiden. 250 g Knollensellerie schälen und würfeln. 25 g Butter oder 2 EL Raps- oder Olivenöl bei mittlerer Temperatur in einem Topf erhitzen. Den Lauch darin andünsten; sobald er weich zu werden beginnt, die Temperatur reduzieren und den Topf zudecken. Unter gelegentlichem Rühren etwa 10 Minuten weich schmoren. Dann die Selleriewürfel dazugeben und das Gemüse mit Wasser oder hausgemachter ungesalzener Brühe fast, aber nicht ganz bedecken. Zugedeckt unter gelegentlichem Rühren 15 Minuten köcheln lassen, bis der Sellerie weich ist. Im Mixer pürieren. Einzelportionen falls nötig vor dem Servieren mit etwas Milch oder Brühe verdünnen. Ergibt etwa 400 ml.

Lauch, Kohl und Kartoffel

1 dicke Stange Lauch waschen, putzen und in Ringe schneiden, 1 große Kartoffel (ca. 300 g) schälen und würfeln. Etwa 25 g Butter oder 2 EL Raps- oder Olivenöl bei mittlerer Temperatur in einem Topf erhitzen. Den Lauch darin andünsten; sobald er weich zu werden beginnt, die Temperatur reduzieren und den Topf zudecken. Unter gelegentlichem Rühren etwa 10 Minuten weich schmoren. Dann die Kartoffelwürfel dazugeben und das Gemüse mit Wasser oder hausgemachter ungesalzener Brühe gerade eben bedecken. Zugedeckt unter gelegentlichem Rühren etwa 10 Minuten köcheln lassen, bis die Kartoffel fast durchgegart ist. In der Zwischenzeit etwa ¼ Weißkohl (oder Wirsing) hacken; dabei die harten Stiele und Mittelrippen entfernen. In den Topf geben, falls nötig noch etwas Wasser hinzufügen und gut umrühren. Weitere 5 Minuten köcheln lassen, bis der Kohl weich ist. Den Topfinhalt im Mixer pürieren; die Kohlblätter sollten fein zerkleinert sein. Ergibt etwa 300 ml.

Breie auf Obstbasis

Sobald Ihr Baby bereit dafür ist, pürieren Sie die folgenden Obstbreie stückiger oder zerdrücken die Zutaten nur noch mit der Gabel. Und so können Sie die süßen Breie nahrhafter machen:

● Für Babys ab 6 Monate rühren Sie vor dem Servieren etwas Rahm (Sahne) oder Vollmilch-Naturjoghurt in den Brei.

● Heben Sie frisch gekochten Pudding oder Rundkornreis (keine Reisreste, da diese Lebensmittelvergiftungen auslösen können) darunter.

● Kombinieren Sie Obstbrei mit gekochtem Haferbrei aus Haferflocken oder anderem Getreide (siehe Seite 117).

● Sie können auch versuchen, Ihr Kind mit neuen Würzaromen vertraut zu machen: Schmecken Sie den Obstbrei mit gemahlenem Zimt oder einigen Tropfen Vanilleextrakt ab.

Anmerkung: Zitrusfrüchte und Beeren können Allergien im Mund- und Rachenraum auslösen (siehe Seite 76). Führen Sie dieses Obst zusammen mit anderen Früchten ein, die Ihr Kind bereits kennt und verträgt, um feststellen zu können, woher eine etwaige allergische Reaktion rührt.

Apfel, Orange und Banane

2 mittelgroße Äpfel schälen, entkernen und in Scheiben schneiden. Im Dämpfeinsatz oder in einem feinen Sieb über köchelndem Wasser zugedeckt etwa 10 Minuten weich dämpfen; dabei ein-, zweimal umrühren. Abkühlen lassen, dann zusammen mit 1 Banane und ausreichend frisch gepresstem Orangensaft pürieren oder zerdrücken. Da dieser Brei aus Rohzutaten besteht, muss er sofort verzehrt werden. Ergibt etwa 150 ml.

Apfel und getrocknete Aprikosen

100 g getrocknete Aprikosen in einem kleinen Topf mit Wasser bedecken und über Nacht einweichen. 2 mittelgroße Äpfel schälen, entkernen, in Scheiben schneiden und in den Topf geben. Etwa 10 Minuten unter häufigem Rühren köcheln lassen, bis das Obst weich ist. Zusammen pürieren. Ergibt etwa 300 ml.

Birne und Papaya

Birnen, die schön weich sind, müssen Sie sie gar nicht dämpfen: Es reicht, sie zu schälen, zu entkernen und das Fruchtfleisch grob zu zerdrücken. Feste Birnen schälen, entkernen und grob zerkleinern; die Stücke in einen Dämpfeinsatz oder ein feines Sieb geben und zugedeckt etwa 10 Minuten über köchelndem Wasser weich dämpfen. Abkühlen lassen. 1 Papaya halbieren, entkernen, das Fruchtfleisch auskratzen und zusammen mit der Birne pürieren. Da dieser Brei rohe Zutaten enthält, muss er sofort verzehrt werden. Ergibt etwa 300 ml.

Rhabarber und Apfel

Den Backofen auf 170 Grad vorheizen. 250 g Rhabarber waschen und in 3–4 cm
große Stücke schneiden. Noch leicht feucht in eine Auflaufform geben. 4 mittelgroße süße Äpfel schälen, entkernen, in Scheiben schneiden und ebenfalls in
die Auflaufform geben. Mit Alufolie abgedeckt etwa 25 Minuten im vorgeheizten
Ofen garen, bis das Obst schön weich ist. Den Saft abgießen und das Obst im
Mixer pürieren. Die süßen Äpfel sollten den herben Geschmack des Rhabarbers
ausgleichen. Fa ls nicht, süßen Sie mit 1 TL gesiebtem Puderzucker. Ergibt
etwa 300–400 ml.

Mango und Reis

In einem kleinen Topf 50 g Rundkorn- oder Risottoreis mit 200 ml Wasser zum
Kochen bringen und bei reduzierter Hitze etwa 20 Minuten leise köcheln lassen,
bis der Reis vollständig weich ist und das Wasser komplett aufgesaugt hat.
Falls nötig noch etwas Wasser nachgießen. Den Reis schnell abkühlen lassen und
im Mixer zusammen mit dem grob zerkleinerten Fruchtfleisch von 1 großen
reifen Mango pürieren. Da dieser Brei rohe Zutaten und Reis enthält, muss er
sofort verzehrt werden. Für größere Kinder (und erwachsene Familienmitglieder)
können Sie den Brei mit einigen Spritzern Limettensaft und gewürfelter Nektarine
verfeinern. Ergibt etwa 300 ml.

Beeren und Banane

Pürieren Sie etwa 200 g gemischte Beeren (Erdbeeren, Blaubeeren, Himbeeren,
Brombeeren usw.) und streichen Sie das Püree falls nötig durch ein feines
Sieb. 1 Banane in Scheiben schneiden, zum Beerenpüree geben und die Mischung
pürieren. Da dieser Brei rohe Zutaten enthält, muss er sofort verzehrt werden.
Ergibt etwa 300 ml.

Apfel und Himbeeren oder Blaubeeren

2–3 mittelgroße Äpfel schälen, entkernen und in Scheiben schneiden. In einem
Dämpfeinsatz oder feinem Sieb zugedeckt 5 Minuten über köchelndem Wasser
weich dämpfen. Abkühlen lassen. In der Zwischenzeit etwa 250 g Himbeeren,
Blaubeeren oder eine Mischung von beiden pürieren und durch ein feines
Sieb streichen, um die Kerne zu entfernen. Die Äpfel unterheben und alles
pürieren. Da dieser Brei rohe Zutaten enthält, muss er sofort verzehrt werden.
Ergibt etwa 300 ml.

Breie als Familiengericht

Nicht nur Babys mögen Brei – ich bin sicher, dass auch Sie einige dieser einfachen, schnellen Rezepte lieben werden (vielleicht besonders die auf Obstbasis). Bereiten Sie sie wie beschrieben zu oder verwenden Sie sie als Grundlage für etwas »erwachsenere« Varianten:

- Gemüsebrei können Sie mit Butter und Gewürzen verfeinern und als Beilage zu Fleisch oder Fischgerichten servieren.

- Pikante Breie können Sie mit guter Hühner- oder Gemüsebrühe verdünnen und mit einem Schuss Rahm (Sahne) verfeinert als Suppe servieren.

- Probieren Sie mal Gemüsebreie auf Toast. Ich mag besonders das Erbsen-Knoblauch-Püree warm auf frisch geröstetem, mit Knoblauch eingeriebenem Sauerteigbrot – einige Tropfen Olivenöl und gehobelter Parmesan runden das Ganze ab.

- Obstbrei lässt sich wunderbar unter Vollmilch-Naturjoghurt heben – eine leckere hausgemachte Alternative zu fertig gekauften Fruchtjoghurts.

- Geben Sie anstelle von Marmelade einen Klecks Obstbrei auf Ihr Frühstücks-müsli, Porridge oder Toast.

- Servieren Sie Obstbrei zu Eiscreme oder Milchreis oder verarbeiten Sie sie weiter zu feinen Smoothies.

FRÜHLING
(März, April, Mai)

Porridge

Der klassische Porridge, also gekochter Haferbrei, ist schwer zu schlagen: Er ist sättigend, für Getreide relativ eiweißreich und außerdem ein guter Eisenlieferant. Ein warmer Frühstücksbrei lässt sich aber auch aus anderen Getreidesorten zubereiten, was besonders nützlich ist, wenn man Gluten meidet (Hafer enthält ein dem Gluten sehr ähnliches Eiweiß). Hirse ist reich an Vitamin B und ergibt einen milden, süßlichen Brei, der sich gut mit Obst kombinieren lässt. Reich an Eiweiß, Eisen und anderen Nährstoffen ist Quinoa, eine Art »Supergetreide«, das alle vom Körper benötigten Aminosäuren enthält und daher besonders wertvoll für Vegetarier ist. Quinoa- und Hirseflocken sind in Bioläden, Reformhäusern und gut sortierten Supermärkten erhältlich.

Für Babys: Aufgrund der Gefahr des Verschluckens verzichten Sie bei sehr kleinen Babys auf Rosinen.

DIE GETREIDEFLOCKEN mit der Flüssigkeit in einem kleinen Topf unter häufigem Rühren zum Kochen bringen; dabei mögliche Klumpen zerstoßen. Bei reduzierter Hitze unter Rühren etwa 3 Minuten köcheln lassen, bis der Brei eindickt und die Körner weich sind. Vorsicht: Der Porridge kann beim Eindicken blubbern und spritzen.

Den Brei vor dem Servieren etwas abkühlen lassen. Falls nötig mit einem Schuss Milch verdünnen oder etwas Fruchtpüree unterrühren.

Ob roh oder gedämpft, zu diesem Brei passen alle Obstsorten (siehe Vorschlag unten). Für Kinder über 12 Monate sind einige Tropfen Honig eine feine Ergänzung.

Variation: Apfel-Rosinen-Porridge

Dieser Porridge kann mit Hafer-, Hirse- oder Quinoaflocken zubereitet werden. Apfel und Rosinen machen ihn auch ohne Zuckerzusatz herrlich süß. Vor dem Aufkochen 1 gehäuften Esslöffel Rosinen unter die Flocken-Flüssigkeit-Mischung rühren. Ist der Porridge gar gekocht, 2–3 Esslöffel Apfelmus (siehe Seite 105) darunterziehen.

Für 2 Erwachsenenportionen

100 g Hafer-, Hirse- oder Quinoaflocken
500 ml Vollmilch, Wasser oder eine Mischung aus beidem

Mango-Smoothie

Die »Durststrecke« im Frühling, während der es nur wenig heimisches Obst gibt, lässt sich ideal mit importiertem Obst wie Mangos und Orangen überbrücken. Der Orangensaft lässt sich hier auch durch Apfelsaft ersetzen, aber die Kombination von Orange und Mango gibt dem Smoothie ein besonders köstliches, fast sorbetartiges Aroma. Im Sommer kann man diesen Frühstücks-Smoothie auch wunderbar mit reifen Pfirsichen statt Mango zubereiten. Wenn Ihre Familie kalte Smoothies mag, kühlen Sie das Obst vor der Zubereitung gut durch.

Für Babys: Diesen herrlich dicken Smoothie kann man Babys mit dem Löffel füttern oder mit einfachem Toast oder Weißbrot auftunken.

DIE MANGO schälen und das Fruchtfleisch vom Stein schneiden. (Wenn Ihnen das gelingt, ohne dass Hände und Arbeitsfläche voll vom süßen Saft und klebrig sind, verraten Sie mir den Trick.)

Das Mangofleisch zusammen mit dem Joghurt und dem Orangensaft in den Mixer geben und gründlich pürieren.

Pro Erwachsenenportion

1 reife Mango
2–3 EL Vollmilch-Naturjoghurt
Saft von 1 Orange

Blumenkohlsuppe

Heimischer Blumenkohl ist fast rund ums Jahr erhältlich – und besonders mögen
wir ihn im Frühjahr, wenn sich andere Gemüsesorten aus regionaler Produktion
noch rar machen. Blumenkohl steckt voller Antioxidantien und lässt sich zu
herrlich cremigen Suppen verarbeiten, die man mit Toppings wie knusprigen
Croûtons oder geriebenem Käse verfeinern kann. Oder Sie reichen zu der
Suppe Käsetoaststreifen zum Dippen.

GUT EINZUFRIEREN

Für Babys: Diese dicke Suppe kann auch als Brei gegessen werden.

*Für ältere Kinder und Erwachsene: Bestreuen Sie die Suppe mit zerbröseltem
Blauschimmelkäse oder knusprig gebratenen Speckwürfeln oder beträufeln
Sie sie mit pikantem Chiliöl.*

DIE BUTTER bzw. das Öl in einem großen Topf bei
mittlerer Temperatur erhitzen. Darin die Zwiebel, den
Knoblauch, den Sellerie und die Kartoffel 5–10 Minuten
sanft andünsten, bis das Gemüse weich zu werden beginnt.

Den Blumenkohl und das Lorbeerblatt dazugeben und mit
so viel Brühe aufgießen, dass sie das Gemüse knapp bedeckt.
Aufkochen und bei reduzierter Hitze zugedeckt etwa 15 Minuten
leise köcheln lassen, bis der Blumenkohl und die Kartoffeln
durchgegart und weich sind.

Das Lorbeerblatt entfernen und die Suppe glatt pürieren.
Nach Belieben würzen und servieren.

Für 6 Erwachsenenportionen

25 g Butter oder 2 EL Raps-
oder Olivenöl
1 Zwiebel, grob gehackt
1 Knoblauchzehe, grob gehackt
1 Stange Sellerie, zerkleinert
1 mittelgroße Kartoffel
(ca. 220 g), geschält, gewürfelt
1 großer Blumenkohl (ca. 1 kg),
geputzt, grob zerkleinert
ca. 750 ml Hühner- oder
Gemüsebrühe (Seite 236–238)
1 Lorbeerblatt
nach Belieben Salz, schwarzer
Pfeffer aus der Mühle

Kartoffel-Gemüse-Stampf

Kartoffelpüree lässt sich mit allen möglichen weiteren Zutaten abwandeln. Ganz besonders mag ich diese Mischung mit Zwiebeln und grünem Gemüse – so entsteht eine Art cremiger Gemüsebrei.

Für Babys: Kohl und Frühlingszwiebeln nicht nur grob, sondern sehr fein hacken – so lässt sich das Gericht einfacher essen. Noch gehaltvoller wird der Brei, wenn man ein gehacktes hartgekochtes Ei oder geriebenen Käse untermischt.

Für ältere Kinder und Erwachsene: Das Gericht schmeckt besonders gut mit einem pochierten Ei darauf.

DIE KARTOFFELN schälen, in etwa gleich große Stücke schneiden und in einem Topf, bedeckt mit kaltem Wasser, zum Kochen bringen. Dann zugedeckt bei reduzierter Hitze 15–20 Minuten weich kochen.

In der Zwischenzeit in einem weiteren Topf reichlich Wasser zum Kochen bringen und darin den zerkleinerten Kohl 3–4 Minuten weich garen. Abgießen und gut abtropfen lassen.

Die Frühlingszwiebeln mit Milch und Butter in einem kleinen Topf bei mäßiger Hitze unter ständigem Rühren einige Minuten köcheln, bis die Frühlingszwiebeln weich sind. Unter den abgetropften Kohl mischen.

Die Kartoffeln abgießen und in einem Sieb einige Minuten ausdampfen lassen. Dann zurück in den noch heißen Topf geben und zerstampfen. Anschließend die Kohl-Frühlings-zwiebel-Mischung unterheben und nach Belieben würzen.

Dazu schmecken Würstchen, Geflügel-Nuggets (siehe Seite 137) oder Fisch (Seite 239).

Für 3 Erwachsenenportionen als Beilage

750 g mehlig kochende Kartoffeln
½ Kopf Wirsing oder Weißkohl oder 1 Kopf Blatt- oder Frühkohl, harte Stiele und Mittelrippen entfernt, fein gehackt
2 Bund Frühlingszwiebeln, geputzt, fein geschnitten
75 ml Vollmilch
30 g Butter
Meersalz, schwarzer Pfeffer aus der Mühle

Pasta mit Sprossenbrokkoli

Lila Sprossenbrokkoli ist eine saisonale Delikatesse, die von März bis Anfang Mai
erhältlich ist. Blanchiert sind die zarten schlanken Stiele für sich allein eine
Köstlichkeit und ein tolles Fingerfood, sie schmecken aber auch ausgezeichnet
zu Pasta. Dieses Rezept funktioniert ebensogut mit gewöhnlichem Brokkoli.

*Für Babys: Seien Sie vorsichtig mit dem Chili oder lassen Sie ihn ganz weg.
Wie bei vielen Gerichten müssen Sie auch dieses für Babys gut zerkleinern (wählen
Sie kleine Nudelsorten und schneiden Sie den Brokkoli sehr fein) – oder lassen
Sie die Stücke so groß, dass das Baby sie als Fingerfood erforschen kann.*

N EINEM großen Topf Wasser zum Kochen bringen und
darin die Nudeln nach Packungsangabe etwa 10–12 Minuten
bissfest garen, dabei gelegentlich umrühren.

In der Zwischenzeit das Öl in einer Pfanne bei mittlerer
Temperatur erhitzen. Darin Zwiebel, Knoblauch und eventuell
Chili bei reduzierter Hitze unter häufigem Rühren etwa
10 Minuten andünsten, aber nicht anbräunen.

Den Brokkoli putzen, dabei holzige Stielenden abschneiden.
Die Köpfe in Röschen zerteilen, die zarten Teile der Stiele in
kleine Stücke schneiden, die zarten Blättchen am Stiel lassen.
Etwa 5 Minuten bevor die Nudeln gar sind, den Brokkoli mit
ins Kochwasser geben.

Sobald Nudeln und Brokkoli gar sind, abgießen und gut
abtropfen lassen. Die Zwiebel-Knoblauch-Mischung daruntermischen. Nach Belieben salzen, pfeffern und, wer mag, mit
geriebenem Käse servieren.

Für 3 Erwachsenenportionen

250 g Nudeln, Sorte
nach Belieben

3 EL Raps- oder Olivenöl

1 Zwiebel, gehackt

1 Knoblauchzehe, gehackt

½ rote Chili, entkernt,
fein gehackt, nach Belieben

250 g lila Sprossenbrokkoli

nach Belieben Meersalz,
schwarzer Pfeffer aus der Mühle

frisch geriebener Parmesan oder
anderer Hartkäse zum Servieren

Avocado-Hummus-Salat

Avocado ist ein wichtiger Bestandteil meines kinderfreundlichen Kochrepertoires. Sie ist nahrhaft, vielseitig und einfach zuzubereiten – ein schnelles Essen, auch für unterwegs, denn das cremige Fruchtfleisch lässt sich mühelos aus der Schale löffeln. Dieser nahrhafte Salat ist eines meiner liebsten Turbo-Mittagsgerichte. Manchmal gebe ich auf meine Portion noch einige gegrillte und in Öl marinierte Artischockenherzen – einfach köstlich, auch wenn sie eher teuer und für Babys zu salzig sind.

Für Babys: Bieten Sie dem Kind die Avocado in langen Spalten an, die es einfach in die Hand nehmen kann. Oder zerdrücken Sie die Avocado mit dem Hummus – so kann man sie mit dem Löffel füttern oder auf Brot streichen.

Für ältere Kinder und Erwachsene: Geröstete Walnüsse sind ein ebenso leckeres wie nahrhaftes Topping.

DIE SALATBLÄTTER in tiefen Tellern auslegen. Die Avocado halbieren, den Stein entfernen, das Fruchtfleisch mit einem Löffel aus der Schale heben und nach Belieben in mundgerechte Stücke oder längliche Spalten schneiden. Auf den Salatblättern anrichten.

Auf jeden Teller zwischen die Avocadostücke etwas Hummus geben und alles mit etwas Öl beträufeln.

Mit etwas gehobeltem Käse dekorieren und nach Belieben mit schwarzem Pfeffer aus der Mühle bestreuen. Sofort servieren (die Avocado wird schnell braun).

Für 3 Erwachsenenportionen

Einige Handvoll Blattsalat oder andere Salatblätter

1 große Avocado

fertig gekaufter oder selbstgemachter Hummus (Seite 245)

etwas Raps- oder Olivenöl

etwas Parmesan oder anderer würziger Hartkäse, gehobelt

schwarzer Pfeffer aus der Mühle

Frittata

Dieses Rezept können Sie nach Lust und Laune mit Ihren Lieblingszutaten variieren. Es funktioniert mit fast jedem gegarten Gemüse, von Brokkoli über Erbsen, Bohnen und Zucchini bis hin zu winterlichem Wurzelgemüse. Gehackte Kräuter machen die Frittata perfekt.

Für Babys: In Spalten oder Stücke geschnittene Frittata ist ein wunderbares Fingerfood.

Für ältere Kinder und Erwachsene: Ideal fürs Picknick oder die Lunchbox.

DIE KARTOFFELN, falls sie noch nicht gegart sind, sauber schrubben und in große Würfel schneiden. In einem Topf mit Wasser bedeckt zum Kochen bringen und bei reduzierter Hitze etwa 10 Minuten gar kochen. Bereits gegarte Kartoffeln würfeln.

In der Zwischenzeit die holzigen Enden des Spargels abschneiden, die Stangen waschen und in etwa 3 cm lange Stücke schneiden. In den letzten 3–4 Minuten zu den Kartoffeln geben und mitgaren. Gut abtropfen lassen.

Die Eier leicht verklopfen und nach Belieben würzen. Den Backofengrill auf mittlerer Stufe vorheizen.

Das Öl in einer beschichteten Pfanne (25–28 cm Durchmesser) bei mittlerer Temperatur erhitzen. Die Frühlingszwiebeln etwa 5 Minuten andünsten. Kartoffeln und Spargel unterheben, sodass sich alle Zutaten gut vermischen und gleichmäßig in der Pfanne verteilt sind.

Die verklopften Eier über das Gemüse verteilen. Nicht umrühren, sondern die Eimasse nur bei mittlerer Hitze stocken lassen. Nach etwa 5 Minuten ist der Boden gestockt und fest, die Oberseite aber noch teilweise flüssig.

Den Käse auf der Frittata verteilen und diese 3–5 Minuten unter dem Backofengrill goldbraun werden lassen. Herausnehmen und mindestens 10 Minuten abkühlen lassen, dann in Stücke schneiden und servieren. Warm oder kalt genießen, nicht heiß.

Für 4–6 Erwachsenenportionen

350 g neue Kartoffeln (ideal auch zur Verwertung gegarter Kartoffeln)
1 Bund grüner Spargel (ca. 15 Stangen oder 300 g)
7 mittelgroße Eier
nach Belieben Meersalz, schwarzer Pfeffer aus der Mühle
2 EL Raps- oder Olivenöl
2 Bund Frühlingszwiebeln, geputzt, in Ringe geschnitten
75 g würziger Hartkäse, gerieben

Saag Paneer

Paneer ist ein sehr milder indischer Käse, der normalerweise ohne Salz hergestellt wird. Er ist toll in Salaten, Wokgerichten, Pastasaucen und vielem mehr – aber besonders gerne mag ich ihn in dem folgenden Rezept. Wenn Sie keinen Paneer bekommen, ersetzen sie ihn durch Tofu. Statt Spinat können Sie auch zarte Mangoldblätter verwenden (die harten Mittelrippen hacken und in einem anderen Wok- oder Nudelgericht verarbeiten). Auch die ersten zarten Brennnesselblattspitzen des Frühlings eignen sich wunderbar für dieses Gericht (mehr über die Zubereitung von Brennnesselblättern finden Sie auf Seite 26).

Für Babys: Chili reduzieren oder weglassen. Ihr Baby muss schon ganz gut kauen können, um mit dem Paneer klarzukommen – andernfalls alles sehr fein hacken und mit dem Löffel füttern.

BEI GROSSEN Spinatblättern die harten Blattstiele entfernen. Den Spinat gründlich waschen, tropfnass in einen Topf geben und zugedeckt bei mittlerer Hitze zusammenfallen lassen (das ist nach wenigen Minuten der Fall). In einem Sieb gründlich abtropfen und abkühlen lassen. Sobald man den Spinat anfassen kann, möglichst viel Flüssigkeit ausdrücken und die Blätter anschließend grob hacken.

Das Öl in einer Pfanne erhitzen und darin die Zwiebel 5–10 Minuten andünsten. Knoblauch, Chili (falls verwendet), Ingwer, Garam Masala und die Frischkäsewürfel dazugeben. Einige Minuten dünsten, dann den gehackten Spinat und die Crème double hinzufügen. Kurz mitkochen, nach Belieben würzen und servieren.

Reichen Sie dazu Pittabrot (hausgemacht, siehe Seite 229–231) oder Chapatis. Es schmeckt auch köstlich als Beilage zu Lammcurry (siehe Seite 165) und Reis.

Für 3–4 Erwachsenenportionen, mit Beilagen

400 g Spinat
2 EL Raps- oder Sonnenblumenöl
1 Zwiebel, in dünne Ringe geschnitten
1 Knoblauchzehe, fein gehackt
½ rote Chili, entkernt, fein gehackt, nach Belieben
1 gehäufter TL geriebener frischer Ingwer
2 TL Garam Masala
200 g Paneer (ersatzweise Tofu), gewürfelt
4–6 EL Crème double
nach Belieben Meersalz, schwarzer Pfeffer aus der Mühle

Linsen mit Zwiebeln und Brunnenkresse

Ein sanftes kleines Linsengericht, das durch die Kresse eine pfeffrige Note und durch die geschmorten Zwiebeln Süße erhält. Dieser auch für Kleinkinder einfach zu essende Eintopf ist sehr nährstoffreich: Er steckt voller Eiweiß und Eisen, Vitamin C und Antioxidantien. Mit Reis serviert, ist er eine vollständige vegetarische Mahlzeit mit vollständigem Protein. Auch toll als Beilage zu Hühnchen, Fisch oder Currys.

GUT EINZUFRIEREN

Für Babys: Der Eintopf lässt sich pürieren. Oder das Kind dippt ihn mit Reiswaffeln oder Gemüsesticks.

DIE LINSEN und den Knoblauch mit 400 ml Wasser in einen Topf geben und zum Kochen bringen. Anschließend bei reduzierter Hitze unter häufigem Rühren 20 Minuten köcheln lassen, bis die Masse eindickt und die Linsen aufzuplatzen beginnen; falls nötig noch etwas Wasser hinzufügen.

In der Zwischenzeit in einem weiteren Topf Wasser zum Kochen bringen und die Kresse 1 Minute blanchieren, bis sie komplett zusammengefallen ist. Abgießen und in einem Sieb auskühlen lassen. Sobald man sie anfassen kann, möglichst viel Flüssigkeit ausdrücken, dann ziemlich fein hacken.

Das Öl in einer Pfanne bei mittlerer Temperatur erhitzen und darin die Zwiebel etwa 10 Minuten unter häufigem Rühren andünsten, bis sie zu karamellisieren und leicht zu bräunen beginnt.

Kresse und Zwiebel unter die Linsen heben. Nach Belieben würzen und heiß mit Reis oder Brot servieren.

Für 3–4 Erwachsenenportionen, mit Beilagen

100 g rote Linsen
1 Knoblauchzehe, fein gehackt
200–250 g Brunnenkresse, harte Stiele entfernt
2 EL Raps- oder Olivenöl
1 Zwiebel, fein gehackt
nach Belieben Meersalz, schwarzer Pfeffer aus der Mühle

Fischküchlein

Himmlisch mit feinen Erbsen. Die Cornichons geben den Fischküchlein bereits reichlich Salz, deshalb nicht zusätzlich salzen. Die Fischküchlein lassen sich ungegart wunderbar einfrieren.

GUT EINZUFRIEREN

Für Babys: Die Cornichons weglassen.

DEN BACKOFEN auf 200 Grad vorheizen. Die Kartoffeln im Ofen 1–1½ Stunden weich garen, halbieren, das Fleisch herauskratzen und in eine große Schüssel geben (nach Belieben zerbröseln oder zerdrücken). Abkühlen lassen.

Die Fischfilets mit Öl bestreichen und mit der Hautseite nach unten in eine mit Alufolie ausgelegte Auflaufform geben. 10 Minuten im Ofen durchgaren. Herausnehmen, in Stücke zerteilen, Haut und Gräten entfernen. Zu den Kartoffeln geben.

1–2 Esslöffel Öl bei mittlerer Temperatur in einer Pfanne erhitzen und darin die Zwiebel behutsam etwa 10 Minuten goldbraun dünsten. Zusammen mit den Cornichons und der Petersilie unter die Fisch-Kartoffel-Mischung heben; nach Belieben mit etwas abgeriebener Zitronenschale und schwarzem Pfeffer abschmecken.

Teelöffelgroße Teigportionen zu Kugeln formen und diese zu höchstens 2½ cm dicken Küchlein flach drücken. Die Fischküchlein zuerst im Mehl, dann im verklopften Ei und schließlich in den Semmelbröseln wenden; die Panade leicht anklopfen. (Sie können die Küchlein auch nur mit Mehl bestäubt braten.)

Öl 1 cm hoch in eine Pfanne geben, bei mittlerer Temperatur erhitzen und darin die Fischküchlein 3 Minuten ausbacken, bis sich die Unterseite goldbraun färbt und sich eine Kruste bildet. Vorsichtig wenden und weitere 3 Minuten goldbraun ausbacken. Sie müssen auch im Innern sehr heiß sein (wenn sie aus dem Kühlschrank kommen, kann das länger dauern). Nach Belieben mit Erbsen oder Gurkenstäbchen servieren.

Ergibt etwa 10 Stück

2 große Ofenkartoffeln

400 g Fischfilets (z. B. Seelachs, Rotbarsch oder Kabeljau aus nachhaltigem Fang, Knurrhahn, Lachs oder Makrele; siehe Seite 23)

Raps- oder Olivenöl zum Bestreichen und Ausbacken

1 kleine Zwiebel, fein gehackt

2–3 Cornichons oder 1 kleine Essiggurke, fein gehackt

1 EL gehackte Petersilie

etwas abgeriebene Zitronenschale und schwarzer Pfeffer aus der Mühle, nach Belieben

Zum Panieren:

2 EL Mehl

1 großes Ei, verklopft

75 g Semmelbrösel

Lachsrisotto

Risotto ist ein absolut vielseitiges Gericht, das man nach Belieben variieren und aufpeppen kann. Ersetzen Sie die Frühlingszwiebeln durch Gemüsezwiebeln oder den weißen Teil einer Lauchstange. Wenn Sie keinen lila Sprossenbrokkoli bekommen, verwenden Sie gewöhnlichen Brokkoli. Sie können auch anderen Fisch verwenden und sogar Meeresfrüchte (siehe Variationen). Hausgemachte Gemüsebrühe ist prima, ein hausgemachter Fischfond passt hier perfekt, aber mit einer leichten Hühnerbrühe funktioniert es auch.

Für Babys: Dies ist eine gute Methode, um Babys an Fisch zu gewöhnen. Den fertigen Risotto kann man nach Belieben fein hacken oder zerdrücken.

Für ältere Kinder und Erwachsene: Verfeinern Sie den Risotto mit einem Klecks Pesto oder etwas Gremolata (Knoblauch, Petersilie und Zitronenschale, alles fein gehackt). Sie können den Reis auch mit 50 ml Weißwein ablöschen, bevor Sie anschließend nach und nach die Brühe zugeben (siehe auch Seite 215).

DAS ÖL in einem ausreichend großen Topf bei mittlerer Temperatur erhitzen und darin die Frühlingszwiebeln behutsam 5 Minuten weich schmoren. In der Zwischenzeit die Brühe in einem kleinen Topf zum Köcheln bringen; dann bei reduzierter Temperatur heiß halten.

Der Reis zu den Frühlingszwiebeln geben und 1–2 Minuten unterrühren. Dann die Brühe kellenweise hinzufügen und gut unterrühren. Sobald der Reis die Flüssigkeit aufgesaugt hat, unter Rühren eine weitere Kelle Brühe hinzugeben.

Den Lachs von der Haut und etwaigen Gräten befreien und das Fleisch fein würfeln.

Nachdem das Risotto etwa 15 Minuten geköchelt hat, die Brokkolispitzen hinzugeben. Unter weiterem Köcheln und Rühren nach und nach Brühe zugeben, bis diese ganz oder fast verbraucht und der Reis nach etwa 8 weiteren Minuten weich gegart ist.

Nun die Lachswürfel vorsichtig unterheben und unter gelegentlichem Rühren 2–3 Minuten mitgaren lassen. Die Herdplatte ausschalten, die Butter in Flöckchen auf dem Risotto verteilen und zugedeckt 1–2 Minuten schmelzen lassen, dann unterheben. Mit einigen Spritzern Zitronensaft und nach Belieben Salz und Pfeffer abschmecken und sofort servieren.

Für 3 Erwachsenenportionen

2 EL Raps- oder Olivenöl
1 großes Bund Frühlingszwiebeln, in feine Ringe geschnitten
1 l Gemüsebrühe (siehe Seite 238) oder Fischfond
250 g Risottoreis
250 g Lachsfilet (siehe Seite 23)
1 Handvoll lila Sprossenbrokkolispitzen, fein gehackt
10 g Butter
einige Spritzer Zitronensaft
nach Belieben Meersalz, schwarzer Pfeffer aus der Mühle

Variationen

Um Ihr Kind auf geschickte Weise mit dem Geschmack von Meeresfrüchten bekannt zu machen, ersetzen Sie 50–100 g Lachs durch ein paar Jakobs- oder Miesmuscheln.

Risotto mit Jakobsmuscheln 6–8 Jakobsmuscheln waschen, putzen und horizontal halbieren. Einige Tropfen Öl in einer Pfanne stark erhitzen und darin die Muscheln etwa 2 Minuten braten, bis sich eine Kruste gebildet hat und sie sich leicht in der Pfanne bewegen lassen. Wenden und 1 weitere Minute braten. Ganz oder gehackt zusammen mit dem Lachs unter den Risotto heben.

Risotto mit Miesmuscheln 400–500 g Miesmuscheln unter fließendem kaltem Wasser schrubben und mit einem spitzen Messer die »Bärte« entfernen. Muscheln mit beschädigten oder zerbrochenen Schalen entsorgen, ebenso offene, die sich auch dann nicht schließen, wenn man sie kräftig gegen das Spülbecken klopft. Die Muscheln in einer Lage in einen großen Topf geben und mit einer Kelle der Brühe übergießen, die Sie auch für den Risotto verwenden. Den Topf mit einem fest schließenden Deckel abdecken und die Muscheln bei starker Hitze 3–4 Minuten kochen, bis sich alle geöffnet haben. Geschlossene Muscheln herausnehmen und wegwerfen. Das Fleisch aus den geöffneten Muscheln herauslösen und ganz oder gehackt zusammen mit dem Lachs unter den Risotto heben.

Hinweise zu Meeresfrüchten für Babys und Kleinkinder

Babys unter 6 Monate sollten weder Fisch noch Meeresfrüchte bekommen. Zum einen wegen des (wiewohl geringen) Risikos einer Lebensmittelvergiftung, die für kleine Babys sehr gefährlich sein kann, zum anderen, weil die Einführung von Fisch und Meeresfrüchten eine Allergie auslösen könnte. Bei Babys über 6 Monaten kann man sehr vorsichtig Fisch und Meeresfrüchte einführen – immer vorausgesetzt, die Produkte stammen aus einer zuverlässigen Quelle, sind sehr frisch und vollständig durchgegart. Gründliches Erhitzen zerstört in der Regel mögliche Bakterien und Viren. Bieten Sie sie in kleinen Mengen an, entweder allein oder zusammen mit bereits bekannten Lebensmitteln, die Ihr Kind verträgt, sodass man eine etwaige allergische Reaktion eindeutig zuordnen kann.

Cremige Fischsuppe

Diese sämige Suppe auf Milchbasis mit Fisch und Kartoffeln ist nahrhaft, lecker und ziemlich dick, damit kleine Esser sie gut löffeln können. Wer sie flüssiger mag, gibt mehr Milch dazu.

Für Babys: Den Räucherfisch weglassen, er ist zu salzig (Sie können Babys Portion abnehmen, bevor Sie den Räucherfisch zugeben). Die Garnelen falls nötig klein schneiden. Isst Ihr Kind zum ersten Mal Fisch und Garnelen, führen Sie beides getrennt ein, nicht zusammen – damit sich eine mögliche allergische Reaktion eindeutig zuordnen lässt.

DIE BUTTER bei mittlerer Hitze in einem Topf erhitzen und darin den Lauch behutsam 5–10 Minuten andünsten. Die Kartoffelwürfel hinzufügen, dann die Milch. Zum Köcheln bringen und zugedeckt etwa 15 Minuten unter häufigem Rühren köcheln lassen, bis die Kartoffel gar ist.

In der Zwischenzeit den rohen und den geräucherten Fisch häuten und vorsichtig mögliche Gräten entfernen. Dann den Fisch in kleine Stücke schneiden.

Wenn die Kartoffel gar ist, Fisch und Garnelen zur Suppe geben und unter häufigem behutsamem Rühren 3–4 Minuten durchgaren. Wer mag, rührt frische Kräuter ein und würzt nach Belieben. Sofort servieren.

Für 3 Erwachsenenportionen

1 großes Stück Butter

1 Stange Lauch, geputzt, längs geviertelt, fein geschnitten

1 Kartoffel (ca. 220 g), geschält, klein gewürfelt

350 ml Vollmilch

200 g weißfleischiger Fisch (z. B. Seelachs, Rotbarsch oder Kabeljau aus nachhaltigem Fang; siehe Seite 23)

75 g geräucherter Seelachs oder Rotbarsch

100 g gegarte, geschälte Kaltwasser-Garnelen

1 EL gehackte Petersilie und/oder Schnittlauch

nach Belieben Meersalz, schwarzer Pfeffer aus der Mühle

Hähnchen-Nuggets

Wählt man für diese Nuggets Hühnerfleisch, empfehle ich statt der Brust-
filetstreifen das Fleisch aus dem Schenkel – es ist aromatischer, saftiger
und preisgünstiger. Sie können aber auch anderes Geflügelfleisch probieren.
Nach diesem Rezept lassen sich übrigens auch köstliche selbstgemachte
Fischstäbchen zubereiten.

GUT EINZUFRIEREN
*Das Fleisch schnetzeln und dann einfrieren. Vor dem Braten im Kühlschrank
auftauen.*

Für Babys: Tolles Fingerfood!

*Für ältere Kinder und Erwachsene: Die Panade lässt sich durch Cayennepfeffer
oder geräuchertes Paprikapulver und schwarzen Pfeffer, unter das Mehl
gemischt, aromatischer machen.*

DAS FLEISCH bzw. den Fisch in handliche, nicht zu dicke
Stücke oder Streifen schneiden. Das Mehl auf einem
Teller verteilen, nach Belieben würzen. Die verklopften Eier
in einen tiefen Teller geben, die Semmelbrösel auf einem flachen
Teller verteilen und nach Belieben mit den gehackten Thymian-
blättern vermischen.

Die Fleisch- oder Fischstücke zuerst im Mehl, dann in dem
verklopften Ei (Überschuss abtropfen lassen) und schließlich
in den Semmelbröseln wenden; die Panade leicht andrücken.

Das Öl 1–2 mm hoch in eine beschichtete Pfanne füllen und
bei mittlerer Temperatur erhitzen. Dann die panierten Fleisch-
oder Fischstücke (in zwei bis drei Portionen) von jeder Seite
3–4 Minuten ausbacken (Fisch nur 2 Minuten pro Seite), bis die
Panade knusprig und goldbraun und das Fleisch auch in
der Mitte durchgegart und heiß ist. Auf Küchenpapier abtropfen
lassen.

Dazu etwas Frisches wie Gurke, Tomaten oder Sellerie
und einen Dip reichen: Das kann Tomatensauce, Mayonnaise,
Remoulade, Knoblauchjoghurt oder vieles andere sein.

Ergibt ca. 20 Stück

**250 g entbeintes Hühner- oder
anderes Geflügelfleisch oder
festfleischiger Fisch wie Seelachs oder Makrele, gehäutet
und entgrätet**

3 EL Mehl

2 Eier, leicht verklopft

**100 g feine Semmelbrösel
(Vollkorn oder weiße)**

**1 TL fein gehackter Thymian,
nach Belieben**

**Raps-, Oliven- oder Sonnen-
blumenöl zum Ausbacken**

**nach Belieben Meersalz,
schwarzer Pfeffer aus
der Mühle, Cayennepfeffer
oder Paprikapulver**

Brathähnchen

Brathähnchen lässt sich mit unterschiedlichsten Zutaten wie Kräutern, Zitrone, Wein und Gewürzen geschmacklich variieren, aber wenn man eine gute Fleischqualität als Ausgangsprodukt hat, braucht es gar nicht mehr viel. Mit einem Brathähnchen am Sonntag haben Sie ein schnelles Essen für zwei Erwachsene und zwei Kinder, die Reste lassen sich am nächsten Tag kalt weiterverarbeiten, und die Knochen ergeben eine köstliche würzige Brühe (siehe Seite 237). Es versteht sich von selbst, dass ich Geflügel aus Freiland- oder Biohaltung bevorzuge.

Für Babys: Bieten Sie Ihrem Kind das saftige Schenkelfleisch an. Bei der Einführung von Beikost geben Sie Ihrem Kind lange Fleischstücke in die Hand. Alternativ hacken oder pürieren Sie das Fleisch und vermengen es mit der Bratensauce oder dem Gemüse. Eines der leckersten Babyessen überhaupt ...

DAS HÄHNCHEN etwa 1 Stunde vor der Zubereitung aus dem Kühlschrank nehmen, gründlich abspülen, trocken tupfen und Raumtemperatur annehmen lassen.

Die Innereien beiseitelegen; die Hühnerleber einfrieren; wenn Sie einige davon gesammelt haben, können Sie sie zu Hühnerleberpastete verarbeiten (siehe Seite 141). Die restlichen Innereien im Kühlschrank aufbewahren und zu Brühe weiterverarbeiten.

Den Backofen auf 210 Grad vorheizen. Eine Platte vorwärmen.

Das Hähnchen in eine Auflaufform legen. Die Lorbeerblätter in die Bauchhöhle stecken. Die Beine des Hähnchens leicht vom Körper wegziehen, damit die heiße Luft gut zirkulieren kann. Die Haut rundum mit Öl oder weicher Butter bestreichen, salzen und pfeffern, so entsteht eine herrlich knusprige Haut (die allerdings für Kinder unter 12 Monaten nicht geeignet ist, da sie sie kaum kauen können).

Die gehackte Zwiebel und die Selleriestücke um das Hähnchen herum verteilen. Im heißen Ofen 20 Minuten rösten. Aus dem Ofen nehmen, ein Glas Wasser hinzugeben (nicht über den Vogel gießen!) und weitere 40 Minuten bei 180 Grad schmoren.

Den Ofen ausschalten, die Backofentür einen Spalt öffnen und das Hähnchen weitere 15 Minuten fertig garen. Zum Testen,

Für 3 Erwachsenenportionen, mit viel Resten

1 großes Hähnchen bzw. Poularde (1¾–2 kg), küchenfertig

1–2 Lorbeerblätter

2–3 EL Raps- oder Olivenöl oder weiche Butter

1 Zwiebel, grob gehackt

1 Stange Sellerie, grob gehackt

2 TL Mehl, nach Bedarf

nach Belieben Meersalz, schwarzer Pfeffer aus der Mühle

ob es gar ist, an der dicksten Stelle des Fleisches, dort, wo der Schenkel am Körper ansetzt, mit einem Spieß einstechen und mit einem Löffel auf die Einstichstelle drücken – der austretende Saft muss durchsichtig und ohne Blutspuren sein. Ist der Saft rosa, muss das Huhn bei 180 Grad weitere 10 Minuten schmoren. Dann nochmals testen.

Das Huhn hochkant aufrichten, sodass der Saft aus der Bauchhöhle in die Auflaufform läuft. Dann den Vogel auf eine vorgewärmte Platte setzen und warm halten. Den Bratenfond aus der Form durch ein feines Sieb abgießen, das Lorbeerblatt entfernen und das Gemüse beiseitestellen und warm halten.

Die Auflaufform bei mittlerer Temperatur auf dem Herd erhitzen. 2–3 TL Fett vom Bratensaft abschöpfen (den Rest wegwerfen) in die Form geben und unter Rühren das Mehl einstreuen (es dient dazu, die Sauce zu binden). Nun einen guten Schuss des beiseitegestellten Bratenfonds zur Mehlpaste geben und verrühren. Ein- bis zweimal mit dem restlichen Bratenfond wiederholen. Die Sauce unter Rühren aufkochen, bis sie dicklich eingekocht ist. Abschmecken, vom Herd nehmen und nach Belieben nachwürzen.

Das Hähnchen zerlegen, das Fleisch von den Knochen lösen und mit der heißen Sauce servieren, dazu die warm gehaltenen Zwiebel- und Selleriestücke und anderes Gemüse nach Belieben servieren. Kartoffeln – Salz- oder Bratkartoffeln oder Püree – schmecken wunderbar dazu. Auch Couscous passt toll zu Brathuhn und nimmt die köstliche Sauce gut auf.

Übriggebliebenes Fleisch abkühlen lassen und dann im Kühlschrank aufbewahren – ideal für Sandwiches, Salate oder Snacks an den folgenden Tagen. Die Knochen nicht wegwerfen – sie ergeben eine feine Brühe (siehe Seite 237).

Hühnerleberpastete

Leber ist eine ergiebige Quelle für Vitamin A – so ergiebig, dass Kinder sie nicht mehr als einmal pro Woche essen sollten. Doch ab und an ein wenig von diesem köstlichen Pâté schadet nicht, sondern liefert ganz im Gegenteil wichtiges Eiweiß und Eisen.

Für Babys: Dünn auf Brot oder Toast streichen.

DIE HÜHNERLEBERN von Fett, Häutchen und verfärbten bzw. grünlichen Teilen befreien. Die Lebern in einer kleinen Schüssel mit Milch bedecken und etwa 2 Stunden einweichen lassen, dann abgießen (so wird der mögliche bittere Beigeschmack gemildert). Die Milch wegschütten und die Lebern grob hacken.

Die Butter in einer großen Pfanne bei mittlerer Temperatur erhitzen. Darin die Zwiebel oder Schalotte, Sellerie und Knoblauch etwa 5 Minuten sanft andünsten. Leber und Thymian dazugeben und 10–15 Minuten braten, bis die Leber durchgegart und schön gebräunt ist.

Alles mit einer Gabel zerdrücken – so entsteht ein grobstückiges Pâté. Oder aber im Mixer oder Blitzhacker pürieren; das Ergebnis hat dann eine feine Konsistenz. Nach Belieben würzen und abkühlen lassen.

Das Pâté auf Toast streichen und dazu knackige Gemüsesticks, zum Beispiel von Karotte oder Sellerie, servieren. Auch Tomatenspalten passen gut dazu.

Für 3–4 Erwachsenenportionen, als Vorspeise oder leichte Mahlzeit

200 g Hühnerlebern
Milch zum Einweichen
50 g Butter
½ kleine Zwiebel oder 1 große Schalotte, fein gehackt
1 Stange Sellerie, fein gehackt
1 Knoblauchzehe, fein gehackt
1–2 TL gehackter Thymian
nach Belieben Meersalz, schwarzer Pfeffer aus der Mühle

Rhabarberauflauf mit Streusel

Für die Streusel verwende ich Haferflocken und Hafermehl – das Gericht ist
also weizenfrei. Sie können auch andere Früchte verwenden; versuchen
Sie es mit geschälten, entkernten und in Schnitze geschnittenen Äpfeln, die Sie
mit Zucker, Rosinen, Zimt oder mit Blaubeeren oder Brombeeren mischen
(siehe Seite 26), oder mit entsteinten und geviertelten Pflaumen, mit etwas
Ahornsirup beträufelt.

GUT EINZUFRIEREN
*Bereiten Sie die zwei- oder dreifache Streuselmenge zu und frieren Sie
den Rest ein.*

*Für Babys: Den Auflauf kann man herrlich zerdrücken (eventuell noch etwas
Rahm dazugeben), so können ihn kleine Babys besser vom Löffel essen.*

DEN BACKOFEN auf 180 Grad vorheizen.
Für die Streusel Hafermehl, Haferflocken und Butter in
der Küchenmaschine durch mehrmaliges kurzes Pulsen zu einem
krümeligen Teig verarbeiten – nicht übertreiben, sonst verklumpt
die Masse. Die Mischung in eine Schüssel geben und mit dem
Zucker vermengen.

Den Rhabarber waschen und in 1–2 cm lange Stücke schneiden.
In eine Auflaufform (2 Liter Inhalt) verteilen, mit dem Orangen-
oder Apfelsaft übergießen und mit dem Zucker bestreuen.
Die Zuckermenge ist für frühen, vorgetriebenen Rhabarber
berechnet (der mit den rosa leuchtenden, schlanken Stielen).
Wenn Sie später im Jahr den kräftigeren Freiland-Rhabarber
verarbeiten, brauchen Sie eventuell etwas mehr Zucker.

Den Streuselteig gleichmäßig auf dem Obst verteilen und
den Auflauf im heißen Ofen etwa 45 Minuten backen, bis sich die
Streuselschicht goldbraun färbt und das Obst darunter blubbert.
Heiß, warm oder kalt mit Schlagrahm, Joghurt oder Vanillecreme servieren.

Für 6 Erwachsenenportionen

Für die Streusel
125 g feines Hafermehl
125 g kleine Haferflocken
100 g kalte Butter, gewürfelt
65 g Demerarazucker

Für den Auflauf
750 g Rhabarber, geputzt
Saft von 1 Orange oder
etwa 75 ml Apfelsaft
50 g Zucker

Orangengelee

Eine herrlich glibberige Art, im Winter etwas Vitamin C zu bekommen. Natürlich kann man diesen Wackelpudding rund ums Jahr auf den Tisch bringen. Im Sommer lässt sich der Orangensaft wunderbar durch pürierte, durch ein Sieb gestrichene Himbeeren ersetzen.

Für Babys: Diese Köstlichkeit enthält viel Zucker, auch wenn der Großteil aus dem Fruchtsaft stammt. Deshalb würde ich das Gelee kleinen Babys nicht anbieten.

Für 4 Erwachsenenportionen

Ca. 5 große oder 8 mittelgroße Orangen
ca. 25 g Puderzucker
5–6 Blatt Gelatine
einige Tropfen Sonnenblumenöl, nach Belieben

DIE ORANGEN auspressen und den Saft durch ein feines Sieb streichen. Sie benötigen 500 ml Saft – also alle Rückstände gut ausdrücken, bis Sie diese Menge zusammenhaben. Den Saft mit Puderzucker nach Geschmack süßen – ich finde, 25 g reichen.

Die Gelatineblätter in einer Schüssel mit kaltem Wasser 10 Minuten einweichen. 100 ml des Orangensafts in einem kleinen Topf erwärmen. Die eingeweichte Gelatine ausdrücken, zu dem Saft in den Topf geben und unter Rühren in 1–2 Minuten auflösen. Nicht kochen lassen!

Die Gelatine-Saft-Mischung unter den restlichen Orangensaft rühren.

Eine große Puddingform oder mehrere kleine Formen oder Tassen mit einigen Tropfen Öl dünn einfetten, wenn Sie das Gelee stürzen wollen.

Die Orangensaftmischung in die Formen füllen und kalt stellen, bis das Gelee fest ist (etwa 3–4 Stunden).

Vor dem Stürzen eine große Schüssel mit sehr heißem Wasser füllen und die Form einige Sekunden eintauchen. Dann einen Teller umgekehrt darauf setzen und Teller und Form umdrehen – das Gelee sollte sich jetzt leicht aus der Form lösen. Falls nicht, den Vorgang wiederholen. Für sich allein oder mit frischem Obst (und wer mag mit einer Kugel Eis) servieren.

SOMMER

(Juni, Juli, August)

Blaubeer-Pfannkuchen

Diese beerengespickten Pfannkuchen sind ein toller Start in den Tag. Wenn Ihr Kind die Blaubeeren nicht in gegarter Form mag, bereiten Sie den Teig ohne sie zu und bieten ihm die Beeren roh dazu an.

Für Babys: Schneiden Sie die Pfannkuchen in Streifen, die das Kind gut greifen kann, und lassen Sie den Honig oder Sirup weg.

MEHL, Backpulver und Zucker in einer großen Schüssel sorgfältig vermischen. Die verklopften Eier mit der Milch verrühren und diese Mischung langsam unter das Mehl rühren, sodass ein weicher Teig entsteht. Dann die flüssige Butter und zuletzt die Blaubeeren unterrühren.

Etwas Öl bei mittlerer Temperatur in einer großen beschichteten Pfanne erhitzen. Kleine Teigportionen in die Pfanne geben, einige Minuten backen, bis sich an der Oberseite kleine Blasen bilden. Dann wenden und von der anderen Seite braten. Prüfen Sie, ob die ersten ein, zwei Pfannkuchen in der Mitte durchgegart sind – dann wissen Sie, dass Ihr Timing stimmt. Die fertigen Pfannkuchen auf einem vorgewärmten Teller stapeln und mit dem restlichen Teig ebenso verfahren. Falls nötig, zwischendurch immer wieder etwas Öl in die Pfanne geben.

Die Pfannkuchen warm mit etwas Butter bestrichen und mit Honig oder Ahornsirup beträufelt servieren. (Für Kinder unter 12 Monaten ohne Honig!)

Ergibt etwa 20 Stück

125 g Mehl
125 g Vollkornmehl
(oder nach Belieben insgesamt
250 g Weizenmehl)
1 TL Backpulver
25 g Zucker
2 mittelgroße Eier,
leicht verklopft
275 ml Vollmilch
50 g Butter, geschmolzen
150–200 g Blaubeeren
Sonnenblumenöl zum
Ausbacken

Zum Servieren
Butter
Honig oder Ahornsirup

Müsli mit Banane und Erdbeeren

Müsli können Sie gut in einer größeren Portion vorbereiten und in einem luftdichten Behälter aufbewahren – dann haben Sie zum Frühstück alles schnell parat. Quinoaflocken und Weizenkeime (beides im Bioladen oder Reformhaus erhältlich) sind sehr nährstoffreiche Zugaben, die Sie aber auch durch andere Körner nach Wahl ersetzen können; probieren Sie mal Hirseflocken. Und statt der Erdbeeren geht natürlich auch anderes Obst.

Für Babys: Verwenden Sie zarte Haferflocken (Kleinblatt-); für kleine Babys muss man sie falls nötig zerkleinern, wie unten beschrieben. Für etwas ältere Babys erübrigt sich das.

Für ältere Kinder und Erwachsene: Wer es kerniger mag, wählt gröbere, kernige Haferflocken (Großblatt-). Auch ganze oder gehackte Nüsse und Kerne geben Biss.

DIE HAFERFLOCKEN in der Küchenmaschine (Blitzhacker) fein zerkleinern, dann mit den Quinoaflocken und den Weizenkeimen vermischen. In einem luftdichten Behälter aufbewahren. Da die Weizenkeime einen hohen Ölgehalt haben, kann das Müsli ranzig werden; deshalb am besten im Kühlschrank lagern und innerhalb weniger Wochen verbrauchen.

Für eine kleine Portion 2 Esslöffel der Müslimischung in einer Schüssel mit etwa 3 Esslöffeln Milch (für Babys Mutter- oder Fertigmilch) verrühren und etwa 10 Minuten durchziehen lassen. In der Zwischenzeit die Erdbeeren zerkleinern (je jünger das Baby, desto feiner). Die Banane zerdrücken und mit den Erdbeeren unter das Müsli heben.

Ergibt etwa 10 kleine Portionen

100 g Haferflocken

50 g Quinoaflocken

25 g geröstete Weizenkeime

Zum Servieren
Milch

1–2 große Erdbeeren

etwas Banane (für ein Baby ein ca. 3 cm langes Stück)

Spinat-Zwiebel-Tarte

Ein kleines, feines Gericht, zu dem man nach Belieben Hülsenfrüchte wie zum Beispiel gegarte rote Linsen (siehe Seite 129) reichen kann. Die Spinat-Zwiebel-Mischung eignet sich auch für eine Frittata, Quiche oder die Eier-Gemüse-Küchlein von Seite 180.

Für Babys: Die Tarte in Stücke schneiden und als Fingerfood reichen.

Für ältere Kinder und Erwachsene: Die Spinatmischung ist ein feiner Belag für Bruschetta. Dafür Brotscheiben rösten, mit etwas Knoblauch einreiben und mit Olivenöl beträufeln. Darauf die Spinatmischung anrichten und mit zerbröseltem Ziegenkäse oder gehobeltem Parmesan garnieren.

 EN BACKOFEN auf 190 Grad vorheizen. Ein Backblech mit Backpapier belegen oder einfetten.

Bei größeren Spinatblättern die harten Stiele entfernen, dann den Spinat gründlich waschen und tropfnass in einen Topf geben. Zugedeckt bei mittlerer Hitze zusammenfallen lassen; das dauert nur wenige Minuten. Abtropfen und im Sieb auskühlen lassen. Sobald man ihn anfassen kann, möglichst viel Wasser ausdrücken, dann den Spinat grob hacken.

In der Zwischenzeit das Öl in einer Pfanne bei mittlerer Temperatur erhitzen. Darin die Zwiebel unter Rühren 10–15 Minuten goldbraun dünsten. Während der letzten Minuten den Knoblauch mitschmoren. Die Thymianblätter und den gehackten Spinat daruntermischen und nach Geschmack würzen.

Den Blätterteig, falls nicht bereits ausgerollt gekauft, auf der leicht bemehlten Arbeitsfläche etwa 5 mm dünn ausrollen und auf das vorbereitete Blech heben. Die Spinatmischung darauf verteilen; dabei rundum einen Rand frei lassen. Den Spinat mit dem geriebenen Käse bestreuen. Im vorgeheizten Ofen 15–20 Minuten backen, bis der Teig aufgegangen und ebenso wie der Käse goldbraun gefärbt ist. Warm oder kalt genießen.

Für 4 Erwachsenenportionen

350–400 g Spinat

2 EL Raps- oder Olivenöl

1 Zwiebel, fein gehackt

1 Knoblauchzehe, in feine Schnitze geschnitten

1 TL gehackte Thymianblätter

nach Belieben Meersalz, schwarzer Pfeffer aus der Mühle

375 g Butterblätterteig (am besten fertig ausgerollt)

50 g Parmesan oder anderer Hartkäse, gerieben

Drei Dipsaucen

In diese dicken, nahrhaften und würzigen Dips können Sie alles Mögliche tunken – ich verwende sie gerne, um den Kindern möglichst viel knackige Rohkost unterzujubeln. Bieten Sie die Dips mit Stängeln von Stangensellerie, Karotten, Gurken und Paprika, mit rohen Brokkoli- und Blumenkohlröschen oder knackigen Salatblättern an.

Für Babys: Kleine Babys können sich an harter Rohkost wie zum Beispiel Karotten verschlucken; bieten Sie ihnen stattdessen lieber weichere Gemüsesorten wie Gurke an. Oder probieren Sie es mit kurz gegarten, abgekühlten Karottenstängeln.

Zucchini-Käse-Dip

Dieses dicke, grün gesprenkelte Püree ist einer meiner Lieblingsdips – perfekt für einen Summer-Lunch.

Für ältere Kinder und Erwachsene: Schmeckt auch lecker auf Vollkorntoast oder Haferkeksen, mit Streifen von geräucherter Makrele oder Räucherlachs garniert.

DIE ZUCCHINI in feine Scheiben schneiden. Etwas Butter und Öl in einer Pfanne bei mittlerer Temperatur erhitzen und darin Zucchini und Knoblauch unter Rühren andünsten, bis die Zucchini sehr weich und durchscheinend sind – das kann etwa 15–20 Minuten dauern. Abkühlen lassen.

Die Zucchini zusammen mit dem Frisch- oder Ziegenkäse, einigen Spritzern Zitronensaft, etwas Pfeffer und einer Prise Salz (beachten Sie, dass der Weichkäse bereits salzig ist) zu einem dicken Brei pürieren.

Bis zum Verzehr kalt stellen, vor dem Servieren Raumtemperatur annehmen lassen.

Für 3 Erwachsenenportionen

250 g Zucchini
Butter und Raps- oder Olivenöl
1 kleine Knoblauchzehe, gehackt
50 g Frischkäse oder weicher milder Ziegenkäse
einige Spritzer Zitronensaft
nach Belieben Meersalz, schwarzer Pfeffer aus der Mühle

Würziger Tofudip

Verwenden Sie hierfür unbedingt weichen Seidentofu (erhältlich in Bioläden und gut sortierten Supermärkten). So erhalten Sie einen leicht säuerlichen, herrlich cremigen, fast mayonnaiseähnlichen Dip.

ALLE ZUTATEN im Mixer oder Blitzhacker pürieren. Den Dip wenn möglich 1–2 Stunden im Kühlschrank durchziehen lassen. 15 Minuten vor dem Servieren herausnehmen und Raumtemperatur annehmen lassen.

Für 3 Erwachsenenportionen

200 g Seidentofu

1 TL Apfelessig

etwa ¼ TL fein geriebener frischer Ingwer

einige Tropfen Sojasauce

1 EL fein gehackte Minze oder Koriander, nach Belieben

Paprika-Avocado-Dip

Ein köstlicher und sehr nahrhafter Dip, dem das Paprikapulver eine leicht rauchige Note gibt.

Für Babys: Verwenden Sie besser keine selbst gemachte Mayonnaise aus rohen Eiern, sondern eine hochwertige fertig gekaufte Mayonnaise, die aus pasteurisierten Eiern hergestellt wurde.

DEN BACKOFENGRILL auf höchste Stufe vorheizen. Die Paprika in einer mit Alufolie ausgelegten Auflaufform oder auf einem Blech unter ein- bis zweimaligem Wenden rösten, bis sich die Haut schwarz färbt und Blasen wirft. Abkühlen lassen, dann häuten und Stiel, Samen sowie die weißen Trennwände im Innern der Schote entfernen. Das Fruchtfleisch in grobe Stücke zerteilen.

Die Avocado halbieren, den Stein entfernen, das Fruchtfleisch aus der Schale heben und zusammen mit der Paprika und der Mayonnaise im Mixer oder Blitzhacker fein pürieren. Nach Geschmack mit Zitronen- oder Limettensaft, Pfeffer und einer Prise Salz abschmecken. Leicht gekühlt servieren.

Für 3 Erwachsenenportionen

1 rote Paprikaschote

1 reife Avocado

1 EL Mayonnaise

einige Spritzer Zitronen- oder Limettensaft

Meersalz, schwarzer Pfeffer aus der Mühle

Zucchiniküchlein

Diese vegetarischen Küchlein lassen sich auch aus anderen Gemüsesorten herstellen, zum Beispiel Auberginen, aber ich liebe diese herrlich frische Zucchinivariante. Sie können gleich auf Vorrat die doppelte Menge zubereiten – dann aber die Zucchini in mehreren Portionen braten.

GUT EINZUFRIEREN
Den rohen Teig einfrieren und vor dem Ausbacken auftauen lassen.

Für Babys: Ein tolles Fingerfood, mit dem Ihr Kind viele neue Aromen kennenlernt.

Für ältere Kinder und Erwachsene: Geben Sie Pinienkerne in den Teig.

EN BACKOFEN auf 200 Grad vorheizen. Ein Backblech mit einer Silikonmatte auslegen oder einfetten.

Das Öl in einer großen beschichteten Pfanne bei mittlerer Temperatur erhitzen und darin die Zucchiniwürfel etwa 10 Minuten weich und goldbraun schmoren. Vom Herd nehmen, leicht abkühlen lassen, dann mit den übrigen Zutaten zu einem dicken, klebrigen Teig verarbeiten. Nach Geschmack würzen (beachten Sie aber, dass der Käse bereits Salz enthält).

Walnussgroße Teigportionen abnehmen, zu Kugeln formen und auf das vorbereitete Backblech setzen. Im vorgeheizten Ofen 15 Minuten goldbraun backen.

Heiß, warm oder kalt servieren – entweder allein für sich oder mit Pittabrot (siehe Seite 229–231) und Tomatensalat oder Tomatensauce (Seite 162 und 212).

Ergibt etwa 12 Stück

2 EL Raps- oder Olivenöl
500 g Zucchini, klein gewürfelt
abgeriebene Schale
von ½ Zitrone
1 Ei, leicht verklopft
2 gehäufte EL geriebener
Parmesan, Pecorino oder
anderer würziger Hartkäse
½ Kugel Büffelmozzarella
(60–70 g), gewürfelt
50 g Semmelbrösel
1 EL gehackte Petersilie
1 Knoblauchzehe, fein gehackt
Meersalz, schwarzer Pfeffer
aus der Mühle

Pesto

Viele Kinder lieben hausgemachtes Pesto – zum Teil, so vermute ich, weil die fertig erhältlichen Produkte alle ziemlich salzig sind und meist auch die Konservierungsmittel den Geschmack verändern. Das folgende Rezept enthält neben dem im Käse enthaltenen kein weiteres Salz und ist deshalb weitaus weniger salzig als die meisten gekauften Varianten. Es ist herrlich aromatisch und sehr, sehr vielseitig.

Traditionell gehören in Pesto Pinienkerne, aber Sie können auch andere fein gemahlene Kerne oder Nüsse verwenden, selbst gemahlene Mandeln sind prima. Alternativ können Sie auch die Nüsse ganz weglassen und das Pesto stattdessen mit leicht gerösteten Semmelbröseln zubereiten – dann benötigen Sie allerdings etwas mehr Öl. Auch die Kräuter können Sie nach Belieben variieren – besonders fein schmeckt Petersilie. Ein Klecks Pesto verfeinert jede Pasta, aber auch Suppen, Sandwiches, Salate und Fisch.

Für Babys: Achten Sie darauf, die Nüsse und Kerne wirklich ganz fein zu mahlen – oder ersetzen Sie sie durch fein gemahlene Mandeln.

DEN BACKOFEN auf 180 Grad vorheizen. Wenn Sie ganze Nüsse oder Semmelbrösel verwenden, verteilen Sie sie auf einem kleinen Backblech und rösten Sie sie 5–10 Minuten im Ofen leicht an – gut überwachen, da sie schnell verbrennen. Abkühlen lassen.

Die gerösteten Nüsse oder Semmelbrösel bzw. die gemahlenen Mandeln zusammen mit Basilikum, Knoblauch und dem geriebenen Käse im Mixer oder Blitzhacker zu einer Paste pürieren. Achten Sie darauf, dass die Nüsse fein zerkleinert sind. Dann bei laufendem Motor langsam das Öl einlaufen lassen, bis ein dickes, sämiges Püree entstanden ist. In der Regel reichen 100 ml Öl aus, aber Sie können auch etwas mehr nehmen.

Das Pesto mit etwas Zitronensaft und schwarzem Pfeffer abschmecken. In ein Glas füllen und fest verschlossen im Kühlschrank aufbewahren; es hält sich einige Tage.

Ergibt etwa 200 ml (ausreichend für 3 Erwachsenenportionen Pasta)

50 g Pinienkerne, Mandeln, Walnüsse oder Cashewkerne – oder alternativ Semmelbrösel
1 Bund Basilikum (50 g), Blätter abgezupft
1 Knoblauchzehe, gehackt
35 g fein geriebener Parmesan oder anderer reifer Hartkäse
ca. 100 ml Olivenöl extra vergine
einige Spritzer Zitronensaft
schwarzer Pfeffer aus der Mühle

Maiskolben

Gebutterte Maiskolben von Hand zu essen ist ein herrlich unkompliziertes
Vergnügen – selbst Kinder, die sonst Mais eigentlich gar nicht mögen,
knabbern die Körner gerne von den Kolben ab. Zuckermais schmeckt umso
besser, je frischer er ist – kaufen Sie ihn daher am besten erntefrisch.

*Für Babys: Schneiden Sie den Maiskolben vor dem Garen in kleine, kindgerechte
Stücke. Für Kinder, die kleine Dinge schon gut greifen können, können Sie
die Kerne von den gekochten Kolben schneiden. Vorsicht: Kleine Babys könnten
sich an den Körnern verschlucken.*

EINEN GROSSEN Topf mit reichlich Wasser füllen und
das Wasser zum Kochen bringen. In der Zwischenzeit
die Maiskolben von den Hüllblättern und den Fäden befreien
(ein toller Job für kleine Helfer).

Die Maiskolben ganz oder in passende Stücke geschnitten
ins kochende Wasser geben. Bei reduzierter Temperatur
6–8 Minuten köcheln lassen, bis die Maiskörner weich sind
(zum Testen einige Körner ablösen). Die Kolben mit einer
Zange oder zwei Gabeln aus dem Wasser heben und in einem
Sieb abtropfen lassen.

Noch heiß mit etwas Butter bestreichen und nach Belieben
mit schwarzem Pfeffer würzen. Etwas abkühlen lassen und
servieren.

Variation: Sahnemais

Von 3 Maiskolben die Körner abschneiden. 1 Bund Frühlingszwiebeln putzen und in feine Ringe schneiden. Etwas Butter
in einem Topf bei mittlerer Temperatur erhitzen und darin
die Frühlingszwiebeln 5 Minuten andünsten. Dann die Maiskörner und 4 EL Wasser dazugeben. 5–10 Minuten unter
gelegentlichem Rühren leise köcheln lassen, bis der Mais weich
und die Flüssigkeit größtenteils verdampft ist. 3–4 EL Crème
fraîche unterrühren und einige Minuten weiterköcheln lassen,
bis die Sauce etwas eindickt. Nach Belieben mit Pfeffer und
Salz abschmecken. Warm zu gegartem Fleisch oder Fisch und
zu Pell- oder Bratkartoffeln servieren.

Pro Erwachsenenportion

1 Maiskolben
Butter
**schwarzer Pfeffer aus der
Mühle, nach Belieben**

Erbsenrisotto

Ein Gericht, das unabhängig vom Alter alle mögen und für alle leicht zu essen
ist. Im Sommer mit frischen Erbsen zubereitet schmeckt es besonders fein,
aber es lässt sich mit tiefgekühlten Erbsen gut zu jeder Jahreszeit kochen.
Sie können die Erbsen auch durch Brokkoli, Zucchini geschnittenen Lattich
oder gedünstete Kürbiswürfel ersetzen.

*Für Babys: Den fertigen Risotto mit einer Gabel zerdrücken oder fein hacken –
ganze Erbsen sind für kleine Babys nicht geeignet.*

*Für ältere Kinder und Erwachsene: Sie können den Reis mit 50 ml Wein
ablöschen, bevor Sie ihn anschließend mit der Brühe aufgießen (siehe dazu
auch Seite 215).*

DIE HÄLFTE der Butter in einem ausreichend großen Topf
bei mittlerer Temperatur erhitzen. Darin die Zwiebel
behutsam 5–10 Minuten andünsten. In der Zwischenzeit
die Brühe in einem kleinen Topf zum Köcheln bringen und bei
niedriger Hitze heiß halten.

Den Reis zu der angedünsteten Zwiebel geben und
1–2 Minuten umrühren, sodass alle Körner mit Butter überzogen
sind. Dann kellenweise die heiße Brühe dazugeben und
unter häufigem Umrühren in den Reis einziehen lassen. Sobald
der Reis die Brühe aufgenommen hat, die nächste Kelle Brühe
hinzufügen.

Nach etwa 15 Minuten (oder etwas früher, wenn Sie große
frische Erbsen verwenden) die Erbsen einrühren und mit
dem Reis mitgaren. Nach etwa 5 weiteren Minuten sollte die
Brühe größtenteils oder ganz verbraucht und der Reis gar
und weich sein. Die Konsistenz des Risottos sollte cremig-dick-
flüssig sein.

Die Herdplatte ausschalten, die restliche Butter in Flöckchen
auf dem Risotto verteilen, alles mit geriebenem Parmesan
bestreuen und 1–2 Minuten zugedeckt stehen lassen, sodass
die Butter schmilzt. Dann die Butter und den Parmesan unter
den Reis heben. Nach Belieben salzen und pfeffern und sofort
servieren. Dazu separat Parmesan reichen.

Für 3 Erwachsenenportionen

50 g Butter

1 Zwiebel, fein gehackt

1 l Hühner- oder Gemüsebrühe
(Seite 236–238)

250 g Risottoreis

650 g frische Erbsen in der
Schote, 250 g ausgelöst, oder
tiefgekühlte Erbsen, aufgetaut

frisch geriebener Parmesan
oder anderer reifer Hartkäse
nach Belieben Meersalz,
schwarzer Pfeffer aus der Mühle

Pasta mit Tomatensauce und Zucchini

Das Häuten und Entkernen der Tomaten kostet etwas Zeit – deshalb lohnt es sich, diese Sauce wie hier vorgeschlagen in größerer Menge zu kochen und den nicht benötigten Rest portionsweise einzufrieren. Verfeinern lässt sich diese Sauce mit Erbsen oder Brokkoliröschen, mit gewürfeltem kalten Brathuhn oder Kicher- erbsen aus der Dose – und natürlich mit frisch geriebenem Käse.

Für Babys: Sehr kleine Nudelsorten kann man gut mit dem Löffel füttern. Wenn Sie Ihr Kind zum Selberessen ermuntern wollen, geben Sie Nudeln, Zucchinistücke und einen Löffel Sauce separat auf seinen Teller.

DIE TOMATEN in einer großen Schüssel mit kochendem Wasser bedecken, nach 1–2 Minuten herausnehmen und die Haut abziehen. Die gehäuteten Tomaten vierteln, Kerne und saftige Trennwände herauskratzen, in ein Sieb über eine Schüssel geben und gründlich ausdrücken; den Saft auf- fangen. Das Tomatenfleisch grob zerkleinern.

Das Öl bei mittlerer Hitze in einer großen, weiten Pfanne erhitzen und darin Zwiebel und Knoblauch behutsam 10 Minuten andünsten. Dann das Tomatenfleisch und den aufgefangenen Saft dazugeben, aufkochen und bei reduzierter Hitze unter Rühren 15 Minuten zu einer dicken Sauce einköcheln lassen; dabei die Tomatenstücke immer wieder umrühren und zer- drücken. Abschmecken. 250–300 ml Sauce abnehmen, den Rest einfrieren.

In einem großen Topf Wasser zum Kochen bringen und darin die Nudeln gar kochen; abgießen.

In der Zwischenzeit in einer kleinen Pfanne das Öl erhitzen und darin die Zucchiniwürfel einige Minuten goldbraun braten. Die Tomatensauce dazugeben und erhitzen. Die abgetropften Nudeln zusammen mit dem Basilikum unter die Sauce mischen. Den Mozzarella, falls verwendet, unterheben oder die Pasta vor dem Servieren mit geriebenem Käse bestreuen.

Für 3 Erwachsenenportionen, mit großem Rest zum Einfrieren

Für die Tomatensauce
etwa 1½ kg große aromatische Tomaten
2 EL Raps- oder Olivenöl
1 große Zwiebel, gehackt
2 Knoblauchzehen, gehackt
1 TL Zucker
nach Belieben Meersalz, schwarzer Pfeffer aus der Mühle

Für die Pasta und zum Fertigstellen
250 g Nudeln (Sorte nach Belieben)
1 EL Raps- oder Olivenöl
250 g Zucchini, gewürfelt
einige Basilikumblätter, zerzupft oder gehackt
1 Kugel Büffelmozzarella (ca. 125 g), in kleine Stücke zerzupft, oder geriebener Hartkäse zum Bestreuen

Makrele mit Kartoffeln und Zwiebeln

Makrelen sind ein wunderbarer Lieferant von Omega-3-Fettsäuren. Sie haben im Sommer Saison und sind dann normalerweise recht günstig zu haben. Kaufen Sie wenn möglich Makrelen aus Leinenfang und achten Sie auf das MSC-Siegel für nachhaltige Fischerei. Bitten Sie Ihren Fischhändler, die Fische zu filettieren. Sie können dieses Gericht auch mit Sardinenfilets aus der Dose zubereiten.

Für Babys: Hacken Sie das fertige Gericht, oder bieten Sie es Ihrem Kind in so großen Stücken an, dass es diese bequem in die Hand nehmen kann.

Für 3 Erwachsenenportionen

350–400 g mittelgroße neue Kartoffeln (gegarte Kartoffeln vom Vortag sind ideal)
3 EL Raps- oder Olivenöl
1 große Zwiebel, geviertelt, fein geschnitten
2 große oder 3 kleine Makrelenfilets
nach Belieben Meersalz, schwarzer Pfeffer aus der Mühle

DEN BACKOFEN auf 190 Grad vorheizen. Wenn Sie rohe Kartoffeln verwenden, kochen Sie diese etwa 15 Minuten gar. Abgießen und in etwa ½ cm dicke Scheiben schneiden.

In der Zwischenzeit 2 Esslöffel Öl bei mittlerer Temperatur in einer Pfanne erhitzen. Darin die Zwiebel andünsten, dabei in Streifen zerteilen. Bei reduzierter Hitze unter häufigem Rühren etwa 15 Minuten sehr weich und goldbraun schmoren.

Die Fischfilets mit der Hautseite nach unten auf ein mit Alufolie belegtes Blech legen. Das Fleisch dünn mit Öl bestreichen und etwa 10 Minuten im heißen Backofen garen. Das Fischfleisch sollte dann nicht mehr durchscheinend sein und sich in Stücken mühelos von der Haut lösen lassen. Mit Messer und Gabel das Fleisch ablösen und sorgfältig auf Gräten prüfen.

Die Kartoffelscheiben zu den geschmorten Zwiebeln in die Pfanne geben und bei etwas höherer Hitze weitere 5–10 Minuten braten, bis sowohl die Zwiebeln als auch die Kartoffeln leicht zu karamellisieren beginnen. Das Fischfleisch dazugeben und mit einer Gabel gründlich unter die Kartoffeln heben; dabei alles etwas zerdrücken. Nach Geschmack salzen und pfeffern und warm oder kalt servieren. Dazu grünen Salat reichen.

Lammcurry

Mit Kreuzkümmel und einem Hauch frischer Chili abgeschmeckt, begeistert dieses Curry Groß und Klein. Wer mag, kann die Chilimenge auch erhöhen. Ich verwende gewöhnlich Lammnacken, aber Schulter geht auch. Besonders gut schmeckt das Fleisch von Weidelämmern.

GUT EINZUFRIEREN

Für Babys: Das Curry fein hacken oder pürieren. Kindern, die am Zufüttern Spaß haben, können Sie auch größere Fleischstücke in die Hand geben, damit sie diese durch Lutschen und Kauen erforschen können.

Für ältere Kinder und Erwachsene: Würzen Sie separate Portionen zusätzlich mit Cayennepfeffer.

N EINER großen Pfanne 1 Esslöffel Öl erhitzen und ein Drittel des Fleisches (oder weniger; die Pfanne darf nicht zu voll sein) bei hoher Temperatur unter Wenden scharf anbraten. In eine Schüssel geben und mit dem restlichen Fleisch ebenso verfahren; falls nötig mehr Öl verwenden.

In der Zwischenzeit in einem großen Schmortopf 1 Esslöffel Öl erhitzen. Darin die Zwiebel etwa 5 Minuten andünsten. Knoblauch und Chili dazugeben und 1–2 Minuten mitschmoren, dann Ingwer, Kreuzkümmel, Koriander und Kurkuma unterrühren.

Das Lammfleisch samt Bratensaft und anschließend Tomaten, Brühe und Lorbeerblatt dazugeben. Mit etwas schwarzem Pfeffer würzen, aufkochen und dann bei reduzierter Hitze zugedeckt (den Deckel einen Spalt geöffnet lassen) sanft 1½–2 Stunden köcheln lassen, bis das Fleisch zart und die Sauce eingekocht ist.

Am Schluss die Sauce nach Belieben noch etwas stärker einkochen lassen, indem Sie den Deckel abnehmen und die Hitze einige Minuten erhöhen. Nach Belieben mit Salz und Pfeffer abschmecken und mit Reis servieren.

Für 4 Erwachsenenportionen

3 EL Raps- oder Sonnenblumenöl
1 kg Lammfleisch (Nacken oder Schulter), in Stücke zerkleinert
1 große Zwiebel, fein gehackt
3 Knoblauchzehen, fein gehackt
1 rote Chili, entkernt, fein gewürfelt (oder Menge nach Belieben)
1 TL geriebener frischer Ingwer
1½ EL Kreuzkümmelsamen
1 TL gemahlener Koriander
1 TL gemahlenes Kurkuma
400 g gehackte Dosentomaten
500 ml Lammfond (Seite 218) oder Hühnerbrühe (Seite 236–237)
1 Lorbeerblatt
nach Belieben Meersalz, schwarzer Pfeffer aus der Mühle

Burger mit Thymian und Zwiebeln

Die pikant-würzige Fleischmasse können Sie nach Belieben zu Burgern, Hackbällchen oder Frikadellen formen. Oder Sie können einen Teil davon braten und dabei mit einer Gabel zu Krümeln zerkleinern, die Sie anschließend über Nudeln oder in eine Suppe geben. Das Hackfleisch sollte nicht allzu mager sein – ideal sind etwa 10 Prozent Fett. Burger sind bei allen sehr beliebt und schmecken immer; Sie können sie nach Belieben auch auf dem Grill braten. Dazu passt sehr gut ein bunter Sommersalat.

GUT EINZUFRIEREN
Frieren Sie die rohen Bratlinge ein. Vor dem Braten behutsam im Kühlschrank auftauen.

Für Babys: *Burger sind für kleine Babys schwer zu kauen; bieten Sie sie Ihrem Kind erst an, wenn es erste Kauerfahrungen gesammelt hat.*

IN EINER kleinen Pfanne 2 Esslöffel Öl erhitzen. Darin Zwiebel und Knoblauch 10–15 Minuten weich und goldgelb dünsten. Abkühlen lassen. Das Hackfleisch in einer Schüssel mit der Zwiebel-Knoblauch-Mischung und dem Thymian verkneten; nach Belieben zurückhaltend würzen. Idealerweise den Fleischteig 1 Stunde kalt stellen, damit sich die Aromen entfalten können.

Mit leicht angefeuchteten Händen den Fleischteig zu Kugeln formen (für Mini-Burger eigroße, für größere Burger die doppelte Menge) und etwa 2 cm dick flach drücken. Für Hackbällchen walnussgroße Teigportionen zu Kugeln rollen.

Den Boden einer großen beschichteten Pfanne dünn mit Öl bedecken und erhitzen. Darin die Burger oder Fleischbällchen unter gelegentlichem Wenden etwa 10 Minuten braten; sie sollten außen rundum gebräunt und im Kern durchgegart sein (nicht mehr rosa!). Größere Burger kann man auch grillen.

Servieren Sie die Burger in Hamburgerbrötchen mit Ketchup und Salatstreifen oder mit selbstgemachten Pommes frites und Erbsenpüree (Seite 105). Fleischbällchen können Sie in hausgemachter Tomatensauce (Seite 162 oder 212) mit Nudeln servieren.

Ergibt etwa 18 kleine Burger

Raps- oder Olivenöl zum Braten
1 Zwiebel, fein gehackt
1 Knoblauchzehe, fein gehackt
500 g Hackfleisch vom Lamm, Rind, Kalb oder Schwein
1–2 TL gehackte Thymianblätter
nach Belieben Meersalz, schwarzer Pfeffer aus der Mühle

Überbackene Pfirsiche

Perfekt reife, saftige Pfirsiche oder Nektarinen muss man nur aufschneiden – und alle stürzen sich darauf. Wenn die Früchte jedoch noch etwas hart sind, ist das Überbacken eine tolle Methode, sie weich und geschmackvoll zu machen.

EN BACKOFEN auf 180 Grad vorheizen. Eine kleine Auflaufform mit etwas Butter einfetten.

Die Pfirsich- oder Nektarinenhälften mit der Schnittseite nach oben in die Form setzen und in die Höhlung vom Stein jeweils eine Butterflocke setzen. Die Vanilleschote in kleine Stücke schneiden und auf jede Pfirsichhälfte ein Stück davon geben. Im vorgeheizten Ofen 20 Minuten backen, bis die Pfirsiche zu karamellisieren beginnen.

Die Vanillestücke entfernen (einige der aromatischen Samenkörnchen sollten zurückbleiben) und die Pfirsiche mit dem buttrigen Schmorsud beträufelt servieren. Ein Klecks Joghurt, Schlagrahm oder eine Kugel Eis sind feine Beigaben.

Für 2 Erwachsenenportionen

Butter
2 Pfirsiche oder Nektarinen, halbiert, entsteint
½ Vanilleschote, aufgeschlitzt

Pflaumenauflauf

Für diesen fruchtigen Auflauf mit seiner zarten Teighaube können Sie auch Äpfel, Beeren, Rhabarber oder eine andere Obstsorte verwenden.

Für Babys: Wenn Sie den Auflauf (vielleicht unter Beigabe von etwas Rahm) zerdrücken, kann ihn Ihr Kind leichter vom Löffel essen. Ältere Babys essen ihn auch gerne in Stücken aus der Hand.

D EN BACKOFEN auf 190 Grad vorheizen. Die Pflaumen vierteln und den Stein entfernen. Das Obst in eine Auflaufform (ca. 20 cm Kantenlänge) verteilen und mit Ahornsirup, Zucker oder Honig beträufeln (Honig nicht für Babys unter 12 Monaten). Mit dem Zimt bestäuben und alles leicht vermengen.

Für den Teig Mehl und Backpulver in eine Schüssel geben. Die Butter mit den Fingern einarbeiten, sodass ein krümeliger Teig entsteht (oder alles zusammen in der Küchenmaschine zu einem Krümelteig verarbeiten). Den Zucker einarbeiten. Das verklopfte Ei mit der Milch verrühren, zu dem Krümelteig geben und zu einem weichen Teig verarbeiten. Den Teig in kleinen Klecksen auf dem Obst verteilen; in roher Form wird der Teig das Obst nicht vollständig bedecken, aber im Ofen zerläuft er und geht auf.

Im vorgeheizten Ofen etwa 35 Minuten backen, bis der Teig schön aufgegangen und goldbraun ist; die Stäbchenprobe machen. Warm mit Schlagrahm oder Vanillecreme servieren.

Für 6 Erwachsenenportionen

1 kg Pflaumen
2 EL Ahornsirup, Zucker oder Honig
½ TL gemahlener Zimt

Für den Teig
175 g Mehl
½ TL Backpulver
75 g kalte Butter in Würfeln
60 g Zucker
1 Ei, leicht verklopft
100 ml Vollmilch

HERBST

(September, Oktober, November)

Apfelmüsli

Ein unkompliziertes, leckeres und sättigendes Frühstück. Es lässt sich in wenigen Minuten am Vorabend vorbereiten und steht dann morgens bereits fix und fertig bereit.

Für Babys: Für kleine Babys zerkleinert man die Haferflocken im Mixer ganz fein. Die Haferflocken dann mit Apfel- oder Birnenpüree (siehe Seite 105) statt mit geriebenem Apfel vermischen.

Für ältere Kinder und Erwachsene: Geben Sie Kerne und Nüsse in die Mischung. Ich hebe oft leicht zerdrückte Leinsamen unter – ein guter Lieferant von Omega-3-Fettsäuren.

DEN APFEL in eine Schüssel reiben. Sie müssen ihn nicht schälen; achten Sie nur darauf, dass keine großen Schalenstücke in der Mischung zurückbleiben. Die Haferflocken unterheben und die Mischung mit ausreichend Apfelsaft bedecken. Nochmals gut umrühren und zugedeckt über Nacht an einem kühlen Ort durchziehen lassen.

Wenn Sie das Müsli in den Kühlschrank stellen, müssen Sie es rechtzeitig herausnehmen, sodass es Raumtemperatur annehmen kann.

Das Müsli gut durchrühren und mit einem großen Klecks Joghurt und nach Belieben etwas Honig beträufelt servieren (Babys unter 12 Monaten keinen Honig geben!).

Pro Erwachsenenportion

1 mittelgroßer Apfel
75 g Haferflocken
(nicht die Großblatt-)
ca. 150 ml Apfelsaft

Zum Servieren
Vollmilch-Naturjoghurt
1 TL Honig

Überbackenes Käse-Apfel-Brot

Einfach, schnell und eine gute Art, Obst, Eiweiß und Kohlenhydrate unter einen Hut zu bringen. Sie können den Apfel auch durch fein gehackten Sellerie oder Karotten ersetzen oder damit kombinieren.

Für Babys: Für kleine Babys schälen Sie den Apfel vor dem Reiben oder verwenden stattdessen einen Klecks Apfelmus.

DEN BACKOFENGRILL auf höchster Stufe vorheizen. Das Brot leicht rösten. Herausnehmen und nach Belieben dünn mit Butter bestreichen.

Den Apfel in eine Schüssel reiben (Sie müssen ihn nicht schälen; achten Sie aber darauf, dass keine großen Schalenstücke zurückbleiben). Den Käse unterheben.

Die Apfel-Käse-Mischung auf der Brotscheibe verteilen und einige Minuten unter dem Backofengrill goldbraun überbacken. Etwas abkühlen lassen und servieren.

Pro Erwachsenenportion

1 Scheibe Brot
etwas Butter, nach Belieben
½ Apfel
30–40 g würziger Hartkäse, gerieben

Spaghettikürbis

Von außen sieht dieser Kürbis aus wie viele andere Vertreter dieser Familie,
aber nach dem Garen präsentiert sich das Fleisch im Innern in langen spaghetti-
ähnlichen Strängen. Man isst sie auch wie Spaghetti und kann sie mit jeder
beliebigen Pastasauce servieren. Aber auch nur mit etwas Öl oder Butter,
einem Hauch Pfeffer und geriebenem Käse schmeckt Spaghettikürbis köstlich!
Eine tolle Methode, um Kinder, die gerne Nudeln mögen, zum Gemüseessen
zu verführen. Ein kleiner Spaghettikürbis (ca. 750 g) reicht für zwei Erwachsene,
ein großer macht – je nach Beilage – bis zu sechs Hungrige satt.

*Für Babys: Die Spaghettistränge lassen sich mühelos zerkleinern, aber selbst
kleinere Babys haben schnell eine Methode raus, wie sie die »Nudeln«
in den Mund bekommen.*

DEN SPAGHETTIKÜRBIS kann man im Ofen oder im Topf
auf dem Herd garen. Zum Garen auf dem Herd bedecken
Sie den Kürbis in einem großen Topf mit kochendem Wasser
und lassen ihn dann 30–40 Minuten gar köcheln, bis er sich durch
und durch weich anfühlt, wenn man mit einem Messer oder
Metallspieß hineinsticht. Den Kürbis halbieren, die Kerne auskratzen und das Fleisch mit einer Gabel in Stränge zerteilen.

Oder den Backofen auf 190 Grad vorheizen. Den Kürbis
halbieren, die Kerne auskratzen und die Kürbishälften mit der
Schnittfläche nach oben auf ein gefettetes Blech setzen.
Etwa 30 Minuten im Ofen garen, bis sich das Fleisch mit einer
Gabel mühelos in Stränge zerteilen lässt.

Etwas Butter oder Öl unter die Kürbisspaghetti mischen
und geriebenen Käse darübergeben. Ich würze sie gerne mit
etwas schwarzem Pfeffer, wer mag, kann sie leicht salzen.
Als Beilage zu Fleisch oder Fisch oder wie Nudeln mit einer
leckeren Pastasauce, wie zum Beispiel Pesto (Seite 157),
Schmorgemüsesauce (Seite 177) oder Bolognese (Seite 191)
servieren.

Für 2–6 Erwachsenenportionen,
je nach Größe des Kürbis

1 Spaghettikürbis
Butter, Raps- oder Olivenöl
fein geriebener Hartkäse
nach Belieben Meersalz,
schwarzer Pfeffer aus der Mühle

Schmorgemüsesauce

Diese Sauce, die sich mit unterschiedlichstem Gemüse zubereiten lässt, ist einfach köstlich und überzeugt selbst die hartnäckigsten kleinen Gemüseverächter. Kürbis gehört aber unbedingt dazu und sollte etwa die Hälfte des Schmorgemüses ausmachen. Auch auf den Knoblauch sollten Sie nicht verzichten, er verleiht Süße. Den Fenchel können Sie durch mehr Karotten oder anderes Wurzelgemüse wie Pastinake oder Rote Bete ersetzen oder vielleicht durch einige vollreife Tomaten (vor dem Pürieren häuten!) oder Blumenkohl. Sie können am Ende auch noch einige separat geröstete und gehäutete rote Paprikaschoten beifügen.

Für Babys: Bieten Sie Ihrem Kind die Sauce mit kleinen Nudeln an, die man gut mit dem Löffel füttern kann. Für etwas größere Kinder können es auch größere Nudelsorten sein, die es in die Hand nehmen kann. Dann die Sauce vielleicht eher separat servieren als mit den Nudeln vermischt.
Für ältere Kinder und Erwachsene: Vor dem Servieren Blauschimmelkäse oder gewürfelte, knusprig gebratene Chorizo unterheben – köstlich!

DEN BACKOFEN auf 190 Grad vorheizen. Den Kürbis halbieren und die Kerne auskratzen. Den Kürbis mit der Schnittfläche nach oben auf ein großes Blech setzen. Den Fenchel putzen, den harten Strunk entfernen, die Knolle in grobe Scheiben schneiden und auf das Blech geben. Die Karotte schälen, in Scheiben schneiden und auf das Blech geben, ebenso die ungeschälten Knoblauchzehen. Alles mit etwas Olivenöl beträufeln und leicht mischen. Im vorgeheizten Ofen 45–55 Minuten rösten, bis alle Gemüse weich sind und zu karamellisieren beginnen; nach der Hälfte der Zeit wenden. Falls das Gemüse zu schnell bräunt, mit Alufolie bedecken.

Das Kürbisfleisch von der Schale kratzen und zusammen mit dem geschmorten Fenchel und der Karotte in den Mixer geben. Die Knoblauchzehen aus den Schalen drücken und ebenfalls in den Mixer geben. Etwa 150 ml heiße Brühe oder Milch hinzufügen und alles zu einem dicken Brei pürieren.

Falls nötig noch etwas Brühe oder Milch dazugeben und nach Geschmack salzen und pfeffern. Unter frisch gekochte Nudeln heben und mit reichlich geriebenem Käse bestreut servieren.

Für 3–4 Erwachsenenportionen

½ Butternut- oder anderer Kürbis (ca. 500 g)
1 Fenchelknolle
1 große Karotte
3–4 große Knoblauchzehen
2–3 EL Raps- oder Olivenöl
150–200 ml heiße Hühner- oder Gemüsebrühe (Seite 236–238) oder heiße Vollmilch
nach Belieben Meersalz, schwarzer Pfeffer aus der Mühle

Zum Servieren
frisch gekochte Nudeln
geriebener Hartkäse

Karotten-Linsen-Suppe

Eine ebenso himmlische wie einfache Gemüsesuppe, die von der natürlichen Süße der Karotten profitiert. Eine Handvoll roter Linsen macht sie schön sämig und liefert wichtiges Eiweiß. Wählen Sie ein Topping nach Geschmack: Wir mögen am liebsten Knoblauchcroûtons, geriebenen Käse und Schinkenstreifen.

GUT EINZUFRIEREN

Für Babys: Wenn Sie die Wasser- oder Brühemenge reduzieren, erhalten Sie einen Brei. Nach dem Pürieren können Sie für die restlichen Familienmitglieder nach Bedarf mehr Flüssigkeit dazugeben. Den Brei können Sie mit dem Löffel füttern oder Sie lassen ihn Ihr Baby mit einem Brotstück schaufeln.

DAS ÖL bei mittlerer Temperatur in einem großen Topf erhitzen. Zwiebel, Knoblauch, Sellerie und Karotten dazugeben, gut durchrühren und bei kleiner Hitze zugedeckt etwa 10 Minuten schmoren lassen; dabei ein- bis zweimal umrühren.

Wenn die Zwiebel weich zu werden beginnt, die Linsen und die Brühe oder das Wasser dazugeben (die Flüssigkeit sollte das Gemüse knapp bedecken; falls nötig noch etwas mehr hinzufügen). Aufkochen und anschließend bei reduzierter Hitze zugedeckt 15–20 Minuten köcheln lassen, bis alles Gemüse weich ist.

Die Suppe im Mixer oder mit dem Mixstab pürieren und nach Belieben salzen und pfeffern. Falls nötig nochmals erhitzen. Mit Croûtons und geriebenem Käse oder einem anderen Topping nach Wahl servieren.

Für 3–4 Erwachsenenportionen

2 EL Raps- oder Olivenöl
1 Zwiebel, grob gehackt
1 Knoblauchzehe, in Scheiben geschnitten
1 Stange Sellerie, grob gehackt
4 große Karotten (ca. 500 g), geschält, in grobe Scheiben geschnitten
ca. 75 g rote Linsen
500 ml frische Hühner- oder Gemüsebrühe (Seite 236–238) oder Wasser
nach Belieben Meersalz, schwarzer Pfeffer aus der Mühle

Zum Servieren
Croûtons
geriebener Hartkäse

Eier-Gemüse-Küchlein

Dieses tolle Rezept habe ich meiner Freundin Helen abgeluchst, die es für ihre Zwillingsjungs erfunden hat. Diese Miniküchlein sind schnell und einfach gemacht und unglaublich anpassungsfähig – es lässt sich darin alles Mögliche verwerten, auch Reste. Statt des Spinats nehme ich oft Erbsen, gedünstete Paprika oder Pilze oder etwas gehackten blanchierten Kohl. Was Sie brauchen, ist eine Minimuffinform, am besten aus Silikon – daran klebt garantiert nichts fest, und die kleinen Küchlein lassen sich mühelos herauslösen.

DEN BACKOFEN auf 200 Grad vorheizen. Das Öl in einer kleinen Pfanne bei mittlerer Temperatur erhitzen. Darin die Frühlingszwiebeln einige Minuten andünsten. Den Spinat dazugeben und unter Rühren zusammenfallen lassen. Abkühlen lassen, dann die Mischung grob hacken.

Die Eier in einer Schüssel leicht mit der Milch oder dem Rahm und der flüssigen Butter verrühren, nach Belieben salzen und pfeffern. Die Eiermischung in die 12 Mulden des Muffinblechs verteilen; sie sollten etwa zu zwei Dritteln gefüllt sein. In jede Mulde etwas Spinatmischung setzen und etwas Fisch, Schinken oder Speck darauf verteilen. Dann mit geriebenem Käse bestreuen. Im vorgeheizten Ofen 12–15 Minuten backen, bis die Masse leicht aufgegangen und goldbraun ist.

Die Küchlein leicht abkühlen lassen (sie fallen dabei etwas zusammen), dann aus der Form nehmen. Warm oder kalt servieren – für sich allein als Snack oder mit Kartoffeln und einem Tomaten- oder Gurkensalat als ganze Mahlzeit.

Ergibt 12 Stück

1 EL Raps- oder Olivenöl
1 Bund Frühlingszwiebeln, fein geschnitten
einige Handvoll Spinat, geputzt
4 Eier, leicht verklopft
1–2 EL Vollmilch oder Rahm
etwas Butter, geschmolzen
etwas gegarter Fisch (in Stücken) oder gehackter Kochschinken oder Frühstücksspeck
50 g geriebener Hartkäse
nach Belieben Meersalz, schwarzer Pfeffer aus der Mühle

Teigtaschen mit zweierlei Kartoffelfüllung

Süßkartoffeln sind außerordentlich nahrhaft, leicht zu verarbeiten und auch bei Kindern sehr beliebt. Für Püree eignen sie sich allerdings nur bedingt, weil sie zu feucht sind; deshalb kombiniere ich sie dafür mit gewöhnlichen Kartoffeln. Im folgenden Rezept kann man die Süßkartoffeln auch durch Kürbis ersetzen. Diese handlichen Teigtaschen sind perfekt als Lunch für unterwegs oder fürs Picknick.

GUT EINZUFRIEREN
Frieren Sie die fertig zubereiteten, aber ungebackenen Teigtaschen ein. Im Kühlschrank vollständig auftauen lassen, dann wie unten angegeben backen.

Für Babys: Ein tolles Fingerfood, aber lassen Sie den Mais weg, bis Ihr Kind ausreichend Kauerfahrungen gesammelt hat.

DEN BACKOFEN auf 190 Grad vorheizen. Kartoffel und Süßkartoffel in einer kleinen Form im Backofen etwa 1 Stunde vollständig weich garen. Etwas abkühlen lassen, dann schälen und das Fruchtfleisch beider Sorten in einer Schüssel zu Püree stampfen.

In der Zwischenzeit das Öl in einer Pfanne bei mittlerer Temperatur erhitzen. Darin Zwiebel und Knoblauch etwa 10 Minuten andünsten, zusammen mit dem Käse und dem Mais unter das Kartoffelpüree mischen.

Ein Backblech mit Backpapier belegen oder einfetten. Den Teig auf einer bemehlten Fläche dünn ausrollen und mithilfe eines Metallrings oder Untertellers 10 Kreise (ca. 12 cm Durchmesser) ausstechen. Die Teigreste zusammenkneten, erneut ausrollen und ausstechen.

Die Teigränder mit Wasser bestreichen und auf jeden Teigkreis seitlich etwas von der Kartoffelmischung setzen. Die Teigkreise zuklappen und die Ränder fest zusammendrücken. Wer mag, bestreicht die Teigtaschen vor dem Backen mit etwas Ei – dann bekommen sie eine glänzende Glasur.

Die Teigtaschen auf das vorbereitete Blech setzen und im Ofen 20–25 Minuten goldbraun backen. Auf einem Kuchengitter abkühlen lassen. Warm oder kalt mit Gemüse oder Salat servieren.

Ergibt 10 kleine Teigtaschen

1 mittelgroße Süßkartoffel (ca. 220 g)

1 mittelgroße Kartoffel (ca. 220 g)

1 EL Raps- oder Olivenöl

½ rote Zwiebel, fein gehackt

1 Knoblauchzehe, fein gehackt

50 g würziger Hartkäse, fein gerieben

2 EL frische oder tiefgekühlte Maiskörner, nach Belieben

500 g Mürbe- oder Blätterteig

verklopftes Ei zum Bestreichen, nach Belieben

Falafel

Diese kleinen aromatischen Bällchen sind ein toller Snack. Zusammen mit Hummus, Pittabrot, Tomate und Gurke ergeben sie eine vollständige Mahlzeit.
Sie können den Teig im Voraus oder bereits am Vortag zubereiten und die Falafel erst später backen oder braten.

GUT EINZUFRIEREN
Frieren Sie die ungebackenen Teigbällchen ein. So können Sie sie auch einzeln auftauen und backen oder braten.

IE GETROCKNETEN Aprikosen 15 Minuten mit kochendem Wasser bedeckt einweichen.
In der Zwischenzeit 1 Esslöffel Öl bei mittlerer Temperatur in einer kleinen Pfanne erhitzen. Darin Zwiebel und Knoblauch behutsam 10 Minuten andünsten.

Die Aprikosen abtropfen lassen und zusammen mit der Zwiebelmischung, Kichererbsen, Semmelbröseln, Kräutern, Orangensaft und Kreuzkümmel zu einer glatten Masse pürieren, die gut zusammenhält. Nach Belieben salzen und pfeffern, eventuell noch einen Schuss Orangensaft dazugeben.

Jeweils gehäufte Teelöffel des Teigs zu Bällchen rollen und diese leicht flach drücken.

Die Falafel entweder in einer Pfanne in etwas Öl von jeder Seite einige Minuten goldbraun braten oder, so wie ich es lieber tue, im Ofen backen. Dazu den Backofen auf 190 Grad vorheizen, die Falafel dünn mit Öl bestreichen und auf ein mit Backpapier belegtes Blech setzen. 20 Minuten goldbraun backen, nach der Hälfte der Zeit wenden.

Leicht abgekühlt oder kalt mit Hummus, Mayonnaise oder einem anderen Dip servieren (siehe Seite 152–153). Dazu Pittabrot und Salat reichen.

Ergibt etwa 15 Stück

5 getrocknete Aprikosen, grob gehackt
Raps- oder Olivenöl zum Braten
1 kleine Zwiebel, fein gehackt
1 Knoblauchzehe, fein gehackt
400 g Kichererbsen aus der Dose, abgespült, abgetropft
50 g frisch geriebene Semmelbrösel
1 kleines Bund Koriandergrün, gehackt
1 kleines Bund glattblättrige Petersilie, gehackt
einige Spritzer Orangensaft
1 TL gemahlener Kreuzkümmel
nach Belieben Meersalz, schwarzer Pfeffer aus der Mühle

Fischpâté

Eine einfache Methode, Fisch auf den Familien-Speisezettel zu bringen.
Ich verwende Ölsardinenfilets aus der Dose (aus nachhaltigem Fang) – sie sind
lecker und fast grätenlos. Die wenigen Gräten werden beim Konservieren
sehr weich und sind nach dem Pürieren nicht mehr zu spüren, liefern aber
dennoch wertvolles Kalzium. Falls Sie ganze Ölsardinen verwenden, entfernen
Sie Mittelgräte, Flossen und Haut bzw. Schuppen. Auch frische Makrelen
sind empfehlenswert – gebraten, in Stücke zerteilt und mit etwas Öl oder
Butter püriert.

*Für Babys: Verwenden Sie frischen Fisch, da Fisch aus der Dose oft viel Salz
enthält. Auf geröstetem Brot als Fingerfood anbieten.*

D AS ÖL gründlich vom Fisch abtropfen lassen (so reduziert
sich auch der Salzgehalt etwas). Falls vorhanden, Haut
und Schuppen vorsichtig mit einem spitzen Messer abkratzen
(es macht aber nichts, wenn etwas davon haften bleibt).

Bei Verwendung frischer Makrelen den Backofen auf
190 Grad vorheizen. Die Filets auf ein mit Alufolie belegtes
Blech legen und im Ofen 10–12 Minuten durchgaren.
Das Fischfleisch von der Haut lösen, dabei die Gräten entfernen.
Abkühlen lassen.

Den abgetropften Dosenfisch oder die gegarten Fischfilets
zusammen mit der Butter oder dem Öl zu einer dicken Paste
pürieren. Mit einigen Spritzern Zitronen- oder Orangensaft
und nach Belieben etwas schwarzem Pfeffer abschmecken.
Bei Verwendung von frischem Fisch muss eventuell etwas mehr
Butter oder Öl hinzugefügt werden.

Auf Toast, Röstbrot, Haferkeksen mit rohem Gemüse wie
Kirschtomaten, Fenchelspalten oder Selleriestängeln servieren.

Für 3 Erwachsenenportionen als
Vorspeise oder leichte Mahlzeit

**200 g Sardinenfilets in Öl oder
andere ölhaltige Fischfilets aus
der Dose oder 2 große frische
Makrelenfilets**

**25 g weiche Butter oder
2 EL Sonnenblumen- oder
Rapsöl**

**etwas Zitronen- oder Orangen-
saft**

**schwarzer Pfeffer aus der
Mühle, nach Belieben**

Tofusalat

Tofu ist für Vegetarier eine exzellente Eiweiß- und Kalziumquelle, und in diesem erfrischend säuerlichen Salat hat er einen besonders gelungenen Auftritt. Sie können den Tofu auch problemlos durch klein gewürfelten indischen Paneer-Käse (Seite 126) ersetzen.

Für Babys: Für kleine Babys ist dieser Salat eher ungeeignet, da das rohe Gemüse und der gewürfelte Käse eine gewisse Verschluckungsgefahr bergen. Ihr Baby sollte dafür schon ausreichend Kauerfahrung gesammelt haben. Lassen Sie die Zutaten in relativ großen Stücken, sodass das Kind sie mit den Händen greifen kann.

EN TOFU mit Küchenpapier trocken tupfen, dann würfeln und mit dem gewürfelten Gemüse vermengen.

Für das Dressing alle Zutaten verrühren und nach Belieben mit Salz und Pfeffer würzen (bedenken Sie dabei, dass die Sojasauce schon salzig ist).

Das Dressing über den Salat geben und mischen. Wer mag, bestreut den Salat mit gehacktem Koriandergrün (das ist allerdings ein Geschmack, den nicht alle auf Anhieb mögen; daher zunächst sparsam dosieren). Sofort servieren – entweder allein für sich als leichte Mahlzeit, mit Brot oder als Beilage zu einem Wokgericht.

Für 3 Erwachsenenportionen als Beilage

125 g Tofu
½ Gurke, gewürfelt
1 rote Paprikaschote, gewürfelt
1 kleine Fenchelknolle, geputzt, gewürfelt
1 EL grob gehacktes Koriandergrün, nach Belieben

Für das Dressing
½ Knoblauchzehe, gepresst oder fein gerieben
2 EL Reisessig
1 TL Sojasauce
2 TL geröstetes Sesamöl
4 TL Sonnenblumenöl
1 Prise Zucker
nach Belieben Meersalz, schwarzer Pfeffer aus der Mühle

Pizza mit Fisch und Fenchel

Eine knusprige Pizza mit einem leckeren Belag aus dem eigenen Ofen ist ein beliebtes Familienessen. Eine Pizza kann man mit fast allem belegen – auch mit Gemüse und Fisch, die sonst von manch einem der kleinen Esser oft abgelehnt werden.

Ich habe immer eine Portion Teig im Tiefkühler. Schnell aufgetaut, lässt sich damit im Handumdrehen eine Pizza zubereiten. Die erste Lage bildet bei mir meist ein Bett aus geschmorten Zwiebeln – dann folgt ein Belag, den ich immer wieder neu abwandle. Der folgende Vorschlag schmeckt lecker und überzeugt vielleicht auch Kinder, die sonst keinen Fisch mögen.

Für Babys: In rechteckige Stücke geschnitten ein tolles Fingerfood.

EN TEIG Raumtemperatur annehmen lassen. Den Backofen auf 190 Grad vorheizen.

In der Zwischenzeit das Öl in einer Pfanne bei mittlerer Temperatur erhitzen. Zwiebel und Fenchel darin anbraten, dann bei reduzierter Temperatur unter gelegentlichem Rühren etwa 15 Minuten schmoren, bis es zu karamellisieren beginnt. Die Mischung nach Belieben fein hacken.

Den Fisch mit der Hautseite nach unten auf ein mit Alufolie belegtes Blech geben und im vorgeheizten Ofen 10–12 Minuten durchgaren. Das Fischfleisch in Stücken von der Haut lösen; dabei sämtliche Gräten entfernen.

Nun den Backofen auf die höchstmögliche Temperatur einstellen. Ein Blech mit Backpapier oder einer Silikonmatte auslegen oder dünn mit Öl einfetten. Den Teig auf der bemehlten Arbeitsfläche zu einem Kreis von maximal ½ cm Dicke ausrollen. Auf das Blech geben, nochmals ausrollen und in Form ziehen. Die Zwiebel-Fenchel-Mischung gleichmäßig darauf verteilen. Den Fisch in kleine Stücke zerzupfen und auf dem Gemüsebelag verteilen. Nach Belieben darauf die Tomatenscheiben verteilen und alles mit geriebenem Käse bestreuen.

Im heißen Ofen etwa 10 Minuten backen, bis der Teigboden knusprig ist und der Rand sich rundum goldbraun färbt. Der Belag soll so heiß sein, dass er Blasen wirft und sich ebenfalls goldbraun färbt. Etwas abkühlen lassen und in Stücke oder Streifen geschnitten servieren.

Für 3 Erwachsenenportionen

1 Portion Brotteig, hergestellt aus 250 g Mehl (ca. ¼ der Rezeptmenge auf Seite 230)
2 EL Raps- oder Olivenöl
1 große Zwiebel, gehackt
1 große Fenchelknolle, gehackt
250 g Fischfilet (z. B. von 1 großen Makrele oder 1 großes Stück von ölhaltigem weißem Fisch)
einige Kirschtomaten, in Scheiben geschnitten, nach Belieben
30–40 g würziger Hartkäse (z. B. Parmesan), fein gerieben

Bolognesesauce

Dieses Rezept ist vielleicht nicht ganz authentisch, steht aber am Familientisch hoch im Kurs. Ich habe immer einige Portionen dieser Sauce im Tiefkühler. Daraus lässt sich im Handumdrehen auch ein saftiger Hackfleisch-Kartoffel-Auflauf zaubern: Die Sauce in eine Auflaufform geben, darauf Kartoffelpüree (Seite 106) verteilen, mit Butterflöckchen belegen und bei 190 Grad im Ofen etwa 30 Minuten goldbraun backen.

GUT EINZUFRIEREN

Für Babys: Püriert oder sehr fein zerkleinert, kann man diese Sauce auch kleinen Babys mit dem Löffel anbieten.

Für ältere Kinder und Erwachsene: Sie können Gemüse und Hackfleisch mit einem Glas Rotwein aufgießen und diesen auf die Hälfte einkochen lassen, bevor Sie die Tomaten dazugeben. Nach Belieben ganz zu Beginn, noch vor dem Gemüse, etwas gehackten Speck anbraten – so bekommt die Sauce ein deftigeres Aroma.

DAS ÖL in einem großen Topf bei mittlerer Temperatur erhitzen. Zwiebel, Sellerie, Karotte und Knoblauch darin anbraten, die Temperatur reduzieren und alles zugedeckt 10–15 Minuten unter gelegentlichem Rühren weich dünsten.

Das Hackfleisch hinzufügen und bei erhöhter Temperatur unter Rühren anbräunen; dabei größere Fleischklumpen zerteilen. (Sie können das Fleisch auch separat in einem zweiten Topf oder einer Pfanne anbraten und dann zum Gemüse geben.)

Anschließend die Tomaten und das Lorbeerblatt hinzugeben und die Sauce halb zugedeckt unter gelegentlichem Rühren mindestens 30 Minuten einköcheln lassen. Bei einer Kochzeit von 1 oder 1½ Stunden wird das Aroma intensiver (dabei allerdings immer wieder kontrollieren, dass noch genügend Flüssigkeit vorhanden ist).

Heiß mit Nudeln und geriebenem Käse servieren oder zu einem Hackfleisch-Kartoffel-Auflauf verarbeiten (siehe oben).

Für 4–6 Erwachsenenportionen, serviert mit Pasta oder Kartoffelpüree

2 EL Raps- oder Olivenöl
1 große Zwiebel, fein gehackt
1 Stange Sellerie, fein gehackt
1 große Karotte, geschält, fein gehackt
2 Knoblauchzehen, fein gehackt
500 g Hackfleisch vom Rind (oder nach Belieben vom Lamm oder Schwein)
800 g gehackte Tomaten aus der Dose
1 Lorbeerblatt
nach Belieben Meersalz, schwarzer Pfeffer aus der Mühle

Brombeermuffins

In diesem schnellen, einfachen Muffinrezept können Sie auch kleine Mengen
Früchte sinnvoll verarbeiten. Die Brombeeren lassen sich auch durch
andere Beeren (Himbeeren, Blaubeeren, zerkleinerte Erdbeeren oder Kirschen)
ersetzen. Auch Trockenobst wie Rosinen oder gehackte getrocknete
Aprikosen sind möglich. Für Pflaumenmuffins verteilen Sie klein geschnittene
frische Pflaumen und etwas Demerarazucker auf den Muffins, bevor Sie
sie in den Ofen schieben.

GUT EINZUFRIEREN

Für Babys: In Stücke zerzupft ein feines Fingerfood.

EN BACKOFEN auf 190 Grad vorheizen. 12 Papierbackförmchen in die Mulden eines Muffinblechs setzen.
In einer Schüssel die beiden Mehlsorten, Backpulver, Zucker
und Zimt gründlich vermischen.
In einer zweiten Schüssel Ei, Joghurt, Milch und die flüssige
Butter verrühren. Die Mischung zu den trockenen Zutaten
gießen und behutsam unterheben, sodass ein homogener Teig
entsteht. Dann die Brombeeren vorsichtig darunterziehen.
Den Teig in die Papierbackförmchen verteilen und im vorgeheizten Ofen 25–30 Minuten backen; die Muffins sollen schön
aufgehen und sich goldbraun färben.
Die Muffins auf ein Kuchengitter heben und abkühlen lassen.
Noch am selben Tag verzehren oder einfrieren.

Ergibt 12 Stück

125 g Vollkorn- oder unraffiniertes Dinkelmehl
125 g Weizenmehl
(oder nach Belieben insgesamt
250 g Weizenmehl)
3 gestrichene TL Backpulver
75 g Zucker
1 TL gemahlener Zimt
1 Ei
125 ml weißer Vollmilch-
Naturjoghurt
125 ml Vollmilch
75 g Butter, geschmolzen
und leicht abgekühlt
100–200 g Brombeeren

Bananen-Sultaninen-Kuchen

Dank der natürlichen Süße der Bananen und Sultaninen enthält dieser Kuchen viel weniger Zucker als die meisten anderen. Sie können Weizen- oder Vollkornmehl verwenden; ich finde, dass die Vollkornversion etwas weniger süß ist. Die Glasur ergibt ein köstliches Finish, das man aber auch gut weglassen kann.

Für Babys: Wegen der Sultaninen eignet sich dieser Kuchen eher für größere Babys – dann die Glasur weglassen.

E INE SPRINGFORM (20 cm Durchmesser) oder eine Kastenform (1 l Inhalt) fetten und den Boden mit Backpapier belegen. Den Backofen auf 180 Grad vorheizen.

Zucker, Eier und Vanilleextrakt in einer großen Schüssel mit dem Handmixer etwa 5 Minuten zu einer cremigen Masse von doppeltem Volumen aufschlagen. Dann das Öl und anschließend die zerdrückten Bananen einrühren.

Das Mehl mit Backpulver und Zimt vermischen, zur Eiermasse sieben (falls Sie Vollkornmehl verwenden, auch die im Sieb verbliebenen Spelzen in den Teig geben) und leicht darunterziehen. Zum Schluss die Zitrusschale und die Sultaninen unterheben.

Den Teig in die vorbereitete Form füllen und im vorgeheizten Ofen etwa 45 Minuten (Springform) bis 50 Minuten (Kastenform) backen; die Stäbchenprobe machen. 5–10 Minuten in der Form abkühlen lassen, dann aus der Form nehmen und auf einem Kuchengitter vollständig abkühlen lassen.

Für die Glasur Puderzucker und Orangensaft glatt verrühren und den Kuchen damit begießen. Luftdicht verschlossen an einem kühlen Ort aufbewahrt, hält sich der Kuchen 2–3 Tage frisch.

Für eine runde Springform (20 cm Durchmesser) oder 1 Kastenform

85 g feiner Back- oder heller Muscovadozucker

2 Eier

1 TL Vanilleextrakt

150 ml Sonnenblumenöl

3 mittelgroße Bananen (ca. 400 g), je reifer, desto besser, fein zerdrückt

250 g Mehl

2 TL Backpulver

1 TL gemahlener Zimt

fein abgeriebene Schale von 1 Orange oder Zitrone

100 g Sultaninen

Für die Glasur, nach Belieben

75 g Puderzucker, gesiebt

Saft von ½ Orange

Gedämpfter Kürbispudding

**Dieser Pudding erhält durch das Dämpfen eine wunderbar weiche Krume.
Das Kürbis-Apfel-Mus gibt Süße, sodass fast kein Zucker benötigt wird.
Das Rezept ergibt mehr Mus, als für den Pudding benötigt wird – frieren Sie den
Rest ein (für den nächsten Pudding), verwenden Sie ihn als Grundlage für
eine Suppe (nur etwas Brühe hinzufügen) oder bieten Sie es Ihrem Kind einfach
so an. Im Kühlschrank hält es sich 2 Tage.**

Für Babys: In Streifen geschnitten als Fingerfood reichen.

FÜR DAS Mus den Backofen auf 190 Grad vorheizen. Den Kürbis in Spalten schneiden, die Kerne auskratzen und den Kürbis mit der Schale nach unten auf ein Backblech setzen. Mit Alufolie bedeckt im vorgeheizten Ofen 30 Minuten garen. In der Zwischenzeit die Äpfel schälen, entkernen und grob zerkleinern. Die Apfelstücke zum Kürbis auf das Blech legen und abgedeckt weitere 30 Minuten weich schmoren. Das Fruchtfleisch aus den Kürbisschalen kratzen und zusammen mit den Äpfeln im Mixer pürieren. Abkühlen lassen. Dies sollte etwa 500 g Püree ergeben; davon 200 g für den Pudding abwiegen.

Eine Puddingform (1 l Inhalt) mit Butter einfetten.

Mehl, Backpulver, Zimt und Muskatnuss mischen. Butter und Zucker in einer Schüssel schaumig schlagen. Das Ei, den Vanilleextrakt und 1 Esslöffel der Mehlmischung hinzufügen und alles gut verrühren. Behutsam 200 g Kürbis-Apfel-Mus unterheben. Das restliche Mehl hineinsieben und gleichmäßig unterheben.

Den Teig in die Form füllen, die Oberfläche glatt streichen. Die Form mit Alufolie bedecken und diese mit einer Schnur fixieren. Die Puddingform in einen großen Topf stellen. Diesen bis zur halben Höhe der Form mit kochendem Wasser füllen, sodass die Form im Wasserbad steht. Das Wasser zugedeckt bei mittlerer Hitze zum Kochen bringen, dann bei reduzierter Temperatur leise köcheln lassen und den Pudding etwa 1½ Stunden dämpfen. Falls nötig Wasser nachfüllen.

Die Form aus dem Wasser heben und den heißen Pudding auf einen Teller stürzen. Sofort servieren; dazu Rahm oder Vanillecreme reichen.

Für 6–8 Erwachsenenportionen

Für das Kürbis-Apfel-Mus
**500 g Kürbis (oder etwa
½ Butternutkürbis)**
4 Äpfel

Für den Pudding
Butter für die Form
100 g Weizenmehl
**100 g Vollkornmehl
(oder nach Belieben insgesamt
200 g Weizen- oder Vollkornmehl)**
1 TL Backpulver
1 TL gemahlener Zimt
**1–2 Prisen gemahlene
Muskatnuss**
100 g weiche Butter
75 g Zucker
1 Ei
1 TL Vanilleextrakt

Birnen-Nuss-Smoothie

Sämig und überraschend süß, voller Eiweiß, Vitamine und Kalzium – diesen Smoothie genießt man zu allen Tageszeiten. Er ist ein tolles Frühstück, aber auch ein feines Dessert.

Jedes glatte Nussmus ist geeignet; ich mag besonders gern ein bestimmtes Cashewnussmus in Bioqualität – eine wahre Wunderzutat, weil sie weder Salz noch Zucker enthält und unwiderstehlich gut schmeckt.

Für Babys: Mit dem Löffel füttern oder das Kind mit einem Stück Toast dippen lassen.

DIE BIRNE schälen, vierteln und entkernen (die Birne muss schön reif sein, sonst lässt sie sich nicht pürieren). Mit dem Joghurt und dem Nussmus im Mixer glatt pürieren und sofort servieren.

Pro Erwachsenenportion

1 reife Birne
2–3 EL weißer Vollmilch-Naturjoghurt
1 EL glattes salz- und zucker-freies Nussmus

WINTER

(Dezember, Januar, Februar)

Arme Ritter

Arme Ritter, French Toast oder Fotzelschnitten, wie sie auch heißen, ergeben ein absolut sättigendes Frühstück. Servieren Sie sie einfach so pur oder mit etwas Zimt (und vielleicht Zucker) bestäubt sowie mit Obst garniert.

Für Babys: In Streifen geschnitten und ohne Zucker anbieten.

Für ältere Kinder und Erwachsene: Ohne Zimt, Zucker und Früchte lässt sich das Brot mit ein, zwei Scheiben knusprig gebratenem Speck auch als pikante Variante anbieten.

EI UND MILCH verrühren. Die Brotscheibe in einen Suppenteller legen (bei mehr als 2 Scheiben portionsweise vorgehen). Mit der Eiermilch übergießen und die Scheibe wenden, sodass sie rundum von der Eimasse umhüllt ist. Einige Minuten durchziehen lassen.

In der Zwischenzeit Butter und Öl in einer beschichteten Pfanne bei mittlerer Temperatur erhitzen. Die vollgesaugte Brotscheibe in die Pfanne legen und 2 Minuten goldbraun braten; dann wenden und von der anderen Seite weitere 1–2 Minuten goldbraun braten.

Ich schneide die Brotscheibe normalerweise noch in der Pfanne in der Mitte durch, um sicherzugehen, dass das Ei in der Mitte nicht mehr roh ist.

Das Brot warm servieren – wer mag, mit etwas Zucker bestreut.

Pro Erwachsenenportion

1 Ei

1 EL Vollmilch

1 dicke Scheibe Weißbrot

Butter und Sonnenblumenöl

nach Belieben etwas Zucker zum Bestreuen

Haferflockenmuffins mit Äpfel

Voller guter Zutaten, sind diese nicht allzu süßen Muffins ein toller Start in den Tag. Am besten schmecken sie ganz frisch – vielleicht backen Sie sie am Vorabend vor dem Zubettgehen. Oder wenn Ihre Kinder so schrecklich früh aufstehen wie meine, können Sie die Muffins auch vor dem Frühstück gemeinsam in den Ofen schieben. Oft backe ich auch zwischendurch ein Blech davon und friere sie ein. Am Vorabend aus dem Tiefkühler nehmen und am besten nochmals 5 Minuten aufbacken.

Das hier verwendete Walnussöl gibt ein herrlich nussiges Aroma und enthält zudem wertvolle Omega-3-Fettsäuren. Wenn Sie Nüsse meiden, ersetzen Sie es durch Raps- oder Sonnenblumenöl oder geschmolzene Butter.

GUT EINZUFRIEREN

Für Babys: Für sehr kleine Babys lassen Sie die Sultaninen weg (nehmen Sie dafür eine kleine Teigportion ab und heben Sie die Sultaninen nur unter den restlichen Teig).

EN BACKOFEN auf 190 Grad vorheizen. 12 Mulden eines Muffinblechs mit Papierbackförmchen auslegen.
In einer großen Schüssel Mehl, Backpulver, Haferflocken und Zucker vermischen. Die Äpfel schälen, dazureiben und unterheben. Alles zu einem glatten Teig verarbeiten.

Joghurt, Milch, Ei und Öl verrühren. Zur Mehl-Apfel-Mischung geben und die Sultaninen hinzufügen. Alles behutsam vermengen, bis der Teig gerade zusammenhält.

Den Teig in die Papierbackförmchen verteilen und im vorgeheizten Ofen 25–30 Minuten backen; die Muffins sollen schön aufgehen und sich goldbraun färben.

Die Muffins auf einem Kuchengitter abkühlen lassen. Am selben Tag verzehren oder einfrieren.

Ergibt 12 Muffins

100 g Weizenmehl

100 g Vollkorn- oder unraffiniertes Dinkelmehl

50 g Haferflocken

3 gestrichene TL Backpulver

1 TL gemahlener Zimt

50 g Zucker

2 mittelgroße Äpfel

125 ml weißer Vollmilch-Naturjoghurt

125 ml Vollmilch

1 Ei

50 ml Walnussöl

75 g Sultaninen

Wurzelsüppchen

Dieses Rezept stammt aus dem klassischen River-Cottage-Repertoire. Ich mag es sehr – nicht zuletzt, weil es meine Kinder so sehr lieben. Vielen Dank an Küchenchef Gill Meller für die Erlaubnis, es hier mit aufzunehmen.

GUT EINZUFRIEREN

Für Babys: Dippen Sie Toaststreifen in die Suppe und bieten Sie sie Ihrem Kind an.

IE BUTTER in einem großen Topf bei mittlerer Temperatur schmelzen lassen. Darin Sellerie, Lauch, Kartoffel, Zwiebel und Knoblauch andünsten. Sobald das Gemüse zu brutzeln beginnt, die Temperatur reduzieren und 10 Minuten bei schwacher Hitze weich schmoren.

Mit der Brühe aufgießen, zum Kochen bringen und anschließend zugedeckt bei schwacher Hitze 20–25 Minuten leise köcheln lassen, bis der Sellerie schön weich ist.

Die Suppe im Mixer oder mit dem Mixstab pürieren. Nach Geschmack salzen und pfeffern. Falls nötig noch einmal erhitzen.

Die Suppe pur oder mit Croûtons, geriebenem Käse, gewürfeltem Kochschinken, einem Klecks Pesto oder einem anderen Topping servieren.

Für 6 Erwachsenenportionen

50 g Butter
1 große Sellerieknolle
(ca. 1 kg), geschält,
grob zerkleinert
2 Stangen Lauch (ca. 350 g),
geputzt, in Ringe geschnitten
1 kleine Kartoffel (ca. 100 g),
geschält, gewürfelt
1 Zwiebel, gehackt
2 Knoblauchzehen, gehackt
1 l frische Gemüse- oder
Hühnerbrühe (Seite 236–238)
nach Belieben Meersalz,
schwarzer Pfeffer aus der Mühle

Krautsalat mit Roter Bete

In Krautsalat lässt sich frisches Obst und Gemüse aufs Beste miteinander verbinden. Und das Dressing kann mit wertvollen Omega-3-Fettsäuren, zum Beispiel
in Form von Raps- oder Walnussöl, angereichert werden. Gesundheit pur.
In diesem Salat lässt sich so ziemlich alles geriebene oder geraspelte, gehackte
oder geschnipselte Obst und Gemüse kombinieren. Probieren Sie mal Streifen
von roter Paprika oder ersetzen Sie Apfel oder Rote Bete durch Karotten.
Auch Dörrobst ist eine gute Bereicherung. Und natürlich können Sie das vorge-
schlagene Joghurtdressing durch eine laktosefreie Variante ersetzen – verwenden
Sie einfach Olivenöl und einen Hauch Senf oder Apfelessig.

*Für Babys: Für diesen Salat muss Ihr Kind schon Kauerfahrung gesammelt haben.
Wenn Sie alle Zutaten sehr fein schnipseln, sind sie einfacher zu essen.*

DEN BACKOFEN auf 190 Grad vorheizen. Die Rote
Bete lose in Alufolie packen und im vorgeheizten Ofen
1–2 Stunden weich schmoren (mit einem spitzen Messer testen).
Abkühlen lassen, dann die Knollen mit den Fingern oder einem
kleinen Messer schälen.

Für das Dressing alles verrühren und einige Minuten durchziehen lassen.

Die Rote Bete in eine große Schüssel reiben. Den Weißkohl
nochmals halbieren und den harten Strunk herausschneiden;
dann den Kohl so fein wie möglich schneiden oder hobeln.
Die Streifen mehrfach in Querrichtung durchschneiden, sodass
sehr kleine Stücke entstehen. Den Kohl zu der Roten Bete
geben. Die Äpfel schälen und ebenfalls in die Schüssel reiben.
Wer mag, fügt etwas gehackte Petersilie hinzu.

Die Gemüsemischung mit dem Dressing übergießen und
alles gründlich mischen. Nach Belieben salzen und pfeffern.
30 Minuten durchziehen lassen.

Mit kaltem Fleisch und vielleicht einer Ofenkartoffel und Käse
servieren. Im Kühlschrank hält sich der Salat 2–3 Tage.

Für 3–4 Erwachsenenportionen
als Beilage

**2 mittelgroße Rote Beten
(ca. 350 g), gründlich
gewaschen und geschrubbt**
½ kleiner Kopf Weißkohl
2 Äpfel (ca. 300 g)
**1–2 EL gehackte Petersilie,
nach Belieben**
**nach Belieben Meersalz,
schwarzer Pfeffer aus der Mühle**

Für das Dressing
**6 EL weißer Vollmilch-Natur-
joghurt**
**3 EL Walnuss-, Oliven- oder
Rapsöl**
**¼ Knoblauchzehe, gepresst
oder fein gehackt**

Veggie-Curry

Ein tolles Rezept, um Gemüsereste zu verarbeiten: Sämtliche Wurzelgemüsesorten, Paprika, tiefgekühlte Erbsen und Bohnen, Brokkoli, Kürbis, Pilze können dazu in den Kochtopf wandern. Eine salzarme Fertigbrühe ist hier okay.

Für Babys: Verwenden Sie nur wenig Chili oder lassen Sie ihn ganz weg. Das Curry vor dem Servieren sehr fein zerkleinern oder pürieren. Oder alternativ dem Kind große Gemüsestücke anbieten, die es in die Hand nehmen kann. Vorsicht mit den ganzen Kichererbsen oder Bohnen – es besteht die Gefahr des Verschluckens!

DAS ÖL in einem großen Topf bei mittlerer Temperatur erhitzen. Darin den Kreuzkümmel 1–2 Minuten anrösten; dann die Zwiebel hinzufügen und etwa 10 Minuten weich schmoren. Anschließend Knoblauch, Ingwer, Chili und Kurkuma unter Rühren etwa 1 Minute mitdünsten.

Die gehackten Tomaten hinzufügen, aufkochen und anschließend bei reduzierter Hitze ohne Deckel unter häufigem Rühren 15–20 Minuten einkochen lassen; dabei die Tomatenstücke mit einer Gabel zerdrücken. In dieser Zeit bereite ich das frische Gemüse vor.

Das vorbereitete Gemüse, die Bohnen oder Kichererbsen und die Brühe in den Topf geben. Bei schwacher Hitze etwa 45 Minuten leise köcheln lassen, bis das Gemüse weich und die Sauce sämig eingedickt ist. Wenn Sie zartes Gemüse wie Brokkoli oder Erbsen verwenden, geben Sie es erst gegen Ende der Garzeit dazu.

Mit Garam Masala, Joghurt oder Rahm sowie einer Prise Zucker, etwas Pfeffer und nach Belieben Salz abschmecken. Mit Reis servieren.

Für 3 Erwachsenenportionen

2 EL Raps- oder Sonnenblumenöl

1 gehäufter TL Kreuzkümmelsamen

1 Zwiebel, gehackt

1 Knoblauchzehe, gerieben

1 kleines Stück frischer Ingwer, gerieben

½ milde rote Chili, entkernt, fein gehackt (nach Belieben auch mehr oder ganz weglassen)

1 gehäufter TL Kurkuma

400 g gehackte Tomaten aus der Dose

ca. 250 g gemischtes gehacktes Gemüse (siehe oben)

400 g weiße Bohnen oder Kichererbsen aus der Dose, abgespült, abgetropft

400 ml Gemüsebrühe (Seite 238)

1 TL Garam Masala

nach Belieben 1–3 EL weißer Vollmilch-Naturjoghurt oder Rahm

nach Belieben Meersalz, schwarzer Pfeffer aus der Mühle

Rosenkohl-Auflauf

Die Käsesauce kommt normalerweise über Blumenkohl – aber mit Rosenkohl geht's auch. Natürlich können Sie den Rosenkohl durch einen mittelgroßen Blumenkohl ersetzen: Die Röschen dann etwa 5 Minuten in kochendem Wasser weich garen.

Für Babys: Den Auflauf fein zerkleinern – falls Ihr Kind den Rosenkohl nicht mit den Händen greifen will.

FÜR DIE Sauce die Milch mit Zwiebel, Lorbeerblatt und Pfefferkörnern in einem Topf bis kurz vor den Siedepunkt bringen; vom Herd nehmen und etwa ½ Stunde ruhen lassen. Dann die Milch abseihen und die Gewürze wegwerfen.

Die Butter in einem kleinen Topf aufschäumen lassen. Das Mehl hinzugeben und glatt rühren (Mehlschwitze). Bei schwacher Hitze einige Minuten unter Rühren anbräunen. Den Topf vom Herd nehmen. Unter kräftigem Rühren mit einem Spatel oder einem kleinen Schneebesen einen Schuss warme Milch hinzufügen und glatt rühren. Unter Rühren stets weitere Milch hinzufügen, bis eine sämige Sauce entstanden ist. Den Topf wieder auf den Herd stellen und die Sauce unter häufigem Umrühren einige Minuten köchelnd eindicken lassen. Vom Herd nehmen, Käse und Senf einrühren. Nach Belieben pfeffern. Falls Sie die Sauce im Voraus zubereiten, ein Stück Frischhaltefolie direkt auf die Oberfläche legen – so bildet sich keine Haut.

Den Backofen auf 190 Grad vorheizen.

Den Rosenkohl vierteln oder in etwa ½ cm dünne Scheiben schneiden. In einem großen Topf Wasser zum Kochen bringen. Den Rosenkohl hineingeben und 2 Minuten garen. Gut abtropfen lassen.

Den Rosenkohl mit der Sauce vermengen und in eine Auflaufform füllen. Den Käse mit den Semmelbröseln vermischen und über den Auflauf streuen. Im vorgeheizten Ofen etwa 25 Minuten backen, bis die Sauce blubbert und die Kruste sich goldbraun färbt. Ich mag diesen Auflauf am liebsten mit Ofenkartoffeln und vielleicht etwas pochiertem Huhn.

Für 4 Erwachsenenportionen

Für die Käsesauce
300 ml Vollmilch
1 kleine Zwiebel, grob gehackt
1 Lorbeerblatt
einige schwarze Pfefferkörner
25 g Butter
25 g Mehl
100 g würziger Hartkäse, gerieben
1 TL Dijonsenf
schwarzer Pfeffer aus der Mühle, nach Belieben

Zum Fertigstellen
500 g Rosenkohl, geputzt
30 g würziger Hartkäse, gerieben
30 g eher grob geriebene Semmelbrösel

Dinkelgraupen mit Lauch und Kürbis

Wie Risotto ist dieses Gericht ein herrlicher Seelentröster; statt Reis werden allerdings Dinkelgraupen mit ihrem fein nussigen Aroma verwendet.

Für Babys: Fein gehackt oder zerdrückt mit dem Löffel füttern.

Für ältere Kinder und Erwachsene: Geben Sie am Schluss Blauschimmelkäse dazu.

EN BACKOFEN auf 190 Grad vorheizen. Den Kürbis schälen und entkernen, das Fleisch in mundgerechte Stücke zerkleinern. In eine Auflaufform geben, 2–3 Esslöffel Öl darüberträufeln und mischen. Die Knoblauchzehen lose in Alufolie packen und auf den Kürbis legen (die Folie verhindert, dass der Knoblauch verbrennt). Im vorgeheizten Ofen etwa 1 Stunde schmoren, bis der Kürbis weich ist und zu karamellisieren beginnt; nach der Hälfte der Zeit durchrühren.

Nach etwa der Hälfte der Garzeit des Kürbis etwas Butter und 1 Esslöffel Öl in einem großen Topf erhitzen und darin den Lauch andünsten; sobald er zu brutzeln beginnt, die Hitze reduzieren und zugedeckt 10 Minuten weich schmoren; dabei ein-, zweimal umrühren.

Die Dinkelgraupen, Thymian oder Salbei und die Brühe (bis auf 1 Kelle!) dazugeben. Zugedeckt unter gelegentlichem Rühren 25 Minuten leise köcheln lassen, bis die Graupen weich sind.

Wenn der Kürbis fertig gegart ist, den Knoblauch aus der Folie wickeln und das weiche Innere aus den Schalen drücken. Zerquetschen oder mit der aufbewahrten Brühe im Mixer oder Blitzhacker pürieren und zu den Graupen geben.

Sind die Graupen gar, die Herdplatte ausschalten und den geriebenen Käse einrühren. Zum Schluss den geschmorten Kürbis unter die Graupen heben. Nach Belieben salzen und pfeffern – aber denken Sie daran, dass der Käse bereits salzig ist. Sofort servieren.

Für 3 Erwachsenenportionen

1 kg Kürbis (z. B. Butternut oder Crown Prince)
3–4 EL Raps- oder Olivenöl
4 Knoblauchzehen, ungeschält
etwas Butter
2 Stangen Lauch, geputzt, in feine Ringe geschnitten
150 g Dinkelgraupen
1 TL gehackter Thymian oder Salbei
500 ml Hühner- oder Gemüsebrühe (Seiten 236–238)
25 g würziger Hartkäse, gerieben
nach Belieben Meersalz, schwarzer Pfeffer aus der Mühle

Geschmortes Wurzelgemüse

Süßliches Schmorgemüse in fetttriefenden Babyhänden – so herrlich kann Beikost sein! Und auch der Rest der Familie liebt es. Für die älteren Esser schlage ich hier geschmorten Knoblauch vor – aber auch Pesto, zerbröselter Blauschimmelkäse oder Tomatenchutney eignen sich, um einen extra Kick zu geben.

Für Babys: Servieren Sie das Gemüse allein, ohne Relish, und bieten Sie dazu ein paar Nudeln und geriebenen Käse an – toll zum Selberessen!

Für ältere Kinder und Erwachsene: Servieren Sie dazu das Knoblauch-Relish oder eine der oben vorgeschlagenen Alternativen.

DEN BACKOFEN auf 190 Grad vorheizen. Das Wurzelgemüse schälen (bei Pastinaken den harten Kern herausschneiden) und in dicke Stängel schneiden – um es als Fingerfood anzubieten, mindestens 8–9 cm lang und 2–3 cm dick. Das Gemüse in eine große Auflaufform geben und mit dem Öl beträufeln.

Für das Knoblauch-Relish, falls verwendet, den oberen Teil der Knolle abschneiden, die Knolle lose in Alufolie wickeln und auf das Gemüse legen. Alles etwa 1 Stunde im heißen Ofen schmoren; nach der Hälfte der Zeit durchrühren. Das Gemüse soll weich und leicht karamellisiert, aber noch nicht matschig sein.

Das Gemüse warm halten, während Sie das Knoblauch-Relish zubereiten. Dazu das weiche Innere aus den Schalen der einzelnen Zehen drücken und im Mörser zu Brei zerdrücken. Zitronenschale, Senf und Honig unterrühren, nach Geschmack salzen und pfeffern und falls nötig mit mehr Senf oder Honig abschmecken. Das Relish zu dem heißen Gemüse servieren (wegen des Honigs nicht für Babys unter 12 Monaten geeignet).

Schmorgemüse ist ein toller Begleiter zu einfachen Fleisch- und Fischgerichten wie Lammhaxe (Seite 218), Brathuhn (Seite 139) oder ofengegarter Fisch (Seite 239). Man kann es auch unter frisch gegarte Nudeln mischen und diese mit geriebenem Käse bestreut servieren.

Für 3 Erwachsenenportionen als Beilage

1 kg gemischtes Wurzelgemüse, wie Karotten, Pastinaken, Kartoffeln und Süßkartoffeln
2 EL Raps- oder Olivenöl

Für das Relish
1 Knolle Knoblauch, ganz
abgeriebene Schale von
1 kleinen Zitrone
1 TL Dijonsenf
1 EL klarer Honig
nach Belieben Meersalz,
schwarzer Pfeffer aus der Mühle

Pasta-Fisch-Auflauf

Dieser Auflauf ist eine wunderbare Methode, Kinder mit vielen Arten von Fisch
vertraut zu machen – ausgenommen sehr ölhaltige Sorten wie Makrele,
die nicht gut mit der hier verwendeten Béchamelsauce harmonieren. Ich liebe
die Kombination von weißfleischigem Fisch, Lachs (möglichst bio) und ein
paar Kaltwassergarnelen. Auch Gemüse ist mit von der Partie: Ich verwende hier
Karotten und Lauch, Sie können aber nach Belieben auch gehackten Spinat
oder Grünkohl oder im Sommer grüne Bohnen und Brokkoli nehmen. Die einzelnen Komponenten dieses Auflaufs lassen sich separat voneinander zubereiten.
Sie können vorab den Lauch garen und den Fisch zerkleinert kalt stellen; auch
die Béchamelsauce lässt sich gut im Voraus zubereiten.

*Für Babys: Das fertige Gericht falls nötig fein zerkleinern. Wenn Ihr Kind zum
ersten Mal Fisch und Meeresfrüchte isst, sollten Sie diese getrennt voneinander
einführen, um im Falle einer Unverträglichkeitsreaktion den Auslöser eindeutig
feststellen zu können.*

*Für ältere Kinder und Erwachsene: Bei älteren Kindern kann man mit diesem
Auflauf auch etwas Räucherfisch einführen.*

FÜR DIE Sauce die Milch mit Zwiebel, Lorbeerblatt und
Pfefferkörnern in einem Topf bis kurz vor den Siedepunkt
bringen; vom Herd nehmen und etwa ½ Stunde ruhen lassen.

Eine Auflaufform einfetten. Den Backofen auf 190 Grad
vorheizen.

Das Öl in einer Pfanne bei mittlerer bis niedriger Temperatur
erhitzen. Darin Lauch und Knoblauch 10 Minuten weich dünsten;
gelegentlich umrühren. Die Pfanne vom Herd nehmen.

Die Fischfilets von der Haut lösen und das Fleisch gründlich
nach Gräten absuchen; diese mit einer Küchenpinzette entfernen. Das Fischfleisch in kleine Stücke zerteilen und mit den
Meeresfrüchten vermengen.

Für die Fertigstellung der Sauce die warme Milch abseihen
und die Gewürze wegwerfen. Die Butter in einem kleinen Topf
aufschäumen lassen. Das Mehl hinzugeben und glatt rühren
(Mehlschwitze). Bei schwacher Hitze einige Minuten unter
Rühren kochen lassen. Den Topf vom Herd nehmen. Unter kräftigem Rühren mit einem Spatel oder einem kleinen Schneebesen
einen Schuss der warmen Milch hinzufügen und glatt rühren.

Für 3 Erwachsenenportionen

Für die Sauce
350 ml Vollmilch
1 kleine Zwiebel, grob gehackt
1 Lorbeerblatt
einige schwarze Pfefferkörner
20 g Butter
20 g Mehl
1 EL fein gehackte Petersilie
1 TL Dijonsenf
nach Belieben Meersalz,
schwarzer Pfeffer aus der Mühle

Unter Rühren stets weitere Milch hinzufügen, bis eine sämige Sauce entstanden ist. Den Topf wieder auf den Herd stellen und die Sauce unter häufigem Rühren einige Minuten köchelnd eindicken lassen. Vom Herd nehmen, Petersilie und Senf einrühren. Nach Geschmack salzen und pfeffern. Falls Sie die Sauce im Voraus zubereiten, die Oberfläche direkt mit einem Stück Frischhaltefolie bedecken – so bildet sich keine Haut.

In einem Topf Wasser zum Kochen bringen. Darin die Nudeln 1–2 Minuten weniger, als auf der Packung angegeben ist, garen; die Karottenwürfel mitgaren. Abgießen und gut abtropfen lassen.

Pasta, Béchamelsauce und Lauchmischung vermengen. Den Fisch unterheben und die Masse in die vorbereitete Auflaufform füllen. Semmelbrösel und Käse mischen und den Auflauf damit bestreuen. Im vorgeheizten Ofen etwa 25 Minuten backen, bis sich der Auflauf goldbraun färbt, durch und durch heiß ist und die Sauce blubbert. Mit Buttererbsen oder Spinat servieren.

Für den Auflauf

Butter zum Fetten der Form

1 EL Raps- oder Olivenöl

1 Stange Lauch, geputzt, in feine Ringe geschnitten

1 Knoblauchzehe, gehackt

400 g gemischter roher Fisch und gegarte Meeresfrüchte (z. B. Seelachs-, Rotbarsch- und Lachsfilets; einige gegarte Garnelen oder Miesmuscheln, siehe Seite 133)

175 g Nudeln wie Makkaroni, Fusilli oder Conchiglie (Muscheln)

1 mittelgroße Karotte, geschält, fein gehackt

400 g frische Semmelbrösel

50 g würziger Hartkäse, gerieben

Fisch mit Tomatensauce

Diese Sauce – tomatig-würzig mit einem Hauch von süß-sauer – ist ein Familien-
favorit und toll zu Fisch. Ich verwende dafür Tomaten aus der Dose.
Sie passt ebenso gut zu Hühnchen, Schmorgemüse und Hülsenfrüchten, ist köstlich
mit Nudeln und etwas Brokkoli, gehacktem Grünkohl oder Pilzen. Auch
empfehlenswert kalt als Relish oder Dip. Dies ist eines der Rezepte, die am
nächsten Tag noch besser schmecken.

GUT EINZUFRIEREN

Für Babys: Fisch und Sauce zusammen zerkleinern oder zerdrücken.

FÜR DIE Tomatensauce das Öl in einem großen Topf
erhitzen. Darin Zwiebel und Knoblauch 10 Minuten weich
dünsten. Zusammen mit den Dosentomaten, Apfelsaft, Apfelessig und der Gewürzmischung im Mixer glatt pürieren.

Die Sauce zurück in den Topf geben, das Lorbeerblatt
hinzufügen und aufkochen. Dann bei reduzierter Hitze
ohne Deckel etwa 30 Minuten nicht kräftig unter gelegentlichem
Umrühren auf die Hälfte einkochen lassen. Nach Geschmack
salzen und pfeffern.

In der Zwischenzeit den Fisch garen. Dazu den Backofen
auf 190 Grad vorheizen. Die Fischfilets auf ein mit Alufolie
belegtes Blech setzen, mit etwas Öl bestreichen und im vorgeheizten Ofen 12–15 Minuten garen (große Fischfilets brauchen
etwas länger); das Fischfleisch soll sich in Stücken mühelos
von der Haut lösen.

Den Fisch mit der Sauce servieren. Dazu hausgemachte
Pommes frites, Ofenkartoffeln oder Polentascheiben (Seite 240)
und grünes Gemüse reichen.

Für 3 Erwachsenenportionen

3 weißfleischige Fischfilets
(z. B. Seelachs, Rotbarsch oder
Kabeljau aus nachhaltiger
Fischerei, siehe Seite 23)

Für die Tomatensauce
2 EL Raps- oder Olivenöl
1 Zwiebel, grob gehackt
1 Knoblauchzehe, grob gehackt
400 g gehackte Tomaten aus
der Dose
75 ml Apfelsaft
½ TL Apfelessig
1 Prise Fünf-Gewürze-Mischung
1 Lorbeerblatt
nach Belieben Meersalz,
schwarzer Pfeffer aus der Mühle

Wildeintopf mit Kräuterklößchen

Wild ist sehr nahrhaftes und zugleich mageres Fleisch, das vor allem im Herbst und Winter Saison hat. Am liebsten verarbeite ich Schulter- und Nackenstücke. Das folgende Gericht funktioniert aber auch mit einem guten Stück Rinderschmorfleisch. Falls Sie sich für Rinderhaxe entscheiden, verlängert sich die Schmorzeit auf bis zu 3 Stunden. Toll, wenn Sie eine gute Rinder- oder Hühnerbrühe zur Hand haben. Falls nicht, verwenden Sie stattdessen Wasser.

DEN BACKOFEN auf 140 Grad vorheizen. In einem großen ofenfesten Schmortopf oder Bräter 1 Esslöffel Öl bei mittlerer Temperatur erhitzen. Darin den Speck andünsten; sobald das Fett auszubraten beginnt, Zwiebeln und Knoblauch hinzufügen und bei reduzierter Hitze unter gelegentlichem Rühren goldbraun und weich dünsten.

Das Mehl auf einen Teller geben und die Fleischstücke darin wenden; überschüssiges Mehl abschütteln. In einer großen Pfanne 1 Esslöffel Öl stark erhitzen. Ein Drittel bis die Hälfte des Fleisches in der Pfanne kräftig anbräunen. Dann zu den Zwiebeln in den Bräter geben. Mit dem restlichen Fleisch ebenso verfahren; falls nötig noch etwas Öl zugeben. Es ist wichtig, das Fleisch portionsweise anzubraten und die Pfanne nicht zu überladen – so bräunt es gleichmäßiger.

Wenn das gesamte Fleisch angebraten und im Schmortopf ist, ½ Glas Wasser zum Bratensatz in der Pfanne geben und 1–2 Minuten brodelnd aufkochen lassen, dann mit einem Pfannenwender den Bratensatz vom Pfannenboden kratzen. Alles zum Fleisch in dem Schmortopf gießen. Karotten und Sellerie zugeben und gut mischen.

Worcestershiresauce und Tomatenmark in ½ l knapp kochendes Wasser einrühren und die Mischung in den Schmortopf geben; Fleisch und Gemüse sollten knapp bedeckt sein. Falls nicht, noch etwas Wasser dazugeben. Die Kräuter hinzufügen und alles aufkochen. Den Schmortopf zugedeckt in den vorgeheizten Ofen schieben und alles etwa 1½ Stunden garen lassen.

Kurz vor Ende der Garzeit die Kräuterklößchen zubereiten. Dafür Mehl, Backpulver, Talg und Kräuter in einer Schüssel gründlich vermengen. Nach Geschmack pfeffern und salzen

Für 5–6 Erwachsenenportionen

3 EL Raps- oder Olivenöl

100 g ungeräucherter durchwachsener Speck, klein gewürfelt oder in schmale Streifen geschnitten

2 Zwiebeln, in feine Ringe geschnitten

2 Knoblauchzehen, in Scheiben geschnitten

2 EL Mehl

1 kg Wild (z. B. Rehschulter), in Ragoutstücke geschnitten

2 Karotten, in Scheiben geschnitten

2 Stangen Sellerie, in Scheiben geschnitten

1 TL Worcestershiresauce

1 EL Tomatenmark

1 Lorbeerblatt

1 Zweig Thymian

nach Belieben Meersalz, schwarzer Pfeffer aus der Mühle

(1 Prise Salz schadet hier wirklich nicht). Etwa 100 ml kaltes Wasser zugeben und alles zu einem weichen, klebrigen Teig verkneten. Mit bemehlten Händen walnussgroße Klößchen rollen.

Den Eintopf aus dem Ofen nehmen, durchrühren und nach Belieben nachwürzen. Die Klößchen daraufsetzen und den Schmortopf nochmals, nun ohne Deckel, in den Ofen schieben und bei 180 Grad weitere 30 Minuten schmoren, bis die Klößchen schön aufgegangen und goldbraun sind. Heiß mit grünem Blattgemüse und Kartoffelpüree servieren.

Kochen mit Alkohol

Es gibt einen weit verbreiteten Irrtum, wonach der Alkohol aus Wein, Bier oder Spirituosen bei starkem Erhitzen verdampft. Wahr ist, dass zwar ein Teil verdampft, aber nicht alles. Selbst ein Braten, der über Stunden schmort, oder ein Eintopf, der ausgiebig köchelt, enthält noch geringe Mengen Alkohol. Ich glaube nicht, dass ein Schuss Wein zum Lösen des Bratensatzes in einer Pfanne oder zum Ablöschen in einem Risotto einem Kind Schaden zufügt – aber vielleicht entscheiden Sie sich gegen diesen kleinen Schuss Wein, wenn ein Kind unter 12 Monaten mitisst.

Für die Kräuterklößchen

175 g Mehl

1 TL Backpulver

75 g Rindertalg

1 EL fein gehackte Kräuter nach Wahl (mein Favorit ist Rosmarin)

Yorkshire-Pudding mit Würstchen

Ein wunderbares Familienessen aus der großen Auflaufform: Wurststücke, umhüllt von weichem Yorkshire Pudding, den man schneiden oder reißen und gut teilen kann. Wenn Sie den Salzgehalt reduzieren und statt der Würstchen etwas Hausgemachtes anbieten wollen, wären selbstgemachte Hackbällchen (siehe Rezept Seite 167) eine gute Alternative.

Für Babys: Würstchen sind für viele jüngere Babys zu hart zum Kauen, deshalb sehr fein zerkleinern. Ein großes Stück Yorkshire Pudding hingegen ist ein tolles Fingerfood.

FÜR DEN Teig alle Zutaten in der Küchenmaschine verrühren. Oder das Mehl in eine Schüssel geben. Die Eier, die Eiweiße und die Milch separat verrühren und dann nach und nach unter Rühren zu dem Mehl geben, sodass ein glatter Teig entsteht. Den Teig vor der Weiterverarbeitung mindestens ½ Stunde bis zu 2 Stunden ruhen lassen.

Den Backofen auf 220 Grad vorheizen. Das Öl oder etwas Gänseschmalz in eine Auflaufform (ca. 20 x 25 cm) geben. Die Würste in je 3–4 Stücke schneiden und in der Form verteilen. Im heißen Ofen 10 Minuten braten.

In der Zwischenzeit den Teig nochmals durchrühren. Die Form mit den Wurststücken aus dem Ofen nehmen und sofort, während das Fett noch sehr heiß ist, den Teig in die Form gießen. Sofort wieder in den Ofen schieben und weitere 20 Minuten backen, bis der Yorkshire Pudding schön aufgegangen und goldbraun ist.

Mir Kartoffelpüree und grünem Blattgemüse wie zum Beispiel Grünkohl servieren.

Für 4 Erwachsenenportionen

2 EL Raps- oder Olivenöl oder Gänseschmalz
6 Bratwürstchen

Für den Teig
150 g Mehl
2 Eier, plus zusätzlich 2 Eiweiß
200 ml Vollmilch

Ganz einfache Lammhaxen

Einfacher kann man Lammhaxen nicht zubereiten, diese relativ günstigen, fleischigen, kleinen Stücke von den Hinterbeinen des Tieres. Das Resultat ist ein weiches, saftiges Fleisch – ideal für Babys, die sich gerade an Beikost gewöhnen – und eine Menge kräftiger, würziger Lammfond, den man für andere Gerichte verwenden kann.

Für Babys: Bieten Sie Ihrem Kind lange Fleischstreifen an, die es mühelos in die Hand nehmen kann, oder zerkleinern Sie das Fleisch ganz fein mit etwas Sauce und füttern Sie es vom Löffel.

DEN BACKOFEN auf 140 Grad vorheizen. Verwenden Sie einen Schmortopf oder eine ofenfeste Pfanne mit Deckel, in der die Lammhaxen eng beieinander liegen. Das Öl darin stark erhitzen und die Lammhaxen rundum auf jeder Seite einige Minuten gut anbraten, sodass sich eine appetitliche goldbraune Kruste bildet.

Zwiebel, Karotte, Sellerie, Lorbeerblatt und Knoblauch hinzufügen und so viel Wasser zugießen (ca. ½ l), dass die Haxen bis zur Hälfte in der Flüssigkeit liegen und das Gemüse mit Wasser bedeckt ist. Das Wasser zum Kochen bringen, dann den Schmortopf mit dem Deckel verschließen und in den heißen Ofen schieben. 2 Stunden schmoren lassen; nach der Hälfte der Schmorzeit die Haxen in der Flüssigkeit wenden.

Zum Servieren das Fleisch vom Knochen lösen oder aber die Haxen im Ganzen auf den Tisch bringen. Das butterweiche Gemüse mit ein paar Löffeln Bratenfond dazu genießen. Den restlichen Bratenfond aufbewahren und für andere Gerichte wie zum Beispiel das Lammcurry (Seite 165) verwenden. Reichen Sie dazu zum Beispiel den Kartoffel-Gemüse-Stampf von Seite 120 oder geschmorte Karotten und Pastinaken.

Für 2 reichliche Erwachsenenportionen

2 EL Oliven- oder Rapsöl

2 Lammhaxen

1 große Zwiebel, grob gehackt

1 Karotte, grob gehackt

1 Stange Sellerie, grob gehackt

1 Lorbeerblatt

2 Knoblauchzehen, geschält, leicht gequetscht

Rösti mit Schweinefleisch und Apfel

Eine tolle Resteverwertung für Kartoffel- und Bratenreste – aber ebenso lecker frisch gekocht, vielleicht mit einer Ofenkartoffel und knusprig geschmortem Schweinebauch.

Für Babys: Für dieses Gericht sollte das Kind schon einige Kauerfahrung haben – Sie können es aber auch sehr fein zerkleinern, um ihm die Arbeit abzunehmen. Für eine weichere Konsistenz nach Belieben am Ende der Garzeit etwas Brühe oder Apfelsaft einrühren.

DAS ÖL in einer großen Pfanne bei mittlerer Temperatur erhitzen und darin Apfel und Salbei 5–10 Minuten braten, bis der Apfel weich zu werden und etwas zu karamellisieren beginnt. Die Kartoffeln dazugeben und weitere 5–10 Minuten mitbraten; dabei immer wieder gut durchrühren und beides leicht zerdrücken.

In der Zwischenzeit das Schweinefleisch zerkleinern. Wenn ein jüngeres Baby mitisst, das Fleisch sehr fein hacken, für ältere Babys und Kinder in größeren Stücken lassen.

Wenn die Kartoffeln etwas Farbe angenommen haben, das Fleisch dazugeben. Einige Minuten mitbraten, bis sich alle Zutaten zu einer homogenen, goldbraunen Masse verbunden haben. Heiß servieren und nach Belieben dazu grünen Salat reichen.

Für 3 Erwachsenenportionen

2 EL Raps- oder Olivenöl
(oder Fett vom Schweinebraten)

1 Apfel, geschält, entkernt,
in Scheiben geschnitten

1 TL gehackter Salbei,
nach Belieben

200 g gegarte Kartoffeln (gebacken, gekocht oder gebraten)

150 g gegartes Schweinefleisch
(Braten o. ä.)

Bratäpfel

Ein kleines, feines und köstliches Dessert. Die Äpfel brauchen zwar ein Weilchen im Ofen, aber die Vorbereitungszeit ist minimal.

Für Babys: Sie können den Ahornsirup weglassen (Honig ist für Babys ohnehin tabu). Den weich geschmorten Apfel und die Rosinen grob zerkleinern oder zerdrücken oder aber dem Kind in großen Stücken als Fingerfood anbieten. Für kleinere Babys ohne Rosinen und den Apfel geschält anbieten.

DEN BACKOFEN auf 180 Grad vorheizen.
Den Apfel unten gerade schneiden, sodass er gut steht. An der dicksten Stellen horizontal rundherum einritzen – so platzt die Haut nicht auf. Mit einem Apfelausstecher das Kerngehäuse entfernen; dabei auch den gesamten faserigen Teil des Kerngehäuses ausstechen. Dazu muss man möglicherweise zwei- bis dreimal nachstechen.

Den Apfel auf ein mit einem Stück Alufolie belegtes Blech stellen. Die ausgestochene Röhre mit einigen Rosinen füllen und je eine Butterflocke daraufsetzen. Mit dem Finger fest hineindrücken und den Apfel dann vorsichtig mit Ahornsirup oder Honig beträufeln (kein Honig für Babys unter 12 Monaten). Die Alufolie lose um den Apfel verschließen.

Die Äpfel im vorgeheizten Ofen 35–40 Minuten weich schmoren (mit einem spitzen Messer testen). Die Backzeit richtet sich nach der Apfelgröße und -sorte. Den gegarten Apfel in ein Dessertschälchen setzen und mit dem karamellisierten Saft aus der Folie übergießen.

Den Apfel mit Löffel und Gabel zerteilen, das Fruchtfleisch mit den Rosinen und dem Saft zerdrücken. Kalter Schlagrahm ist ein köstlicher Begleiter.

Pro Erwachsenenportion

1 Apfel
einige Sultaninen oder Rosinen
etwas Butter
1 TL Honig oder Ahornsirup

Aprikosen-Orangen-Brot

Dieses Früchtebrot kommt ohne Eier, Milchprodukte und raffinierten Zucker aus – Dörrobst ist der Hauptbestandteil. Schon eine dünne Scheibe macht für viele Stunden satt.

Für Babys: Dieser Kuchen ist sehr süß und enthält jede Menge Dörrobststücke – für kleine Babys also nicht geeignet.

DEN BACKOFEN auf 170 Grad vorheizen. Eine Kastenform (1 l Inhalt) mit Backpapier auskleiden.

Die Aprikosen und Datteln grob zerkleinern und in einen kleinen Topf geben. Von einer der Orangen die Schale fein abreiben und ebenfalls in den Topf geben.

Beide Orangen auspressen und den Saft in einen Messbecher füllen. Bis auf 350 ml mit Wasser auffüllen und die Flüssigkeit zum Trockenobst in den Topf geben. Aufkochen, dann den Topf vom Herd nehmen.

Mehl, Backpulver, Gewürz, gemahlene Mandeln und Sultaninen oder Rosinen in einer großen Schüssel vermischen. Dann die eingeweichte Trockenobstmischung samt Flüssigkeit hinzufügen und alles gründlich vermengen.

Den Teig in die vorbereitete Form füllen und glatt streichen. Im vorgeheizten Ofen etwa 45 Minuten backen (Stäbchenprobe machen). 5–10 Minuten in der Form abkühlen lassen, dann den Kuchen aus der Form stürzen und auf einem Kuchengitter vollständig auskühlen lassen. In einem luftdicht verschlossenen Behälter hält sich das Früchtebrot einige Tage frisch.

Ergibt mindestens 10 Scheiben

100 g getrocknete Aprikosen

100 g entsteinte Datteln

2 unbehandelte Orangen

125 g Mehl

100 g unraffiniertes Dinkelmehl oder Weizen-Vollkornmehl

2 TL Backpulver

1 TL Lebkuchengewürz oder gemahlener Zimt

50 g gemahlene Mandeln

375 g Sultaninen oder Rosinen

Rosinenbrötchen

Diese kleinen Brötchen bekommen durch den Apfelsaft und die Rosinen
eine milde Süße – raffinierter Zucker ist nicht mit von der Partie. Sie können
den Teig nur aus Weizenmehl oder aus einer Vollkornmischung herstellen.
Frisch aus dem Ofen schmecken die Brötchen am besten. Rosinenbrötchen
vom Vortag kann man aufschneiden, toasten und mit Butter bestreichen.

GUT EINZUFRIEREN

Für Babys: Dicke Scheiben der Rosinenbrötchen sind ideales Fingerfood.
Für kleinere Babys sind sie wegen der Rosinen allerdings nicht geeignet.

D IE MILCH in einem kleinen Topf erhitzen und kurz vor
dem Aufkochen vom Herd nehmen. Die Butter einrühren
und schmelzen lassen; die Milch etwas abkühlen lassen.

In einer großen Schüssel Mehl, Trockenhefe, Gewürz, Rosinen
und Orangenschale gründlich vermischen. In der Mitte eine
Mulde formen und die warme Milch, den Apfelsaft und das verklopfte Ei hineingeben und alles zügig zu einem groben,
klebrigen Teig verarbeiten.

Den Teig auf einer dünn bemehlten Arbeitsfläche 5–10 Minuten durchkneten. Den Teig in einer sauberen Schüssel, mit
einem feuchten Geschirrtuch bedeckt an einem warmen Ort
mindestens 1 Stunde auf das doppelte Volumen aufgehen lassen.
In der Zwischenzeit ein Backblech mit Backpapier oder einer
Silikonmatte belegen oder einfetten und leicht mehlen.

Den Teig auf einer dünn bemehlten Fläche nochmals ganz
kurz durchkneten und in 12–16 gleich große Portionen teilen.
Diese zu kleinen Brötchen formen und auf das vorbereitete
Blech setzen. Nochmals 30–60 Minuten gehen lassen, bis sie ihr
Volumen verdoppelt haben.

In der Zwischenzeit den Backofen auf 200 Grad vorheizen.
Die Brötchen mit Ei oder Milch bestreichen und im Ofen
15–20 Minuten goldbraun backen. Auf einem Kuchengitter auskühlen lassen; lauwarm oder vollständig ausgekühlt verzehren.

Ergibt 12–16 Stück

125 ml Vollmilch
50 g Butter
250 g Weizenmehl
250 g backstarkes Brotmehl
(Type 1050 oder 1600) oder
Vollkornweizen- bzw. unraffiniertes Dinkelmehl
2 gestrichene TL Trockenhefe
1 gehäufter TL Lebkuchen-
gewürz
200 g Rosinen
fein abgeriebene Schale von
1 unbehandelten Orange
125 ml Apfelsaft
1 Ei, verklopft
zusätzlich verklopftes Ei oder
Mich zum Bestreichen

Schoko-Mandel-Cookies

Diese köstlichen Kekse sind der beste Beweis für meine feste Überzeugung,
dass kein Nahrungsmittel »schlecht« ist und dass nichts verboten sein sollte.
Gute Zartbitterschokolade wird mit gemahlenen Mandeln kombiniert,
die einen hohen Nährstoffgehalt haben und die Kekse herrlich mürbe machen.
Bei Unverträglichkeit können Sie die Mandeln auch einfach durch Mehl
ersetzen. Diese Cookies schmecken für sich allein köstlich, aber vielleicht noch
besser mit etwas Cremigem wie Frozen Yoghurt, Eis oder einer Dessertcreme.

*Für Babys: Diese Cookies sind sehr mürbe und süß – und deshalb für kleine
Babys nicht geeignet.*

ZWEI BLECHE mit Backpapier oder Silikonmatten belegen
(oder bei Verwendung von nur einem Blech in zwei
Portionen nacheinander backen). Den Backofen auf 170 Grad
vorheizen.

Die Schokolade in eine hitzebeständige Schüssel geben
und diese über einen zur Hälfte mit kochend heißem Wasser
gefüllten Topf setzen. Die Schokolade unter gelegentlichem
Rühren zum Schmelzen bringen. Etwas abkühlen lassen (etwa
auf Körpertemperatur).

In der Zwischenzeit Butter und Zucker einige Minuten
schaumig schlagen. Die flüssige Schokolade und den Vanilleextrakt unterrühren. Mehl und gemahlene Mandeln vermischen
und zur Schokoladenmasse geben. Mit einer Gabel behutsam
unterheben und zu einem weichen Teig verarbeiten.

Gut teelöffelgroße Teigportionen auf die vorbereiteten
Bleche setzen; dazwischen reichlich Abstand lassen, da der Teig
beim Backen etwas zerläuft. Im vorgeheizten Ofen 15 Minuten
backen. Die Cookies sind dann noch recht weich – deshalb
auf dem Blech etwas abkühlen lassen. Dann vorsichtig auf
ein Kuchengitter heben und vollständig auskühlen lassen.
In einem luftdicht verschlossenen Behälter bleiben sie bis zu
4 Tage frisch.

Ergibt 20–25 Stück

**100 g gute Zartbitterschokolade
(mindestens 70 % Kakaoanteil),
zerkleinert**

125 g weiche Butter

125 g Zucker

½ TL Vanilleextrakt

100 g Mehl

100 g gemahlene Mandeln

RUND UMS JAHR

Brot-Grundrezept

Das folgende Rezept enthält Vollkornmehl, jedoch in Maßen (siehe Seite 59). Je älter Ihr Kind ist, desto mehr können Sie den Vollkornanteil erhöhen. Das Weizenmehl macht das Brot schön weich – das Ergebnis ist ein wirklich vielseitiger Teig, den man zu einem großen Laib, zu Pittabroten, zu Brotstangen (Grissini) und Pizzaböden verarbeiten kann. Sowohl der rohe Teig als auch das fertige Backwerk lassen sich hervorragend einfrieren.

Dieses Rezept ist nicht ausgesprochen salzarm – ich finde einfach, dass salzloses Brot nicht besonders gut schmeckt. Pro 100 g (etwa zwei Scheiben) enthält es etwa 0,7 g Salz – also in jedem Fall weniger als die meisten industriell hergestellten Brotwaren. Sie können die Salzmenge jedoch selbst nach Ihren persönlichen Vorlieben reduzieren oder das Salz ganz weglassen – Ihre Entscheidung! Ich persönlich finde es besser, dieses Brot so zu backen, wie es ist, und eher darauf zu achten, dass meine Kinder nicht zu jeder Mahlzeit Brot essen, als dass die ganze Familie morgens, mittags und abends freudlos ein salzloses Brot futtert. Dabei fällt mir ein, dass ich meinen Töchtern, als sie noch Babys waren, völlig salzlose Brotstangen gebacken habe – damit konnten sie erste Kauerfahrungen sammeln und alles Mögliche dippen.

GUT EINZUFRIEREN

Soll der rohe Teig eingefroren werden, lässt man ihn aufgehen und drückt ihn anschließend wieder zusammen. Dann den Teig in die gewünschte Form bringen (Laib, Pittabrot, Brotstangen usw.), mit Mehl bestäuben, in Klarsichtfolie wickeln und einfrieren. Vor der Verwendung den Teig auftauen lassen, kurz durchkneten und erneut aufgehen lassen. Dann backen.

Für ältere Kinder und Erwachsene: Kneten Sie ganze Körner und Kerne in den Teig – das macht das Brot besonders nährstoffreich.

EIDE MEHLSORTEN, Hefe, Zucker und Salz in einer
großen Schüssel gründlich vermischen. In der Mitte eine
Mulde formen und das Öl hineingeben. 625 ml warmes Wasser
hinzugießen und alles zu einem groben Teig verarbeiten. Da das
Mehl je nach Sorte das Wasser ganz unterschiedlich aufnimmt,
benötigen Sie möglicherweise etwas mehr Wasser. Der Teig
muss sich zwischen den Fingern klebrig und glitschig anfühlen.

Den Teig aus der Schüssel auf eine dünn bemehlte Arbeitsfläche geben und 5–10 Minuten geschmeidig kneten. Ein Ende
des Teigs mit einer Hand gut festhalten und das andere Ende
auf der Arbeitsfläche von sich weg ziehen. Das so ausgezogene
Stück Teig wieder über den Teig klappen, den Teigklumpen
um 90 Grad drehen und so weiterfahren, bis eine Runde voll-
endet ist. Das Kneten sollte nicht brachial, sondern sanft
und rhythmisch vonstatten gehen, damit möglichst viel Luft in
den Teig gelangt und die Glutenfäden gestreckt werden.

Fühlt sich der Teig geschmeidig und glatt an, formt man ihn
zu einer Kugel. Eine große saubere Schüssel mit etwas Öl fetten,
den Teig hineingeben und mit Frischhaltefolie bedeckt an
einem warmen Ort auf das doppelte Volumen aufgehen lassen –
das dauert etwa 1 Stunde, eventuell etwas länger.

Den Teig aus der Schüssel nehmen und auf einer leicht
bemehlten Fläche mit den Fingerknöcheln zusammenpressen,
sodass die Luft entweicht. In zwei gleich große Portionen teilen.
Die erste Portion zu einem Laib formen – ich bevorzuge einen
simplen runden Laib – und sofort auf ein dünn bemehltes Blech,
in einen gut bemehlten Gärkorb oder in eine Kastenform setzen.
Den Laib mit Mehl bestäuben, mit einem sauberen Geschirrtuch
oder Frischhaltefolie bedecken und an einem warmen Ort erneut
gehen lassen, bis er sein Volumen verdoppelt hat.

Die zweite Teigportion nach Belieben formen (siehe oben).

Während der Teig aufgeht, den Backofen auf höchster Temperatur vorheizen – bei mir sind es 250 Grad.

Ist der Teig aufgegangen, die Oberseite mit einem spitzen
Messer mehrfach einritzen und den Laib schnell in den Ofen
schieben. 10 Minuten backen, dann die Temperatur auf
200 Grad reduzieren und das Brot weitere 20 Minuten goldbraun backen.

Zum Testen den Brotlaib mit einem Geschirrtuch fassen,
umdrehen und an den Boden klopfen. Vibriert das Brot leicht in

---

Für 2 Laibe oder 1 Laib plus
Brotstangen, Pittabrote
oder 2 Pizzaböden

**500 g backstarkes Brotmehl
(Type 1050 oder 1600)**

**250 g Vollkorn-Weizen- oder
unraffiniertes Dinkelmehl**

250 g Weizen-Auszugsmehl

2 gestrichene TL Trockenhefe

2 TL Zucker

10 g feines Meersalz

**2 EL Raps- oder Olivenöl,
zusätzlich Öl zum Fetten
der Form**

Ihrer Hand und fühlt es sich hohl an, ist es gar. Falls nicht, noch einige Minuten weiterbacken. Aus dem Ofen nehmen und auf einem Kuchengitter vollständig auskühlen lassen. Erst dann aufschneiden.

Variationen

Für jede der folgenden Variationen den Teig wie oben beschrieben zubereiten, gehen lassen und wieder zusammenschieben.

Brotstangen Nach dem Zusammenschieben walnussgroße Teigportionen zu langen dünnen Stangen rollen. Auf ein leicht bemehltes Blech setzen, 10–15 Minuten gehen lassen und dann bei 200 Grad etwa 10 Minuten backen. Auf einem Kuchengitter abkühlen lassen. Diese Stangen lassen sich gut einfrieren und bei Bedarf in kurzer Zeit auftauen.

Pittabrote Nach dem Zusammenschieben hühnereigroße Teigportionen auf einer leicht bemehlten Fläche zu ½ cm dicken Ovalen ausrollen. Auf ein gefettetes Blech setzen, 10–15 Minuten gehen lassen und dann bei 220 Grad etwa 8 Minuten backen, bis die Fladen aufgehen und leicht zu bräunen beginnen. Sofort aus dem Ofen nehmen und in ein sauberes Geschirrtuch wickeln. In dem Tuch vollständig abkühlen lassen, dann erst auspacken (der austretende Dampf macht die Fladen schön weich).

Pizzaböden Für einen Pizzaboden (ausreichend für 3 Erwachsene) brauchen Sie ¼ der oben rezeptierten Teigmenge. Nach dem Zusammenschieben 10 Minuten ruhen lassen, dann auf einer bemehlten Fläche zu einem Kreis von maximal ½ cm Dicke ausrollen. Auf ein gefettetes Blech legen und auf dem Blech nochmals leicht ausrollen und nach allen Richtungen ausziehen. Einen Belag nach Wahl auf dem Teig verteilen und bei maximaler Ofentemperatur 10–12 Minuten backen.

Sodabrot

Dies ist die schnellste und einfachste Methode, ein leckeres Brot für die ganze Familie zu backen. Dieses Rezept lässt sich unendlich variieren. Je älter Ihr Kind ist, desto mehr können Sie den Vollkornanteil erhöhen (siehe Seite 59) oder Kräuter, geriebenen Käse, Körner und Kerne dazugeben (nicht für kleine Babys!). Oder Sie ersetzen das Salz durch gehacktes Trockenobst, eine Prise Gewürze und etwas Zucker – fertig ist ein feines süßes Brot zum Tee.

GUT EINZUFRIEREN

Für Babys: Dicke Scheiben ergeben ein perfektes Fingerfood.

EN BACKOFEN auf 200 Grad vorheizen. Ein Backblech mit Backpapier belegen oder dünn einfetten.

Mehl, Natron und Salz in einer großen Schüssel mit einem Schneebesen gründlich vermischen. Joghurt und Milch verrühren, zu der Mehlmischung geben und gut vermengen. So entsteht ein sehr klebriger Teig, der auch nach dem Backen noch schön feucht und saftig bleibt.

Den Teig mit gut bemehlten Händen zu einem Laib formen oder aber (was ich eher empfehle) einfach als großen Teigkloß auf das vorbereitete Backblech setzen und mit einem Teigspatel grob in Form schieben; so bleibt die Oberfläche schön zerklüftet. Für Brötchen den Teig in Portionen teilen, diese auf einer gut bemehlten Fläche grob zu Kugeln rollen und auf ein Blech setzen.

Im Ofen etwa 45 Minuten backen (Brötchen etwa 20 Minuten), bis der Teig aufgegangen und goldbraun ist. Auf einem Kuchengitter abkühlen lassen.

Sie können das Brot noch warm aufschneiden oder vollständig abkühlen lassen. Im Brotkasten bleibt es bis zu 3 Tage frisch. Ab dem zweiten Tag schmeckt es besser, wenn man es toastet oder röstet.

Für 1 Laib (ca. 20 Scheiben) oder 10 Brötchen

500 g Weizen-Auszugsmehl oder eine Mischung aus Weizen- und Vollkornmehl

1 gestrichener TL Natron

½ TL feines Meersalz

300 ml weißer Vollmilch-Naturjoghurt

200 ml Vollmilch

Salzfreie Haferkekse

Von feinster Konsistenz, aber ohne Salz sind diese Kekse ein gesunder, nahrhafter Snack. Sie eignen sich auch wunderbar zum Dippen von Breien und Aufstrichen. Sie können sie ausschließlich mit Hafermehl backen (dann 300 g verwenden) oder das Hafermehl mit Weizen-Auszugsmehl vermischen – so bekommen sie eine leichtere Konsistenz. Fein gemahlenes Hafermehl, wie ich es hier und in anderen Rezepten wie zum Beispiel dem Obstauflauf mit Streuseln verwende, finden Sie im Bioladen oder Reformhaus.

Für Babys: Haferkekse sind ziemlich mürbe; deshalb für kleine Babys weniger geeignet. Wenn Ihr Kind bereits gut kauen kann, formen Sie den Teig zu kleinen Rechtecken, die das Baby gut greifen kann.

Für ältere Kinder und Erwachsene: Sie können dem Teig 1 Prise Salz hinzufügen oder die fertigen Kekse mit einem pikanten Belag wie Blauschimmelkäse und Birne, Räucherlachs und Meerrettich servieren.

DEN BACKOFEN auf 180 Grad vorheizen. Ein großes Backblech mit Backpapier bzw. einer Silikonmatte belegen oder dünn einfetten.

Hafer- und Weizenmehl in einer Schüssel gut vermischen und in der Mitte eine Mulde formen. Das Öl hineingeben und so viel Wasser (etwa 100 ml) zugeben, dass sich alles zu einem festen Teig verarbeiten lässt. Den Teig kurz durchkneten. Dann auf einer leicht bemehlten Fläche etwa 2–3 mm dünn ausrollen.

Mit runden Ausstechern (meine haben 6 cm Durchmesser) Kekse ausstechen und diese auf das vorbereitete Blech setzen. Im vorgeheizten Ofen etwa 20 Minuten backen, bis sie sich hellbraun färben.

Die Kekse einige Minuten auf dem Blech auskühlen lassen, dann auf ein Kuchengitter heben. In einem luftdicht verschlossenen Behälter bleiben sie mindestens 1 Woche frisch.

Ergibt 25–30 Stück

200 g feines Hafermehl
100 g Weizenmehl
50 ml Sonnenblumenöl

Dinkelsterne

Diese kleinen Kekse kommen ohne Salz und Zucker aus – und sind so für Babys ideal, die auch schon härteres Gebäck kauen können. Außerdem kann man sie Kleinkindern als gute Alternative zu gezuckerten Süßigkeiten anbieten. Kinder helfen auch gerne mit, sie zu backen. Sie können natürlich auch andere Formen ausstechen.

GUT EINZUFRIEREN

Für Babys: Bieten Sie Ihrem Kind diese Kekse an, wenn es bereits Toast und Nudeln kauen kann.

Für ältere Kinder und Erwachsene: Servieren Sie die Kekse mit Käse oder Pâté.

DEN BACKOFEN auf 180 Grad vorheizen. Zwei Bleche mit Backpapier oder einer Silikonmatte auslegen oder einfetten. Oder Sie arbeiten mit einem Blech und backen die Kekse in zwei Portionen.

Die beiden Mehlsorten und das Backpulver zusammen sieben oder in der Küchenmaschine vermischen. Die Butter dazugeben und mit den Fingerspitzen (oder mit der Küchenmaschine) einarbeiten. So viel Apfelsaft dazugeben, dass ein halbwegs weicher Teig entsteht (in der Küchenmaschine durch schnelles Pulsen).

Den Teig auf einer leicht bemehlten Arbeitsfläche kurz zu einem zusammenhängenden Teigkloß kneten. Diesen 2–3 mm dünn ausrollen und Sterne oder andere Formen ausstechen. Oder den Teig mit einem Messer in rechteckige Stücke schneiden. Auf die vorbereiteten Bleche setzen und im Ofen etwa 15 Minuten backen, bis die Kekse zu bräunen beginnen.

Die Kekse einige Minuten auf dem Blech auskühlen lassen, dann zum vollständigen Abkühlen auf ein Kuchengitter heben. In einem luftdicht verschlossenen Behälter bleiben sie einige Tage frisch. Aber besser ist es, sie einzufrieren und bei Bedarf aufzutauen – das braucht nur wenige Minuten.

Ergibt etwa 30 Stück

100 g unraffiniertes Dinkelmehl

100 g Weizen-Auszugsmehl oder raffiniertes weißes Dinkelmehl

½ TL Backpulver

75 g kalte Butter, gewürfelt

ca. 75 ml Apfelsaft

Schnelle Hühnerbrühe

Nach diesem Rezept kann man schnell und einfach eine kleine Menge Hühnerbrühe kochen – und hat außerdem fein pochiertes Hühnerfleisch, mit dem
man viele Gerichte bereichern kann. Diese kleine Menge Brühe eignet sich
gut zur Zubereitung von Saucen oder zum Verdünnen eines Pürees oder
einer Suppe. Reste lassen sich auch prima einfrieren – und irgendwann hat
man davon genug für ein Risotto oder eine Suppe zusammen.

GUT EINZUFRIEREN

ALLE ZUTATEN in einen nicht allzu großen Topf geben,
der sie gerade gut umschließt. Etwas Wasser dazugeben,
sodass das Fleisch gerade bedeckt ist. Zum Kochen bringen
und dann bei reduzierter Hitze 10 Minuten sanft köcheln lassen,
bis das Fleisch durchgegart ist. (Wenn man es anschneidet,
darf in dem austretenden Fleischsaft keine Spur von Blut mehr
erkennbar sein.)

Die Brühe in eine Schüssel oder einen Plastikbehälter abseihen; das Lorbeerblatt wegwerfen. Das Gemüse können
Sie wegwerfen – oder es in einer Suppe oder einem Püree
weiterverarbeiten.

Die Brühe und das gegarte Hühnerfleisch können Sie sofort
weiterverwenden oder abkühlen lassen und im Kühlschrank
aufbewahren.

Ergibt 200–300 ml

4–6 Hähnchenschenkelfilets
ohne Knochen

1 kleine Karotte, in Scheiben
geschnitten

½ Zwiebel, grob gehackt

1 Stange Sellerie, grob gehackt

1 Lorbeerblatt

Traditionelle Hühnerbrühe

Wenn Brathuhn auf dem Speiseplan steht, kochen Sie aus der Karkasse
(das ist das ausgelöste Skelett einschließlich anhaftender Fleisch-, Haut- und
Knorpelreste) diese feine Brühe. Alternativ bekommen Sie vielleicht bei
Ihrem Metzger rohe Hühnerkarkassen, die eine besonders reichhaltige, fleischige
Brühe ergeben. Mein Metzger schenkt sie mir. Da dann normalerweise keine
Schenkel oder Flügel dabei sind, brauchen Sie Karkassen von zwei Vögeln.
Wenn bei Ihrem Brathuhn Innereien dabei waren, kommen auch diese in
die Brühe (ausgenommen die Leber).

GUT EINZUFRIEREN

DIE KARKASSEN von Hand in Stücke brechen oder mit
einer Geflügelschere zerkleinern und in einen großen
Topf geben; Fleischreste und Bratensaft und, falls vorhanden,
die Innereien sowie die restlichen Zutaten hinzufügen. Mit
Wasser aufgießen, sodass alle Zutaten bedeckt sind.

Aufkochen und dann bei reduzierter Hitze zugedeckt
etwa 2 Stunden leise köcheln lassen. Scheint die Brühe dann
noch zu wässrig, ohne Deckel etwas einkochen lassen – so
entsteht ein intensiveres Aroma. Ganz gleich, wie lange
es dauert, lassen Sie die Brühe köcheln, bis Sie mit dem Aroma
zufrieden sind. Ist sie immer noch zu fad, abseihen und nochmals kräftig einkochen.

Die Brühe abseihen; Karkassen und Gemüse entsorgen und
die Brühe abkühlen lassen. Wenn sich an der Oberfläche
sehr viel Fett absetzt, können Sie es abschöpfen – aber ein bisschen Fett gehört zu einer guten Brühe. Im Kühlschrank lässt
sich diese Brühe bis zu 3 Tage aufbewahren, oder Sie frieren
sie (am besten portionsweise) ein.

Ergibt 750 ml–1 l

Karkasse von 1 gegarten
oder von 2 rohen Hähnchen,
einschließlich Haut- und
Fleischreste sowie vom Braten
übrig gebliebener Bratensaft
Hühnerinnereien (falls vorhanden), außer der Leber
2 Zwiebeln, geschält,
grob gehackt
2 lange Stangen Sellerie,
grob zerkleinert
2 mittelgroße Karotten,
grob zerkleinert
2 Lorbeerblätter
einige schwarze Pfefferkörner
einige grüne Lauchenden,
grob zerkleinert

Gemüsebrühe

Es gibt nichts Praktischeres, als immer etwas Gemüsebrühe im Kühlschrank oder Tiefkühler parat zu haben. Toll für Suppen, Risotto, Saucen und Pürees.

GUT EINZUFRIEREN

ALLE ZUTATEN in einen großen Topf geben und mit 1,2 l kaltem Wasser aufgießen. Aufkochen und dann bei reduzierter Hitze zugedeckt etwa 1 Stunde köcheln lassen.

Abseihen und das Gemüse entsorgen. Die heiße Brühe sofort weiterverarbeiten oder abkühlen lassen und im Kühlschrank aufbewahren oder (am besten portionsweise) einfrieren.

Ergibt etwa 1 Liter

2 große Zwiebeln, geschält, grob gehackt

2 lange Stangen Sellerie, geputzt, in Scheiben geschnitten

1 große Karotte, geschält, in Scheiben geschnitten

1 dicke Stange Lauch, geputzt, in Ringe geschnitten

3–4 große Pilze, grob zerkleinert

1 Knoblauchzehe, grob zerkleinert

2 Lorbeerblätter

einige schwarze Pfefferkörner

einige Stiele Petersilie oder Thymian, falls zur Hand

Ofengegarter Fisch

Diese Zubereitungsmethode für Fischfilets taucht in mehreren Rezepten dieses Buches auf – ich verwende sie für Fischküchlein, Fischpâté oder wenn ich Fisch für einen Pizzabelag vorbereite. Hier nochmals das Rezept als solches, weil ich finde, dass es auch für sich allein toll ist und Fisch so schnell und einfach zu einer kindgerechten Mahlzeit wird. Meist nehme ich einen weißfleischigen oder fetten Fisch und serviere dazu nur etwas Gemüse und ein paar Nudeln oder Reis. Oft mache ich mehr Fisch als benötigt und verarbeite den Rest in einem anderen Gericht. Sie können alle Fischsorten nach dieser Methode zubereiten – aber mit Makrele oder fleischigen Filets schmeckt es mir am besten.

DEN BACKOFEN auf 190 Grad vorheizen. Den Fisch mit der Hautseite nach unten auf ein mit Alufolie ausgelegtes Blech legen und mit etwas Öl bestreichen. (Ich benutze Alufolie, um mir den Abwasch zu vereinfachen – Sie können den Fisch aber auch direkt auf das geölte Blech legen.) Den Fisch nach Belieben leicht salzen und pfeffern.

Im vorgeheizten Ofen garen, bis der Fisch durchgegart ist und sich in Stücken mühelos von der Haut lösen lässt. Bei einem dünnen Makrelenfilet dauert es etwa 10 Minuten, bei einem dicken Kabeljaufilet kann es auch gut die doppelte Zeit benötigen. Prüfen Sie, ob der Fisch durchgegart ist – falls nicht, zurück in den Ofen! Das kann man problemlos mehrfach wiederholen.

Ist der Fisch gar, löst man die Stücke vorsichtig mit Messer und Gabel von der Haut und entfernt dabei gleichzeitig alle Gräten. Sofort servieren oder aber abkühlen lassen und 1–2 Tage im Kühlschrank aufbewahren und in einem anderen Gericht weiterverarbeiten.

Für 1–2 Erwachsenenportionen

Filets von 1 großen Makrele oder Knurrhahn oder 200–300 g weißfleischiges Fischfilet (Seelachs, Rotbarsch, Kabeljau) oder ein Stück Lachsfilet
Raps- oder Olivenöl
nach Belieben Meersalz, schwarzer Pfeffer aus der Mühle

Polenta-»Pommes«

Wenn man nach einer Alternative zu Reis, Nudeln oder Kartoffeln sucht, ist Polenta (fein gemahlener Maisgrieß) eine gute Alternative als Kohlenhydrat-lieferant. Manchmal schmeckt sie allerdings etwas fade. Meine Lösung: Den Maisgrieß in Brühe garen und am Schluss etwas geriebenen Käse einrühren. Die Polenta dick einkochen, ruhen und fest werden lassen, dann in Scheiben oder Streifen schneiden und diese in Butter braten – so zeigt sie sich von einer ganz anderen, pikant-knusprigen Seite. Wenn Sie keine Brühe zur Hand haben, können Sie aber auch einfach Wasser verwenden.

DIE POLENTA in einen kleinen Topf geben und nach und nach die Brühe oder das Wasser einrühren, sodass sich keine Klumpen bilden. Unter häufigem Rühren bei mittlerer Hitze langsam zum Kochen bringen. Der Brei dickt sehr schnell ein, und sobald er aufkocht, blubbert und brodelt er wie Lava. Etwa 5 Minuten unter ständigem Rühren köcheln lassen – die Polenta darf aber nicht anbrennen!

Den Topf vom Herd nehmen, den Parmesan einrühren und den Brei auf eine kalte Platte oder in eine Auflaufform gießen (oder, falls vorhanden, auf ein Marmorbrett, wie es Konditoren benutzen). Die Masse zu einer etwa 1½ cm dicken Schicht aus-streichen und vollständig erkalten lassen.

Die erkaltete, feste Masse in Schnitze, Stängel in »Pommes«-Form oder beliebige andere Formen schneiden.

Den Boden einer beschichteten Pfanne dünn mit Öl bedecken und dieses bei mittlerer Temperatur erhitzen. Darin die Polenta-stücke goldbraun braten, wenden und von der anderen Seite ebenfalls bräunen. Alternativ die Polentastücke mit Öl bestrei-chen und im Ofen bei 190 Grad etwa 20 Minuten backen.

Eine tolle Beilage zu Currys, Eintöpfen und Schmorgerichten, zu Hähnchen-Nuggets (Seite 137) oder Hackbällchen (Seite 167). Dazu Salat oder Gemüse reichen.

Für 3 Erwachsenenportionen als Beilage

100 g Instant-Polenta
500 ml Hühner- oder Gemüse-brühe (Seite 236–238) oder Wasser
25 g Parmesan oder anderer würziger Hartkäse, gerieben
Raps- oder Olivenöl zum Braten

Omelett

Diese Variante ist mehr ein Eierpfannkuchen als ein klassisches Omelett – aber irgendwie doch fast dasselbe. Ich habe es meinen Mädels angeboten, als sie noch klein waren, in Streifen geschnitten als Fingerfood. Je älter Ihr Kind wird, desto mehr weitere Zutaten können Sie darin ausprobieren, zum Beispiel fein gehacktes Gemüse und Kräuter – einfach unter die Eimasse heben.

Für Babys: Bei der Einführung von Beikost sind Omelettenstreifen einen Versuch wert, vor allem wenn Ihr Kind bereits erste Erfahrungen mit Obst- und Gemüsestäbchen gesammelt hat.

Für ältere Kinder und Erwachsene: Füllen Sie das Omelett wie einen Wrap mit Salat, Gemüse oder kaltem Hähnchenfleisch.

DIE BUTTER und das Öl in einer beschichteten Pfanne bei mittlerer Temperatur erhitzen. In der Zwischenzeit das Ei leicht verklopfen und, falls verwendet, den Käse unterheben.

Sobald die Buttermischung leicht schäumt, die Eimasse in die Pfanne geben und zu einem runden Pfannkuchen verlaufen lassen. Einige Minuten garen, bis die Unterseite fest ist und die Oberseite zu stocken beginnt, dann das Omelett wenden und 1 weitere Minute von der anderen Seite garen, bis es beidseitig schön gebräunt und auch innen fest ist.

Das Omelett sofort servieren oder abkühlen lassen und (für Babys) in Streifen schneiden.

Für 1 Erwachsenenportion

Wenig Butter

1 EL Raps- oder Sonnenblumenöl

1 Ei

1–2 TL geriebener Hartkäse, nach Belieben

Hummus von weißen Bohnen

Sie können für diesen Hummus natürlich auch die gewohnten Kichererbsen verwenden, doch ich mag hier die besonders cremige Konsistenz von weißen oder Cannellinibohnen. Achten Sie bei der Verwendung von Bohnen aus der Dose, dass diese nur in Wasser eingelegt sind, also ohne Zucker- oder Salzzusatz. Im Sommer funktioniert dieses Rezept auch gut mit frischen gegarten Dicken Bohnen; Sie brauchen dafür etwa 300 g.

Für Babys: Streichen Sie den Hummus auf Toast oder Haferkekse oder bieten Sie Ihrem Kind Gurkenstängel dazu an. Hummus enthält Sesampaste – daher sollte man diesen Aufstrich mit aller Vorsicht einführen (siehe dazu Seite 74–76).

DIE BOHNEN in die Küchenmaschine oder den Blitzhacker geben. Die halbe Knoblauchzehe im Mörser oder mit einer flachen Messerklinge zerdrücken und etwa die Hälfte davon zu den Bohnen geben. Tahini, Öl, Zitronensaft und 1 Esslöffel Wasser zugeben und alles gründlich pürieren. Abschmecken und eventuell noch etwas Knoblauch oder Zitronensaft hinzufügen; nach Geschmack salzen und pfeffern.

Sie können den Hummus einfach so servieren, aber ich garniere ihn gerne mit etwas Paprikapulver und Olivenöl – das Auge isst mit. Dazu Pittabrot (Seite 229–231) und/oder Rohkost zum Dippen reichen.

Für 4 Erwachsenenportionen als Dip

400 g weiße Bohnen aus der Dose, abgespült, abgetropft
½ Knoblauchzehe
1 EL Tahini (Sesampaste)
2 EL Olivenöl extra vergine
einige Spritzer Zitronensaft
nach Belieben Meersalz, schwarzer Pfeffer aus der Mühle
nach Belieben Olivenöl extra vergine und geräuchertes Paprikapulver zum Servieren

Milchreis

Eine herrlich altmodische Köstlichkeit, ein echter Seelentröster, leicht zuzubereiten und leicht zu essen. Für sich allein schon ein Genuss, aber auch mit rohen oder gedämpften Früchten oder Obstpüree unwiderstehlich.
Wenn Sie nur ein, zwei kleine Portionen in Souffléförmchen backen wollen, buttern Sie die Formen aus und geben in jede Form zwei Esslöffel Milchreis und ein, zwei Teelöffel Zucker. Dann mit jeweils 125 ml Milch aufgießen und das ausgekratzte Mark einer Vanilleschote hinzufügen. Im Ofen bei 150 Grad etwa 70 Minuten garen, nach der Hälfte der Backzeit umrühren.

Für Babys: Besonders in Kombination mit Obst eine Köstlichkeit für löffelgefütterte Babys, die nach fein pürierten Breien für den nächsten Schritt bereit sind. Bei der Einführung von Beikost bieten Sie Ihrem Kind etwas Milchreis auf dem Löffel an oder lassen es mit den Händen zulangen, wenn es mag.

Für ältere Kinder und Erwachsene: Servieren Sie den Milchreis mit einem Klecks Konfitüre, mit etwas Demerarazucker bestreut oder mit Ahornsirup beträufelt.

DEN BACKOFEN auf 150 Grad vorheizen. Eine flache Auflaufform (ca. 20 cm Durchmesser) mit Butter einfetten.
Reis, Zucker und Milch vermengen und in die Auflaufform füllen (auch wenn es so aussieht, als wäre es zu wenig – keine Sorge, es ist genug Reis!). Die Vanilleschote dazugeben und im vorgeheizten Ofen 1¾ Stunden garen; dabei drei- bis viermal umrühren, in den letzten 30 Minuten jedoch nicht mehr rühren, damit sich eine goldbraune Haut bilden kann.
Den Milchreis aus dem Ofen nehmen und etwas abkühlen lassen. Die Vanilleschote herausfischen und den Reis nach Belieben warm oder auf Raumtemperatur abgekühlt servieren. Er schmeckt auch kühlschrankkalt sehr gut (dazu gleich nach dem Kochen möglichst schnell abkühlen lassen und in den Kühlschrank stellen).

Variation
Kokos-Milchreis Für diese laktosefreie Variante fetten Sie die Form mit Sonnenblumenöl und ersetzen die Vollmilch durch eine Mischung aus 400 ml Kokosmilch und 400 ml Wasser. Diese Version schmeckt kalt (siehe oben) und mit Nektarinenstücken garniert besonders gut.

Für 4 Erwachsenenportionen

Butter zum Fetten der Form
100 g Rundkornreis (Milchreis)
65 g Zucker
800 ml Vollmilch
½ Vanilleschote, längs halbiert

INFORMATIONSQUELLEN

Information zum Stillen

Vielleicht ist Stillen dank guter Information und Betreuung für Sie ein Kinderspiel, vielleicht aber auch nicht. Dann sollten Sie sich Hilfe und Unterstützung suchen. Es gibt zahlreiche Organisationen und Einrichtungen, die Ihnen bei Themen wie Abpumpen oder Abstillen mit Rat und Tat zur Seite stehen – ganz egal, wie alt Ihr Kind ist.

Auf den meisten der nachfolgend aufgeführten Websites finden Sie neben allgemeinen Informationen rund ums Stillen auch Kontaktdaten (Adressen und Telefonnummern) von Stillberaterinnen in Ihrer Nähe.

La Leche Liga Deutschland e. V.
Telefon 02241/1 23 25 81
www.lalecheliga.de

Arbeitsgemeinschaft Freier Stillgruppen
Bundesverband e. V.
www.afs-stillen.de

Deutsche Liga für das Kind in Familie
und Gesellschaft e. V.
Telefon 030/28 59 99 70
post@liga-kind.de
www.liga-kind.de
www.stillen-info.de

Nationale Stillkommission
Bundesinstitut für Risikobewertung
Telefon 01888/412 34 91
stillkommission@bfr.bund.de
www.bfr.bund.de/cd/2404
www.stillen-info.de

La Leche League Schweiz
www.lalecheleague.ch

BSS – Berufsverband Schweizerischer
Stillberaterinnen
Telefon 041 671 01 73
office@stillen.ch
www.stillen.ch

La Leche Liga Österreich
www.lalecheliga.at

Verband der Still- und Laktationsberaterinnen
Österreichs IBCLC
www.stillen.at

Allgemeine Informationen

Deutsche Gesellschaft für Ernährung e. V.
www.dge.de

Schweizerische Gesellschaft
für Ernährung SGE
www.sge-ssn.ch

Österreichische Gesellschaft
für Ernährung ÖGE
www.oege.at

www.swissmom.ch

DANKSAGUNGEN

Ohne das Wissen und die Expertise der Kinder-Ernährungsspezialistin Frances Robson hätte ich dieses Buch nicht realisieren können. Gemeinsam haben wir den gesamten Text durchgearbeitet, und ich bin ihr zu großem Dank verpflichtet – vielen Dank, liebe Frances, für all die Arbeit. Ein Dank geht auch an Dr. Gillian Harris von der Kinderklinik Birmingham für ihre fachliche Meinung und ebenso an viele andere Experten, mit denen ich mich mündlich oder schriftlich ausgetauscht habe, unter anderem die Ernährungswissenschaftlerin Judith Wills, die Sprachtherapeutin Kate Jones, die amerikanische Diätspezialistin Ellyn Satter, Joelle Buck von der Food Standards Agency, Janet Clarke von der British Dental Association, Emma Hockridge von der Soil Association und Ruth Beckman vom Pesticide Action Network UK.

Besonders dankbar bin ich allen Eltern, die ich im Rahmen meiner Recherchen interviewen durfte. Sie alle haben zu diesem Buch beigetragen. Unter diesen Eltern sind zwei enge Freundinnen, deren zusätzliche Anregungen und Vorschläge mir sehr geholfen haben – danke, Emma und Katie. Großen Dank schulde ich auch den wunderbaren, entzückenden Kindern, die Feuer und Flamme waren, in diesem Buch aufzutreten, und ihren Eltern, die sich mit den Aufnahmen freundlicherweise einverstanden erklärt haben.

Viele weitere begabte, kompetente und ambitionierte Menschen haben zum Entstehen des Buches und zu seiner tollen Optik beigetragen: Zuerst tausend Dank an Georgia Glynn Smith für die wunderbaren Fotos (und den liebevollen Umgang mit unseren kleinen Models) – sie machen das Buch erst richtig lebendig; ein großer Dank auch an die zauberhafte Tabitha Hawkins für das wunderschöne Styling. Was hätte ich schließlich ohne all jene getan, die die Gerichte für die Aufnahmen zubereitet haben, namentlich Marina Filippelli, Anna Jones, Gill Meller und das River-Cottage-Küchenteam. Großer Dank auch an Natalie Hunt und Richard Atkinson von Bloomsbury, Janet Illsley, Georgia Vaux und Antony Topping – danke für die Unterstützung und die harte Arbeit hinter den Kulissen.

Das River-Cottage-Team war wie immer fantastisch. Ein besonderer Dank geht an die wunderbare Jess Upton für die Fotografie, an Rob Love für seine Unterstützung und an Hugh F-W für seine Begeisterung, seine Ermutigung und seine Anregungen.

Der vielleicht größte Dank geht an meine Lieben, an jene Menschen, die mir am nächsten stehen und die mich in jedem Moment unterstützt und inspiriert haben – allen voran meine wunderbaren Töchter und meine großartigen Eltern.

REGISTER

Für Tara, meine Rose, und Edie, meinen Sonnenschein

Die Originalausgabe dieses Buches ist unter dem Titel
»River Cottage Baby & Toddler Cookbook«
© 2011 bei Bloomsbury, London, erschienen.
Copyright für den Text © 2011 Nikki Duffy,
für die Fotografie © 2011 Georgia Glynn Smith.
Diese Ausgabe ist eine von Bloomsbury genehmigte
Lizenzausgabe.

Wiedergabe des Rezepts auf Seite 141 aus
Judy Mores Buch »Teach Yorself. Feeding your Baby«
mit freundlicher Genehmigung des Verlags
Hodder Education.

Aus dem Englischen übersetzt von Kirsten Sonntag

© 2016
AT Verlag, Aarau und München
Fotos: Georgia Glynn Smith
Grafische Gestaltung: Georgia Vaux
Satz: AT Verlag
Printed in China

ISBN 978-3-03800-847-7

www.at-verlag.ch

FSC
www.fsc.org
MIX
Papier aus ver-
antwortungsvollen
Quellen
FSC® C008047

Hinweis

Der Inhalt dieses Buches wurde von der Autorin im Sinne eines
allgemeinen Ratgebers zu den im Buch behandelten Themen
zusammengestellt. Er ersetzt nicht die medizinische Beratung,
Diagnose und Behandlung, sondern soll diese lediglich
ergänzen. Bei begründetem Anlass zur Sorge in Bezug auf
die Gesundheit oder Entwicklung ihres Kindes wird den
Eltern geraten, sich immer zuerst an eine kompetente Fachperson (Kinderarzt/-ärztin, Heilpraktiker/-in, Elternberatung,
Stillberatung o. a.) zu wenden, bevor sie irgendeine
Behandlung oder Änderung einer Behandlung vornehmen.

Sämtliche Informationen wurden nach bestem Wissen und
Gewissen geprüft. Da sich wissenschaftliche Forschung,
gesetzliche Bestimmungen sowie Empfehlungen der
Gesundheitsämter und -beratungsstellen ständig weiter-
entwickeln und angepasst werden, empfiehlt sich auch
aus diesem Grund die aktuelle fachliche Beratung.
Autorin und Verlag übernehmen keinerlei Haftung für
Schäden irgendwelcher Art, die sich direkt oder indirekt
aus der Anwendung der in diesem Buch enthaltenen
Informationen und Rezepte ergeben.

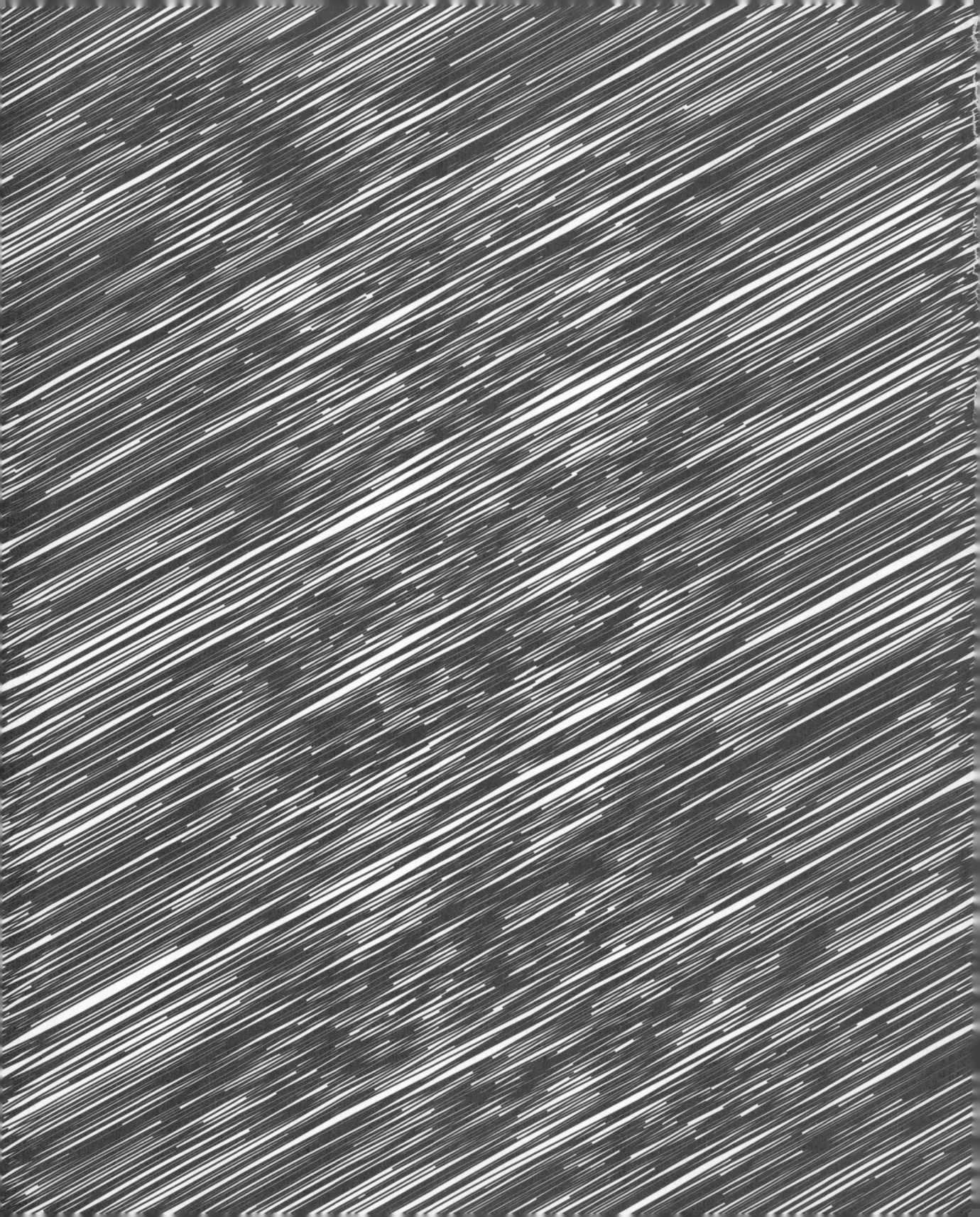